南京大学中日文化研究中心

基 金 项 目

丛书主编　张一兵

看东方　日本社会与文化

何谓日本

[日]堺屋太一　著

叶琳　庄倩　译

南京大学出版社

图书在版编目(CIP)数据

何谓日本 /(日)堺屋太一著;叶琳,庄倩译. —南京:
南京大学出版社,2008.2(2008.6重印)
(看东方. 日本社会与文化 / 张一兵主编)
ISBN 978 - 7 - 305 - 05224 - 8

Ⅰ. 何⋯   Ⅱ. ①堺⋯②叶⋯③庄⋯   Ⅲ. 日本人—
民族文化—研究   Ⅳ. C955. 313

中国版本图书馆 CIP 数据核字(2008)第 014855 号

《Nihon towa Nanika》
© Sakaiya Taichi 1994
All rights reserved.
Original Japanese edition published by KODANSHA LTD.
Publication rights for Simplified Chinese character edition arranged with KODANSHA LTD.
through KODANSHA BEIJING CULTURE LTD. Beijing, China.
登记号   图字:10 - 2007 - 062 号

出 版 者　南京大学出版社
社　　　址　南京市汉口路 22 号　　　　邮　编　210093
网　　　址　http://press. nju. edu. cn
出 版 人　左 健
丛 书 名　看东方:日本社会与文化
书　　名　何谓日本
著　　者　[日]堺屋太一
译　　者　叶 琳　庄 倩
责任编辑　谭艳珍　金鑫荣　　　编辑热线　025 - 83593947
照　　排　南京紫藤制版印务中心
印　　刷　南京大众新科技印刷有限公司
开　　本　787×960　1/16　印张 14.5　字数 216 千
版　　次　2008 年 2 月第 1 版　2008 年 6 月第 2 次印刷
ISBN　978 - 7 - 305 - 05224 - 8
定　　价　32. 00 元

发行热线　025 - 83594756
电子邮箱　sales@press. nju. edu. cn(销售部)
　　　　　nupress1@public1. ptt. js. cn

总　序

　　对中国与其东方邻国日本，我们往往喜欢用"一衣带水"来形容，指的是中日两国之间的地缘距离和相互之间依存的关系。两国间的文化交流则源远流长，秦汉时期就有徐福带五百童男童女海上求仙到日本的传说。隋唐时期，是日本与我国交往的第一个高峰期，日本曾向我国派遣了二十多批遣隋使和遣唐使，我国也曾派遣过大量的迎送使节。两国友人、僧侣、学者之间交往不绝，特别是唐高僧鉴真和尚的东渡，为中日文化的交流刻画下了浓墨重彩。受中国文化的影响，日本的许多典章制度、风物民俗等都有取法华夏文化的痕迹，所谓"和魂汉才"，指的就是这个意思。

　　明治维新以后，日本全面师法西洋的政治经济制度，在文化取向上则要"脱亚入欧"，一时被称为蕞尔小岛的日本，物阜民丰，国势强盛，在东方国家中第一个完成了近代化的转型而忝为列强。而其时的中国，则是积贫积弱，国势衰微，于是一大批有识之士东渡日本，欲从"同文同种"的邻国汲取强国的良方。但从晚清至近现代，以前的"学生"欺负了"先生"，日本的扩张主义和军国主义政策给中华民族带来了深重的灾难，八年的全民抗战和艰难困苦之后，中国人对日本的一切自然都持排拒之态。而在"二战"后的废墟上，日本又在经济上重新崛起，成为世界第二的经济强国，文化上则受欧美文化影响至巨。但值得关注的是，走进全球化的东方日本却没有真正失却自身的民族文化之魂。

　　要了解一个民族，就要了解一个民族的文化。但在中日文化的交流了解上，却呈现出一种非对称性：日本对中西优秀文化采取的是"鲸吞"式文化输入方式，再加以本土的改良、消化，为我所用。而近现代以来,我国的文化思想界对东西方文化采取的是两种不同的态度:对西方文化信奉的是"文化仰视"("全盘西化"论为其代表),而对东洋文化则是另一种"文化俯视",以为日本的一切皆来自中土,故在知识界残留一种文化自大和自恋的弊病,正如近人戴季陶所言,日本已把中国放在显微镜下观察千百次,而我们自己对日本文化则不甚了了。这实际乃是"中学为体,西学为用"说的余韵流响。反映在文化出版界,对西方文化著述的译介可谓叠床架屋,品种众多,而对日本研究著述的引进译介,却是门庭冷落。其实,我们若是真正走近日本,就可知晓日本文化在吸收中西文化的基础上,具备自身的文化特质。事实上,九世纪末遣唐使终止之后,中日两国之间基本上中断了官方往来,中国文化对日本文化的影响相应减弱,而独具日本特色的文化即所谓"国风文化"日渐发展;明治维新以来,日本更是不遗余力地"向西看"。因此,日本文化与中国文化虽然在外形上有很多相似之处,但两者之间存在着本质上的差异,说中日两国的文化形似而神不似也不为过。所以,我们要想深入地认识了解日本文化,就得从认识两者之间的差异性开始。

在经济全球化的今天,对文化的输入和了解绝不能再"厚此薄彼"。固然,今天仍然有少数日本右翼分子试图用卑劣的手段掩盖那段令大和民族蒙耻的血腥史实,但我们还是应该以宏阔的历史气度、开放的文化心态了解世界各民族的文化,了解日本文化。因为要固守民族的文化之根,我们不能单面守护自己的文化母体,而是要积极了解异域文化,吸收和借鉴异质文化的精髓。知己知彼,才能百战不殆。

2001 年 12 月 7 日,南京大学成立了"中日文化研究中心"。"中心"下设的"日本学术译丛编辑部"致力于译介日本代表性的学术研究成果,在南京大学出版社的《当代学术棱镜译丛》中专门设置了"广松哲学系列",所译著作在中国哲学界已经引起了强烈反响。不过这次的译丛"看东方:日本社会与文化"与之有较大的不同。如果说"广松哲学系列"目的在于译介前沿性学术成果的话,那么此译丛在选书时看重的则是知名度、影响力和可读性。也就是说,这是一套针对一般读者而非专业读者的译丛。所译介的七种图书,都是由日本著名学者撰著的论述日本文化的专业著作。内容涉及日本的意识构造、风土人情、国民性格、文化特征等。美国著名文化人类学家本尼迪克特的《菊与刀》是一本为大家熟知的分析日本国民性的经典著作,她的异域文化背景和独到的研究视角是对日本国民和文化性格的一次本质探析。而日本本土学者撰写的类似的著作,则给我们提供了一种新的研究视域——这种交叉的学术视野可以多棱镜地折射日本社会与文化。当然,其中的褒美和谚恶,则要靠读者的明鉴了。

感谢"中心"同仁和南京大学日语系年轻俊彦们的支持。为了全方位地介绍日本文化,我们后续还会有日本现当代文化译著的出版,敬请读者期待。

张一兵
2007 年 11 月于南京大学

目　录

前　言

　　"何谓日本?"这也许是我们身为日本人必须永远探究的主题。特别是现在,20世纪90年代,这是一个很重要的问题。国际形势发生了彻底变化,日本国内已急速进入了历史上首次出现的"富裕社会"和老龄化的阶段。

　　迄今,"日本论"、"日本人论"一直被人们广泛论及。如果简述其战后所论及的谱系,可分为两类:一方面由最先的"日本落后国论",逐渐倾向于"日本特殊论",直到最近开始出现对日本式经营、日本型官民合作体制进行颂扬的赞美论;另一方面了解日本的外国人也提出了可谓新的日本特殊论的论调。

　　无须赘言,上述变迁与日本的经济发展并行。而且这与由明治①到昭和②初期乃至太平洋战争败北这一阶段的"日本论"变化也很类似。在明治中期以前,主要强调"日本落后于欧美列强",该论调多为否定以往的日本特色,即所谓的"脱亚入欧"论。

　　但是,自从日本在日俄战争中取得胜利之后,强调日本文化独特性的日本主义开始抬头,对"古老、美好的日本"产生了强烈的憧憬。自进入昭和时期以来,这进一步产生了"日本是好国、强国"式、过于自信的想法,不久便发展成对欧美近代文

---

① 所谓"明治"是指明治天皇的年号,即1868—1912年。——译者注

② 所谓"昭和"是指昭和天皇的年号,即1926—1989年。——译者注

明的批判。在此,所谓"好国"乃是正义之国,意思就是应该把本国的伦理道德推广到世界这样一个国家,而所谓的"强国",意思就是军事力量雄厚的国家。把这两种因素综合起来,就达到了一种可以用武力把日本的伦理道德推广到世界的"日本神国论"。战前的日本之所以会毫无顾忌地把无视对方意志的侵略行为称为"王道乐土的建设"、"大东亚共荣圈新秩序",就是因为有这样一种对本国的评价,即"日本论"。

自明治到昭和初期,"日本论"在日本发生变化的背景是日本在当时取得了军事方面的成功。第一次世界大战后,大多数日本人相信本国取得了军事上的成功。虽然不能说当时的日本人从内心期盼日本将成为一个"军事大国",但是以"建立日本不受他国侮辱的国家"为出发点的明治近代化确实产生了这样一个风潮:把基于军事力量的国际比较作为衡量各国成功的唯一尺度。

当今,从人们普遍以经济为尺度这一点来看,甚至会觉得这不可思议。但是,在20世纪30年代的日本人中,也有不少人竟对相当富裕的美国、英国宣传日本文化的优越性,并劝说他们学习日本社会体制的优点。这样做的人并不限于大川周明(经济学者)、荒木贞夫(陆军大将)等右翼国粹主义者,如今就连头像印在五千日元纸币上的新渡户稻造(国际联盟副事务长)那样的"国际化人士"也大力强调这种必要性。很多有海外生活经历、外语水平好的人会持赞美本国的论调,这是多发生在后发国家的事情。仅仅因为甲午中日战争、日俄战争、第一次世界大战接连不断的幸运获胜,而突然使这个国家的人开始自诩:"日本是一个集欧美近代文明和本国传统文化精神之长的社会"。

其实,容易陶醉在这种局部视野的评价、醉心于短期动向,也是日本特色之一。因为这个国家具有系统地审视文化的社会风尚和容易受氛围影响的集体主义的特性。

当初,正是这种所谓的"日本强国论"、把日本视为正义化身的"日本神国论"使日本在国际上愈发孤立,不久便挑起了太平洋战争。想到此,不能不断言:当今"日本论"的风潮也孕育着某种危险。

每一个国家、每一个民族都拥有独自的文化。从这一点来看,日本文化呈现特殊性是理所当然的。问题是不能因为过于肯定该文化的特殊性,而将其过分用于拥护政策、经营的特殊化,更不能将其过分用于维护一部分集团的利益或是特定政府机关的权限。这是因为所谓国际社会是由各个拥有特殊文化的国家和民族一方面忍耐着其他国家、其他民族某种程度的不良特点,而另一方面边妥协、边协调而形成的。

在这种情况下重要的是要分辨出对日本来说能够改变的特殊性和容易改变的特殊性。如果是容易改变的,即便排除一部分抵抗力量,也必须为了国际协调而加以改变。所幸日本人拥有的是很多方面能够加以改变的文化(这才是日本文化特殊性之一)。

而如果是难以改变的文化特性,就应该向世界其他各国说明其由来与理由,争取获得他们的理解和认可。这样做即便使日本和日本人的利益、声望受到了伤害,也总比引发毁灭性的冲突要好。

本书正是从上述观点出发,努力尝试一边追溯历史,一边描绘出已经注视到日本源头与现实情况的真正日本。

第一章 平成时代的日本

最靠近天堂的国家

"经济大国"的表面

今天,就连日本人自己也都相信日本被称为"经济大国"。

确实有很多统计数据表明日本是一个"经济大国"。首先,日本人好用的标准"人均国民生产总值"(GNP)是 349 万日元,根据 1991 年初的外汇比价就约达 2.6 万美元。在人口超过 14 万人的国家中,日本是世界上发展水平最高的国家。而且,日本人口为 1.23 亿人,是世界上屈指可数的上亿人口的国家。因此,整个国家的国民生产总值已达到了 3 兆 1980 亿美元,约占世界国民生产总值 15%,仅次于美国,列居第 2 位。

除此之外最为巨大的金额是资产额。在 20 世纪 90 年代初,日本总资产额超过了 3 000 兆日元。这个数字是美国的 1.5 倍,英国、德国的 6 倍以上。按照人均数字来看,这个数目也是美国的 3 倍,英国、德国的近 4 倍。不过,这个资产数额尽管在 90 年代后期的股票和地价下跌中减幅很大,但没有改变的是日本人依然是世界上绝对富有的人。

近 10 年前,日本经济高速发展,尽管经济流通量很大,但经济库存量还远远不够。为了真正实现"富裕的社会",应该说继"所得倍增"之后还需要"资产倍增"。留意观察一下便可知虽然日本经济人均流通量(GNP)只是美国增额的两成,但库存量(资产)已经是美国的 3 倍了。

而且,日本创造了世界上最高的记录:国际收支大大盈余,最高时的 1986 年,经常收支的盈余为 941 亿美元。之后,日本努力抑制出口,扩大进口。其结果慢慢减少了经常盈余的幅度,于 1990 年底已缩小到 337 亿美元。但是,1991 年出口再次增加,盈余似乎达到 500 亿美元。如果不怕国际摩擦,奖励出口的话,盈余幅度还足有增加的余地。总之,日本产业的国际竞争力是非常强大的。

由于日本无论在人均生产还是资产方面都居世界第一位,不仅国际收支大幅盈余,而且产业国际竞争力也非同寻常,因此,可以说日本完全是真正的"经济三项冠军"、无可争辩的"经济大国"。

并且,现在的日本在保护经济方面,即国内的经济平衡也很好。失业率长期在 3% 以下,1990 年底仅为 2.1%,是一种远远低于近代经济学所说的"适当失业率"的"超完全雇用"、人手极为不足的状态。

物价也非常稳定。自 1985 年至 1990 年的物价上升率是:消费者物价为 1.8%,批售物价为负 1.2%。这期间是因为日元强劲攀高,进口物价暴跌的缘故。这也是日本通货信用力稳固的结果。仅此一点,日本在国际上的评价是很高的。

受此支撑,现在国家财政也十分坚实。70 年代末,日本财政虽然也陷入过以国债赔赂全年收入的 34.7% 这样的危机状况,但是至今从未发行赤字国债,就连建设国债也只不过是 5 兆多日元。根据平成三年度①预算的公债依存度仅为 7.6%,其财政能力是很了不起的,仅仅在这 15 年期间就把公债依存度降低了近 30 点。可以说日本是"经济一流,政治三流"。不过,可以断言:不依赖通货膨胀,仅依靠降低公债依存度就能改善财政的日本政治也是非常健全的。

今天的日本,不单单是一个外表强大的"经济大国",其内部也是非常稳健的。

经营收益高、家庭收支稳定

表示日本经济的丰厚与稳健不仅仅是以上所述整体国家(宏观)的

---

① 所谓"平成"是指平成天皇在位的年号,即 1989 年至现在。平成三年度为 1991 年度。——译者注

数值。除此之外更稳固坚实的是企业经营和家庭收支,即微观的数值。

1989年,日本企业总经常利益额为38.9兆日元,1990年下半年起尽管由于股票和地价下跌比刷新历史最高记录的前年减少了,但它依旧很好。在1991年,尽管由于"泡沫经济"的原因,企业倒闭的件数增加了,负债总额巨大,但是对实际经济的打击并不太大。这是因为就连贪污、舞弊事件多发的金融界,大部分企业都拥有着经受此打击的资金积累。其中令人吃惊的是:一方面推进了GNP 20%的民间设备投资;另一方面企业自己的资本比率年年上升,并于1989年达到了19%。而且,这个数字还不包括由于近年地价上升等原因而创造出的评价利益(所谓包含资产)。如果加上它的话,日本企业自己的资本比率将会达到70%以上。从整体来看,日本企业就是赚钱多、储备多,拥有新的设备和巨大的资产。

尽管如此,工资的上升率一概停留在提高生产率的范围内,股票分红率被控制得很低。工作人员和股东对于企业积累资产,为了将来而投资一事都毫无怨言。他们这种值得称赞的风尚正是这个国家所具备的。

与此同时,日本人的家庭收支也非常稳定。平均每个家庭生活的存款率虽然因最近的消费热和奖励进口有点微微下降。但是,在1990年,它仍然约为14%,是世界上最高的国家。因此,现在个人的金融资产即储蓄和存款金、有价证券、保险公积金等,随时都能变成现金的资产就有918兆日元以上,实际上是全年个人所得总额的3倍以上。如果平均一下,日本人仅在金融性资产方面就处于一种能连续3年半维持现在生活的"超安心状态"。如果把住宅等不动产、高尔夫会员权、书画、宝石、家中所有什物家具之类都加上去,这总资产就会达到全年所得总额的9倍以上。

反过来,在家庭收支方面的负债极少。1989年年末至现在,个人家庭收支所背负的负债(借款)总额为307兆日元,只不过是个人金融资产额的1/3。如果拿企业账目作比喻来说,它拥有着总负债额近3倍的流动资产。虽说住房贷款、消费者贷款有所增加,但是日本的家庭经济运营还是"超稳定"的。这是因为日本的家庭一直有这样一种精神在发挥着作用,这就是抑制今天的消费、以备未来而储存的"先忧后乐"的精神。

"过分安心"的日本人

只要看一看上述数据,便会毫不怀疑日本是一个极其"富裕的国家"。而且居住在这个国家的日本人由"富足的储蓄"保护着。并且,在这个国家里,社会福利也很充足,使日本人"安心感"倍增。

目前,在日本加入健康保险的总人数已达 1.229 2 亿多人,不知何故,已经超过了总人口 100 万人以上(1988 年度)。即便有统计上的问题,但这个数字也一定是几乎覆盖了所有的日本国民。近来,如果在医院支付现金,反而会感到不知所措。

对老年人的供给也很优厚,看一个典型事例(健康保险养老金),当丈夫是一个公薪职员的时候,养老金的月额为 20.6 万日元。如果按照现在的汇兑率来换算的话,就是 1 500 美元,当然是世界上最高的额度。对于单亲家庭和生活贫困人员的援助也不匮乏。仅仅在保障生活方面,在东京,标准的 3 口之家每月也是 13.644 4 万日元,大大地提升了所得税的最低限。夫妇和两个孩子的家庭,在美国要从年收入约200 万的日元中征收所得税,在英国要从年收入 126 万日元中征收所得税,而日本在达到约 320 万日元之前是不征税的。

首先日本工薪职员受终身雇佣制保护,失业的危险性极小。这几年,虽然年轻人的跳槽和中老年人的调职有所增加,给终身雇佣制也蒙上了一层阴影,然而作为社会的一般观念至今仍根深蒂固地残存着。一般认为一个大学毕业参加工作的青年,只要自己不主动辞职,不仅能在同一个机构工作到退休,而且在这一前提下还能借入住房贷款。实际上,各企业只要没有一定的长期计划,就不会大量解雇现有的工作人员。万一要解雇的时候,帮助介绍下一个工作也就成了一种最低限度的义务。不仅如此,很多工作单位,还在帮助那些退休后仍需要某种程度收入保障的人开辟"第二人生"。在这个国家,只要自己不主动要求离职,就几乎没有失业的危险。

大部分日本人拥有大笔的存款,自然就处于一种受工作单位终身雇佣制和国家社会福利保护的"超安定状态"。

没有乞丐和小偷的国家

以前曾听说过,"乞丐"这个词也许是一个歧视用语。当时,经人们议论"那么如何换一个词称呼'乞丐'呢?",便得出了这样一个结论:称"乞丐"为"在街头上为自己募捐的人"。也许为了把乞丐同流浪者和街头募捐的志愿者加以区别,才出现了这种冗长的称呼吧。所幸,"乞丐"一词并没有成为歧视用语。之所以如此,也是因为自10多年以前,日本就已经没有"在街头上为自己募捐的人"了。

即使在被称之为"富裕社会"的欧洲各国和美国,也不少见"在街头上为自己募捐的人"。在纽约等地,甚至为他们发行了一种登录证。在这种情况下,应该大书特书的是只有日本没有"乞丐"。

日本还有一个特色就是没有"小偷"。尽管在日本也并不少见盗贼(盗窃犯),但是所偷盗的物品只限于现金或有价证券、昂贵宝石之类,而偷盗衣物、电器等这样的东西肯定不会出现。在旅馆的房间里即便放置照相机、包等物品也绝对安全。

其原因就是,目前这个国家出售不掉旧衣物和半新不旧的电器等。就是盗贼也觉得光自己使用所偷盗的物品没有意义。如果不卖掉赃物换成钱币用于饮酒作乐的话,就没有意义去花费心思把它们偷出来了。过去在城郊的商业街里有旧衣店、旧货店。可是现在可以说这些店铺都没有了。即便是贩卖赎当物品的商店,里面所摆放的物品也都尽是些像出自倒闭企业仓库的新货。已经没有人购买旧衣物或半旧不新的电器了。

"乞丐"没有了,旧衣物、半新物品的买主没有了,这就意味着这个国家里的穷人太少。日本是这样一个社会:不仅人均国民所得很高,而且贫富差距也非常小。

常用来比较国民收入差距的是要看国民中收入最低的1/5的人(所得的第一位阶)和最高的1/5的人(第五位阶)之间的所得倍率。据此,美国是9.1倍,法国、英国等国家是10倍以上,而日本仅为2.9倍。可以推断大部分发展中国家都在10倍以上,就连社会主义国家一般也比日本相差大。在日本虽然大富豪少，但是极为贫穷的人们也为数不多。日本不仅"富足"、"安心"，而且在"平等"这一点上自然也是处于"极为良好"的状态。

并且，这少有的收入差距，因连续不断的递增征税和优厚的福利政策，被进一步缩短了。于是，这样的税法和福利政策得到了绝大多数人的支持。在这个国家里，"优待富人"、"大众纳税"之类的说法，勿需争论就被大家信为是"坏现象"。可以说，今天的日本，在神经质上追求经济平等，并实现了任何一个国家都无法达到的经济平等。

并非表面上的资产差别

话虽如此，也许人们会对此有所反驳吧。这是因为人们对 20 世纪80 年代后半期，大城市出现的地价上涨所造成的有土地者和无土地者之间的资产差别的扩大，广为不满。的确，在东京等地，就是极为普通的住宅，如果买一个带土地的单门独户的房子要花上 1 亿日元以上，买一个郊外的公寓房要花掉平均年收入 8 倍以上的钱。没有房子的东京人和外地人羡慕拥有东京土地的人的确是人类的自然常情。

最近的地价上涨，从粉碎日本引以为豪的平等性这一点来看，肯定是一种社会弊病。但是，由此而产生的资产差别也不值得被宣传部门大力报道。这是因为在此为实现经济平等的税制正在筹划中。

在讨论资产差别时，有三种测衡的方法，即"平衡化要投资额"、"预计实现资产额"和"收益还原资产额"。第一个"平衡化要投资额"是权衡拥有仅仅相同资产需要多少钱（投资），通常出现在报道上的就是这个数字。但是，经济学和经营学认为：对人们生活来说重要的是能够利用财产（例如住宅），从并非必须拥有这一观点来看，一般认为这个数字几乎没有意义。

所谓第二个"预计实现资产额"是这样一个数值：如果处理现在手中的资产，会有多少可使用的金钱。在比较所得方面也至关重要的是，扣除税金以后的实际收入，也就是可处理的收入，因此资产一般也是按照这个"实现资产额"来比较的。依照今天的税制，如果出售 5 亿日元以上的不动产，通常要缴纳一半以上的税金。总之，纯收入的资产额是时价的一半以下。当继承父母的财产时,尽管有居住使用资产的特例,但是负担继承税也绝非不在少数。

所谓第三个"收益还原资产额"是要看根据利息率退还利用同一财富时每年所花的费用,这费用顶多少存款额。在东京等地,时价1亿日元的住宅,如果出租的话每月也要20万日元以下,扣除固定资产税的收益全年只有200万日元左右。即使把利息率视为6%,"收益资产额"也就是3 300万日元左右。

根据报道说,老老实实存钱的人亏了,只有买了土地的人赚了大钱,可实际上这个差距并不大。尽管如此,这个差距甚至成了一个重大的社会问题,这也许就是日本人追求"结果平等"这一强烈心情的一种表现吧。

升学考试竞争是一种"集体发疯"?

大约在10年前,我和社会教育学家、大学教授巴吉尔·卢邦一起制作过一个电视节目。巴吉尔教授是一位持有这种信念的人,他认为彻底普及教育才会使社会和谐。于是,首先陪同他参观了日本不同阶段的学校。小学、初中的就学率近100%,高中升学率达94%,这样的日本"教育大国"让这位教授也颇感兴趣。但是,巴吉尔教授最吃惊的是东京代代木的一所预备学校①。

"我从未见过这么认真学习的一群年轻人。他们究竟为获取什么资格而在认真学习呢?"巴吉尔教授问道。

"不是为了什么资格,而是为了考大学。"我的这番回答最初让巴吉尔教授惊讶不已。

"在日本为什么升入大学,甚至有些人必须特别用功呢?"巴吉尔教授问道。

"不,他们并不是考不上大学。他们是为了考上像东京大学、京都大学等一流大学而在学习的。"经我这么一解释,巴吉尔教授稍加思考

---

① 所谓"预备学校"是为考生考大学而设的补习学校。——译者注

之后开口说道：

"明白了。这是因为在日本，一流大学和其他大学的毕业生刚就职时的工资大不相同。即便是在法国，被称为专科学院一流大学的毕业生也很有利，但是同其他大学毕业的人相比，他们之间刚就职的工资差是在2倍以下，所以不必那么不量力而行。"

我说："不，在日本不论是毕业于哪所大学，初次任职的工资几乎没有差别。只是为了有一份更好的工作，很多青年才把目标定在一流大学。"接着，巴吉尔教授就提问道："所谓好的工作单位是哪里呢？"

"首先是大藏省①、通产省②……"当我刚这么一开口，巴吉尔教授就拍起了手。

他张口说道："还是如此嘛。在法国也是这样的。在法国，虽然中央政府的精英和民间企业的工资差别没有那么大，但是，如果不工作20年左右的话，就当不上副部长、大臣、国营企业的总经理。因为日本极为优待官僚。"

我认真地解释道："哪里的话。日本的官僚比民间企业薪金少，要当副部长得需要35年的时间。不仅当不上大臣，而且即使由机关领导指派，在大型企业里，能当上常务或者一般的董事、一生中能当上总经理的也是罕见的。"

日本国家公务员的薪金在包含中小企业在内的民间企业的总平均数上面浮动，所以即便是东京大学毕业的精英也比一般大企业拿得薪金低。每年发迹得也慢，现在40岁才当科长，50岁勉强当上局长，然后即使由上级领导指派到企业，也不比同龄人的元老受到特殊厚待。当大臣这种理想中的理想，必须经过5次以上严格的选举才能当选。因此，如果一直工作到当上局长，那将是一位老人了。

"这么说来……这些年轻人为了在一个工资低、发迹不快的地方就

---

① 所谓"大藏省"是负责管理国家财务、金融、外汇、证券等方面的中央行政机关。2001年它被更名为"财务省"。这里的"省"相当于中国中央政府的"部"。——译者注

② 所谓"通产省"是"通商产业省"的缩略语，相当于中国的"商业部"或"对外经济贸易部"。2001年"通产省"被更名为"经济产业省"。——译者注

职而这样认真地学习吗?"

　　巴吉尔教授这么说着,作了一个仰天而视的动作。接着,他又嘟哝道:"可以认为日本人已经集体发疯了。"虽然结论稍微有点武断,但是冷静地想一想,的确是这样。

接近"结果平等"的教育大国

　　一般认为日本是一个学历社会,可事实上并非如此。无论是收入这一方面,还是社会地位这一方面,因学历导致的差距都很小。

　　不仅初次任职的工资,而且就从整个一生的收入来看,一流大学毕业的人和非一流大学毕业的人之间的收入差距也是极小的。甚至同那些没有大学毕业的人之间的收入差距也不过 2 倍。至于社会地位更是千差万别,比起学历来,其后的努力、能力和运气相差都很大。不管怎样,虽然在日本大学毕业的人这么多,可在过去 20 年间就任的 9 位总理当中就有两人(田中角荣和铃木善幸)没有大学毕业。经济界也同样如此,看看各地工商总会的会长,约 30％的人没有大学毕业。

　　而且,在这个国家里,几乎所有的一流大学在考试之际都不会优待该大学毕业者的子弟。为此,在东京大学和京都大学的学生当中,同一个大学毕业者的子弟竟不满 10％。就连二流的私立大学,除了依靠关系、冒名顶替考试以外,也没有其他走后门入学的途径。在英国的牛津大学、法国的专科学院里,一大半的入学者都被该大学毕业者的子弟所占,日本和他们大不一样。

　　尽管如此,日本人的教育热还是十分高涨的。可以说小学、初中的就学率为 100％,高中的升学率达到了 94％,而且其中近 40％的人升入大学、大专。此外,在美国,包括上"大学"在内,进入各种专修学校的人只有 18％。所以,如果把国际统计和标准合在一起的话,日本大学的升学率大概会达到近 50％。

　　并且,这期间由于接受补习班、预备校、家庭教师的教育也很多,所以整个日本社会所花费的教育经费是一个庞大的数字。而这本身还是在加强日本社会的平等性。在日本这个国家里不会"读、写、算"的成年人几乎是零。

的确,日本社会在每一方面都能真正做到平等、公平。在这个国家里,因很少有不同民族的国民,所以由人种引起的差别要比世界其他各国小。由于整个日本人对宗教的关心很淡漠,因此信仰上的差别也不存在。再加之,语言也是统一的,不可能有语言方面的差别。在这个国家,多多少少像乡音之类的东西不会妨碍一个人社会地位和其收入的提高。

　　当然,日本既遗留着自古以来的旧习,也存在着对待男女之间的差异。但是,从整体来看,与世界其他各国相比,可以说要小得多。日本不仅实现了"法律面前的平等"、"机会的平等",甚至还接近了"结果的平等"。在日本,已成为问题的学历差距,倒可以说成是一种"心理上的平等"。

和平、安全、长寿的国家

　　日本的幸福并非只是经济上的"富裕"、"安心"和"平等"。还有一个不亚于其的重要因素就是非常的"安全"。

　　首先,在战后 46 年间日本完全是一片和平。在这漫长的期间内,日本国土所受到战火的痕迹已经消失殆尽,日本的军队也从未被派往前线参战过。战争结束进入和平以后,甚至去波斯湾的自卫队的扫雷艇都是慎之又慎。而且,在这个国家不必担心被军队强行征兵。即便是自愿加入自卫队,也没有奔赴战场的危险,只要不主动要求,也不会被迫接受艰苦的军事训练。在瑞士、瑞典等永世中立的国家,国民被迫接受军事训练、建设防卫设施的义务。即使同他们相比,日本也大不一样。现在,在世界上恐怕没有哪个国家比日本更疏远军事而生活的了。

　　其次,日本在这 46 年间也极少发生内乱骚动事件。如果硬说的话,1960 年发生的安保斗争①、"山谷·釜崎事件"、60 年代末出现的学校纷争等都属于此类事件,但是因此出现的死伤者却非常少。其后,虽

---

　　① 所谓"安保斗争"是指日本国民于 1960 年对日美两国之间签订的《安全保障条约》不满而发动的反对该条约的斗争。——译者注

然也发生过由被称为"过激派"的少数人发起的恐怖事件,但被害人数一大半是"过激派"内部的人,一般市民的危险是不超过通常犯罪的数字。

连这样的恐怖事件也包括在内,犯罪非常少这一点也是现在日本的一个特色。1990年发生的杀人事件有1 238起,平均为每10万人一起而已。同美国相比,是它的1/9;即使同法国和前西德相比,也是他们的1/4到1/5。抢劫、伤害、强奸等暴力事件全都在世界其他各国的1/10以下。

如果经济工业化和人口城市集中普遍发展,犯罪就会增加。这是一个社会常识。可是,只有日本是一个例外,尽管出现了急剧的工业化和人口城市集中的现象,但各种犯罪都在减少。

表示日本安全性的另一个指标是平均寿命的长度。1990年日本人的平均寿命,男性为75.91岁、女性为81.77岁,都位居世界第一。在这个国家里,像霍乱、天花等恶性传染病的流行都灭绝已久了,而且结核病也于20世纪50年代锐减,如今在死亡原因当中也远远地落至低位。近年来威胁欧美人的艾滋病在日本也还仅仅发现1 000例,毫无骤增的迹象。这是因为日本人无论在平常的健康方面、在患病后的医疗方面,还是在公共卫生方面,都确实过着一种安全的生活。

日本的安全性在更为日常的方面都一直充分地受到保护。不仅产业事故少,而且由自然灾害所造成的死伤也很少。工厂和工地都始终贯彻执行安全对策,公路和观光地带围着安全栅栏。海岸和堤防都用混凝土凝固起来,山的地表都固存沙土不让其流失。为了安全,名胜古迹和自然环境都被大刀阔斧地加以改造,不能改造的地方则标示着"禁止入内"。

而且,日本非常清净。马路和交通工具都被清扫得干干净净,饮食店的卫生管理很严格。几乎所有的住宅都带有卫生洗澡间,在年轻的男性和女性当中,一直广泛流行着一种自早晨起来就洗头发的"早晨洗发"的习惯。最近,小孩子一在沙地上玩耍,就有很多母亲说"脏啊,脏啊",并加以阻止。为了亲近大自然,一些在农村挖白薯的城市孩子觉得土壤很脏,就戴上手套。习惯于这种生活的日本人中,有很多人认为，不要说发展中国家的生活了，甚至连纽约、巴黎的地铁都"脏得没法乘坐"。现在的日本人，因为过于重视"安全"，才有了一种对土壤、虫子都感到害怕的洁癖。

最为值得注意的是从 20 世纪 70 年代起，日本就彻底防止了公害问题。从损伤人们的肉体和精神健康的角度来说，公害是"危险"之一。在日本，几乎在各个方面都制定并认真执行着世界上最严格地防止公害的标准。不仅药品和食物添加剂等比任何一个国家都严格加以限制，而且对大气污染、污水排放等规定也很严格。由于日本对汽车废气控制十分严格，因此从全世界收购低硫原油作为燃料。至于防噪音方面，日本比世界其他国家更为严格，欧美的飞机制造商为了进入日本，甚至开发了低噪音发动机。

因此，在 1970 年前后，全国各地所能见到的"公害病"也大大减少了，工厂地带的大气污染、水质污浊等也大幅度得以改善。现在的日本是一个全球都很羡慕的"防公害先进国家"。

接近近代国家理想的"天堂"

假如称为"近代国家"的理想是实现富足、平等和安全的话，那么今天的日本是一个完全彻底实现了这一切的国家，可以说是一个"最靠近天堂的国家"。

日本自明治以来的 100 多年一直把实现欧美式的近代工业社会作为目标而努力着。假设其结果就是今天这个风貌的话，也许可以说日本近代化的历史是成功的。尤其第二次世界大战后的 46 年一定是这样的。正因为如此，也就能理解那些致力于实现这个"天堂"的官僚、企业经营者和技术人员们得意洋洋地讲述自己所造就的"日本型产业政策"和"日本式经营"等。

但是，如果说今天的日本作为"人类居住的社会"真的是理想的话？也未必如此。不能断言大多数日本人从心里面对这个国家抱有自信和自豪。不，倒不如说，绝大多数的日本人不仅认为日本的现状还很贫弱，而且还对这个国家的将来和自己的前途感到不安。这是因为，他们本能地感觉到，不仅日本的繁荣和安全建构在当今的国际基盘上，而且日本自身的社会构造、财富积累和生产各要素还十分薄弱。

在那艰苦时代，日本人所梦想的理想，确实已经得以实现。但是，面对这种实现，日本人就会有这样的疑问：这真的就是理想吗？ 日本人长期相信这一点，如果实现了近代国家的理想，实现了经济上的富足、结果的平等和彻底的安全，就一定会幸福的。然而，他们明白，在这一切已经实现了的今天，真正的幸福未必就是一致的。

平成时代的日本人所发现的重大事实，就是说在"天堂"里也有"天堂"那般的烦恼和困苦。

体会不到"富足"的"富裕国家"

"天堂"里没有乐趣

"我不想去天堂。没有争斗、阴谋、憎恨、堕落的天堂，会有什么乐趣啊？"

在我还是高中生的时候，我听了天主教神父的一席话，曾这样想过。事实上，假设"天堂"这个地方，是一个由上帝挑选的、尽是些善良、贤明的人栖身的家园，是一个光做一些善意和高尚行为的花园，那么无论多么富裕，也一定是一个令人非常郁闷、难受的社会。而且，如果"天堂"里的居民都把自己认为是"被选出的善良人"，那么他们的存在肯定会受到其他人的厌恶。看一看平成时代的日本，你就会不禁这么想。

如果人均国民收入和人均资产都是世界第一，所得差额也很小的话，那么由学历导致的差别也就很小。假若教育普及度为世界第一，那么犯罪低也为世界第一。防止公害领先世界其他各国，国土的绿化率为70％，覆盖面绝对多。铁路准时行驶，电话立刻就通，甚至连传真通信家里都具备。电视播放到深夜，对政府的批评，想说什么就可以自由地说什么。经这样一列举，平成时代的日本千真万确是一个"最接近天堂的国家"。国民失去了对政治的关心，年轻人想"希望继续生活在现在的世界里"，我觉得这也是理所当然的。

不过，"天堂"里有"天堂"的苦恼。在当今完全高效率、平等和安全的日本，大部分人在叹息：切实感受不到"富足"。因为如今的日本人，就好像亚当无法忍耐"天堂"的生活吃了禁果一样，也开始对每天平安无事的日子感到焦躁。

　　然而，不幸的是日本人不仅没有因吞噬禁果而从这个"天堂"里坠落，而且也很少有人像亚当那样富有冒险心和好奇心。诱使其堕落的邪恶大蛇，由教师和官僚管制起来了。尽管谁都对少有乐趣的现状和不安的未来感到焦躁，但绝不会从"天堂"里坠下来，而是紧紧地抓住云端，叫喊着"再往上"。他们相信"天堂"上面还有更完美的"天堂"而不断地挣扎——这个"天堂"实际上也就是一个"炼狱"。

在"寻求贫困"的十年之后

　　20世纪80年代是日本成为"经济大国"的时期。在对石油危机和大型技术产生动摇怀疑的70年代，日本经济也有点停滞不前。但是，紧接着到了80年代的10年间，由于石油价格的下降、以电子学为中心的新技术普遍提高，世界有了长足的发展。饱享了这一切，让经济得以发展并确立了技术优先的国家就是日本。

　　石油价格的下降减少了日本的支付金额，使资金储存下来。电子学的进步使日本的制造业更加发展了。其结果，从80年代中期开始，日本的国际收支列入巨大盈余，自1985年秋季起日元开始急剧升值。

　　因此，按照汇价换算的日本国民的所得大幅提高，占据世界经济的比重也一再扩大，甚至达到了这样一种程度：人均国民所得都超过了主要发达国家。同时，储存在日本的巨额资金因投资对象不足而集中在土地和股票的购买上，从而导致了地价急剧上涨、股票上升。而且，这一切给日本的企业带来了巨大利益，并把很多日本人造就成了大款。可以说开始所论述的那种"经济大国"的样式固定下来，是在这80年代的10年间，特别是这后半期的5年间。

　　但是，在另一方面，日本人的生活一点也没有得到改善。至少，很多日本人这么认为。这是因为根据国际比较来看：统计上的"富足"和日本人自身切实感受到的日常生活上的"富足"之间还存在很大的差距。

　　80年代，日本人的心理在"经济大国"的自豪和对生活的不满之间摇摆不定。这是因为他们产生了这样一种疑问,即"被称为世界第一富的我们为什么切实体会不到富足呢?"而且,为了回答这个问题,人们进行了种种"贫困寻求"。统计上是这样简单下结论的:人们即使罗列了"富足"的数值,也会因为某种东西的不足,而切实感受不到"富足"的。

首先,被列举的是住宅。与外观堂堂的石造建筑物排列井然有序的欧美城市相比,日本毫不秩序的一片低矮木造的住宅,远远地看上去十分逊色。这就给人这样一种印象:日本平均每户住宅的面积很小。EC① 在"各国工薪职员的生活调查"中说"日本的住宅是兔窝",这种表达也令人感到刺激。这件事使日本人产生了这样的想法:"之所以应该富裕的我们切实体会不到富足是因为住宅狭窄的缘故"。

但是,如果调查一下,就会明白未必如此。日本住宅的户数超过了10%的家庭数。而且,每一户的平均面积也达到了 85 平方米,虽然比美国、前西德要窄,但比法国、英国、意大利等国都要宽敞。特别是在东京、大阪等大城市里,每一户的平均面积都远远超过了巴黎和伦敦等城市。而且,日本拥有私房的比率为 61.4%,如果将统计的标准加以统一,就会发现这在发达国家里是最高的。在外地拥有宽大住宅的人们,离开那里,移居到东京狭窄的住宅里。这一现实表明:即使住宅稍微宽敞一点,同作为生活实感的"富足"也没什么多大的关系。

同时,尽管那些希望增加预算的官僚们,还强烈地呼吁道路和公园面积不足、下水道不完备等等,但都未能得到日本国民的共鸣。对于城市公园的新建设,发生了诸如"落叶太脏"、"会滋生虫子"、"蝉鸣太吵"等反对运动。另外,即使设置下水道,利用率也非常低。在地方上设置后即使过了 10 年,其利用率也就是一两成,这样的例子不在少数。就连东京,其利用率也达不到三成,这一点不足为奇。因为在搞公共下水道之前,已经建了每个设备的净化槽。

照这样,不可能因为增加了城市公园和下水道等,就突然切实体会到了富足。在 80 年代,由官僚和大众媒体所列举的"日本贫穷"并不是日本人所真实感受到的不满和焦躁的原因。

---

① EC 为欧洲经济共同体。——译者注

人们不知如何回答什么是"富足"

所谓"富足"是什么呢？——现在，日本正在认真地讨论这个问题。而且，对这一问题的回答至今仍没有得出结论。至少，带有令人十分信服的具体内容和达成方法的回答一直都没有得到。

虽然政府官僚和一部分学者——列举出日本人的收入和财物消费情况，并宣称"你们是富裕的"，但对此很少有人会从心里面相信这一点。尽管也有很多人宣扬："所谓真正的富足就是一种精神的丰富"，可是这句话的内容极为抽象，不知道怎么做，精神才会丰富。"你们要满足于现状，感谢社会！"这些话有时候听起来就像道德说教一样。

另一些人说，如果稍微具体地进一步提高福利，据此建立一个"能让人放心的社会"就可以了。不过，人们就会出现这样的疑问：在医疗保险和养老金都很充足的这个国家里，进一步提高福利就真的会让人切实体会到"富足"吗？

据说，当今领取养老金的老年人，其支出的一大部分是用在给子孙们的零花钱上。如果不给子孙们钱，他们是不会接近老人的。考虑到这个情况，即便再增加一成或两成的养老金，也不会让人感到幸福的。为此而增加征税并提高社会保险金，反倒会加大对贫困感的恐惧。因为本来日本就对人口老龄化的危机感很强烈。

一部分日本人主张：从参加志愿者、为地域性社会作贡献中寻找人生价值！可是，在这个国家里，如果没有欢迎志愿者的氛围，那么可作贡献的地域性社会也就几乎不存在了。非专业性的志愿者不仅被政府机关的负责人当成碍事的人，而且在尽是些公司人员和去补习学校的孩子们的街区内，把左邻右舍的集会以及把孩子聚集在一起加以运动指导都只会被认为是一种多余的麻烦。

另外，其他一些人说：创建自然资源丰富的环境就是通往富足的大道。然而，却几乎没有人真的去相信这一点。孩子仅仅是在沙坑里玩耍，母亲们就斥责道"太脏了，太脏了"；仅仅是蛇、虫子出来了，年轻人就逃走了。很多家庭主妇嘴上说没有农药的蔬菜好，可她们却不愿意买弯曲的黄瓜和有虫蛀的水果。以"安全第一"教育成长起来的年轻人相当爱清洁，一点也不粗野。他们所说喜好的"自然"是被打扫得干干净净的公园里的树木或是温室里长大的花卉和赏叶植物之类。

所谓"富足"，好像对今天的日本人来说，越讨论就越不明白了。

借助"流行信息杂志"购买名牌

然而，且不谈舆论界出现的讨论，日本的国民大众即消费者们，正开始以完全不同的形式向着切实体会"富足"的大道迈进。这也是事实。进入 20 世纪 80 年代以后，他们纷纷涌向急剧扩大的多样化消费，特别是追求国外名牌商品的消费。

明治以来，日本第一个国家目标是建立近代工业社会。为此，政府在各个领域推进了规格化，努力实现大量生产。尤其是第二次世界大战后，作为和平国家，日本为了使经济得到发展，可以说把所有的政策目标都集中在这一点上。而且，发展经济、奖励工业化社会同全体国民的希望也是相吻合的。

在 20 世纪 40 年代，不管怎样，肚子里能吃饱"白米饭"就是理想；在 50 年代，备齐了被称为"三种神器"的黑白电视机、电冰箱和洗衣机就是理想；到了 60 年代，尽管这"三大件"被"三 C"①即彩色电视机、空调和汽车取代了，但依旧可以列举出规格产品。哪怕便宜一日元、哪怕多供应一台，让"三 C"遍布所有的家庭，这在当时就是国家的目标，就是日本国民的希望。

然而，到了 20 世纪 70 年代，大部分家庭都已经备齐了"三 C"。在这个所得差额很小的国家里，规格产品普及各个家庭是很早的。而且，大家都已经没有想要的规格产品了。在这个时期，日本的储蓄率急速上升，也就是说它出现了这样一种现象："没有想要的东西"。

进入 80 年代，人们的需求比起增加规格产品的数量来，开始转向了"略有不同的东西"、"具有话题性的东西"、"在他人面前能够炫耀的东西"。但是，对于那些为了造就适合在大量生产规格产品的工地上工

①　所谓"三 C"是指 color-television, cooler, car 这三个英文单词的开头字母。——译者注

作、没有个性的统一化人类而教育出来、出生在战后的日本人来说，要找到"不相同的东西"和"具有话题性的东西"是相当不容易的。

他们势必聚集在国外名牌产品上，像路易·比顿的包、埃尔迈斯的领带、威吉伍德的餐具等。在 80 年代，这种品牌商业在日本发展很快，路易·比顿等品牌，整个销售额的 35％向日本出口。如果加上日本人在海外购买的部分，恐怕会达到 50％以上。从几万日元到十几万日元的价格都适于日本大众。

能聚齐以往曾是欧美富人们常用的物品——高级名牌商品，在某种程度上，也许有助于让日本人真实感受到富足。但它并非给予了充分的满足。作为适于在大量生产规格产品的工地上工作的劳动者、接受了学会忍耐、协调性和共同知识技能教育的、战后出生的日本人，不仅不擅长考虑个性化商品的选择和创造性的搭配，而且这样做还是一种负担。一旦消费的多样化不断拓展，名牌产品流行起来，大部分日本人——特别是年轻人——就想到了：什么是具有话题性的商品呢？想请教一下其他人：哪种商品是能够炫耀的呢？接着，按照他们的需要，介绍名牌和流行商品的书籍、杂志之类的东西开始充斥大街小巷。

到了 80 年代末，这种"流行信息杂志"适合于男性和女性的加在一起竟达 100 多种。为了填满这些页码，对象扩大了，报道详细了，最终从"最适合男女约会的线路"到餐馆中感觉舒服的椅子摆放位置都写入杂志中，出现了一大群按照杂志所提供的信息去实践的年轻人。

想拥有"不一样的东西"、"能够炫耀的东西"的这种欲望，和想让杂志提供这些东西的希望是完全矛盾的。这是因为如果上了杂志，这些商品就会普及，"不一样的东西"、"能够炫耀的东西"都不存在了。因此，很多日本人为了更早更多地备齐最新名牌商品，就愈加依赖"流行信息杂志"。结果，在无限花费也无法满足内心的忙忙碌碌中，人们不得不迟疑不决。

总之，想要个性化地表现自己而买齐的名牌，也只不过因大家做了相同的事而创作出了"共同的个性"。如果经济上富裕了，就一定能切实体会到"富足"，相信这一点的日本人，在大家都富裕了的时候，结果自身就切实体会不到富裕。与此相同，应该创造个性的品牌商品在大家都买齐了的情况下,其结果也只不过是扩展了无个性。在1991年的日本,人们从对这种事的不满和反省中,正产生出这样一种感受:"觉得日本还是有什么地方不对劲"。

使焦躁越发加剧的"外界压力"

进一步加深日本人这种不安和不满的就是"外界压力",即来自外国对日本的种种要求。

自20世纪80年代起,日本经济富裕了,产业竞争力也加强了,以美国为首的世界其他各国就开始向日本提出了各种各样的要求,例如出口的自主规定和进口的扩大、外国企业参入公共事业、金融自由化、增大援助发展中国家等等。其中也让日本人大为吃惊的是1985年秋开始诱导日元汇价的急剧提高。

1972年,日元汇兑本位制垮台了,世界上实现了变动汇兑方式的纸钱币社会,从而汇兑的自由变动得以实施。这原本就是出自这样一个考虑:国际收支不平衡受汇兑变动而调整。但是,只关心本国的贸易和繁荣的日本人完全不理解这些。再加之,80年代前半期,根据里根总统的财政赤字和金融紧缩政策,美国虽然出现了巨额贸易赤字,却导致了高利息美元汇价升高。这是因为以"建立强大的美国"为第一宗旨的里根总统,无视变动汇兑制度的国际调整机能,努力振兴经济、充实国防力量的缘故。

在加速了东西冷战中对前苏联取得胜利方面,可以高度评价这一政策。可是,这种政策却扩大了世界经济的不平衡,日元贬值的日本得以大幅度扩大出口和产业发展。1985年达成的"市场协议"是想更正由此产生的不当之处,实现变动汇兑制度本来的调整机能。然而,对这一政策的原本构想一无所知的日本人,对日元急剧升值感到十分吃惊。

本国通货汇兑率的上升,意味着国际上所见的收入和财产的增多。因此,这应该是一个值得高兴的现象。其实在同一时期,马克的汇兑率也大幅度提高了。大部分前西德人都对此感到高兴。可是,日本人预想到出口的减少和企业利益的缩小,就惴惴不安,对外界的压力感到愤怒。而且,依此他们加倍努力完善合理化、改善技术。

日本人对"外界压力"的反应总是这样的。他们常常对来自外国、尤其是欧美发达国家的要求,先感到吃惊、害怕,接着就感到愤怒。他们认定外国的要求肯定会给日本和日本人带来损失,而不考虑其实体是什么?其结果能预测到什么?即使有人考虑到这个而提出"正确言论",宣传媒体也不怎么加以报道。这个国家的宣传媒体,无论是过去还是现在,都把读者的不安和不满理解成最好的市场。

但是,经济却会实际反映出日本的媒体如何报道、日本人如何去思考的。日元升值的结果,日本繁荣了,在世界上的经济地位提高了。企业获得了利益,个人富裕了。日本人可以搜购更多的国外名牌,享受海外旅行。而且,很多日本人把这一切归功于日本人自身的才干和勤奋。这是因为他们认为不屈从外国的阴谋、咬紧牙关拼命努力的结果,才取得了进一步的繁荣。

日本人对"外界压力"的反应可以说是一个"能干的弱者"或"有自卑感的暴发户"的典型。因为日本人害怕他人,并恶意地理解周围,把成功归功于自己的努力和能力。

世界的变化和日本人的踌躇

但是,自进入20世纪90年代,日本还接连不断受到不同种类的"外界压力",即日美构造协议、关贸总协定(GATT)的乌拉圭谈判以及要求对中东海湾危机的贡献。这一切都含有与过去的"外界压力"相异的本质问题,在时间上也要求迅速回答。正因为如此,对已习惯于安全和平等的日本来说,产生了很大的痛苦和踌躇。这是因为以"安全第一"的战后日本缺少勇气和决断的美德,在尊重平等的社会里,缺乏强大的领导能力和舍弃部分谋求整体利益的综合调整机能。

20世纪90年代,迈入"平成天皇在位时期"的日本,最初所经历的一股新的"外界压力"是日美构造协议。如前所述,在此以前日本也受到过像制止出口和进口自由化等各种各样的"外界压力"。但是,那些都仅限于有关个别商品和各同业界的问题。正因为这样,日本人对此不仅也容易理解,而且容易应对。如果是个别同业界的事情,一般就可以根据日本特有的"行政指导"加以执行。这个国家的政府备有好多给予各同业界弥补问题、提供充足利益的保护扶植机构。

但是,在日美构造协议上,美国一方所提出的主张是这样的:缩小或废除对这些同业界实行保护扶植的机构。总之,美国在此是说:"日本是一个官僚主导的启蒙主义国家,不是一个自由经济社会。如果日本希望继续同欧美进行自由贸易,就应该变成自由经济体制。"

那么,所谓以美国为代表的欧美各国所考虑的自由经济体制是什么呢? 那就是这样一个社会体制:根据消费者的选择,决定商品廉价出售的销售,由此决定企业的盛衰。总之,"选择自由"才是一个正义的社会。

具体说来,可以列举出废除规定小卖店分店的"大规模小卖店铺规则法",消费者能在自己喜欢的商店购买商品,强化禁止垄断法,强烈取缔妨碍消费多样化的卡特尔①行为等等。这些可以说只不过是一个示例而已。其本质就是要彻底废除在官僚主导下的同业界协调的启蒙主义体制,建立起依靠消费者选择的自由竞争体制。

在同一时期开始的关贸总协定(GATT)乌拉圭谈判上的农产品贸易问题,也处于同样的考虑。美国主张应该在全世界范围内降低对农业的补助和保护,不加区别地向消费市场提供国内外产品,把各国农业的特殊化和盛衰委以消费者的选择。

农业是一个古老的产业,多半要依赖于自然条件和社会构造。正因为如此,对于农业的自由竞争,欧洲各国也不像美国那样能想得通。为此,欧美之间的对立也很激烈。而日本的处境被逼得更为艰难。因为在这个国家里,在官僚主导下彻底保护种稻的农业行政,一直是作为理所当然的正义而存续的。

对于围绕上述两个产业经济体制的"外界压力",日本人感到愕然。此前的日本产业经济政策反映了战后日本的伦理观,它的出台是为了追求效率、安全和平等。其结果,日本成了一个具有很强的工业制品出口竞争力的"经济大国",成了一个清洁卫生、事故少、世界第一长寿的

---

① 所谓"卡特尔"是指企业联合,即在同一产业部门的企业间协定价格、生产量等,限制并排除在市场上的竞争,确保利润。——译者注

"和平国家",并建构了一个所得差额和学历差别都很小的"结果平等的社会"。日本人深信这就是"天堂"。不过,这里并没有放入"自由"的尺度。美国依据所谓"自由"的"炼狱的规章",来给"天堂"日本定罪的。

日本被要求参加国际秩序而踌躇满志

从 1990 年到 1991 年,还有一个恐怖的"外界压力"袭扰着日本。那就是日本被要求对镇压中东海湾危机作贡献。

在以往近 2000 年的历史中,在有关世界构造和国际秩序方面,日本几乎没有发挥过积极作用的先例。日本人长期以来一直都只生活在自己这个岛国里。虽然学习了很多外来的思想和文化,但是几乎没有想过要把本国的思想文化扩展到外国。

在日本的历史中也有记载说,日本在朝鲜半岛上曾经有过"仁那①日本府",曾经向白村江②出过兵等等。但这也都是 1300 年至 1600 年以前的小事件。丰臣秀吉(1536—1598)向朝鲜出兵虽然是更新、更大规模的,但只不过是一种目的和政治策略都不明确的暴举。其中既没有来自日本社会的高涨热情,也没有留下铭刻在日本人民族性上的变化。而且,在此以后,日本一直处于 250 年间的锁国和太平时代。由此可见,日本人根本不想考虑"世界构造"、"国际秩序"的存在等等是理所当然的。

最终,日本人多少积极参与国际社会仅仅是在 20 世纪前半期的30 年间,即从第一次世界大战到第二次世界大战期间。但是,那也是以大失败而告终。日本不仅迎来了太平洋战争失败的悲惨结局,而且其行为和思想也受到了外国以及日本人本身的全面否定。

---

① "仁那"是从公元 3 世纪到 6 世纪,由日本大和朝廷作为殖民地经营的一个位于朝鲜半岛南部的地域及国家。自古就成了日本和乐浪、带方两郡的交通枢纽,在 4 世纪中期,大和朝廷派军队,把这地域作为军事占领地,设置了日本府,5 世纪以后受到日本国内的动摇和高句丽、百济、新罗的压迫,562 年被新罗消灭。——译者注

② "白村江"位于朝鲜半岛西南部,是忠清南道的河流名。663 年,日本、百济和中国大唐、新罗在白村江展开了一场水军大战。日本军队为增援百济而举兵前往会战,结果大败,百济国王逃往高句丽,大部分王公贵族逃往日本,百济灭亡。——译者注

然而,不管怎么说,对日本人而言,最强烈的体验是"战后"。因太平洋战争而败北的日本,对于第二次世界大战后世界构造和国际秩序的形成根本毫不关系。不但没有具体的行动,而且就连发表意见的机会也没有。幸而置于美国占领军下的日本,甚至没有选择国际地位的余地。同明治开国时一样,战后的日本也终于低着脑袋进入到"已经建好的世界"里。

　　可是,在这错综复杂的"战后世界"里,日本就这样得以在经济上大发展。

　　这同多少按照自己的意思想改变并建立国际秩序的 20 世纪前半期的失败是一个非常鲜明的对比。可以说,这件事把利用世界构造与国际秩序的重要性以及想改变它的危险性告诉了日本人。对今天的日本人来说,世界构造和国际秩序是一种像万有引力一般的自然现象,可以说是一种"神的安排"。

　　因为对这样的日本说:"要为维持国际秩序而作出贡献!",就如同对它说"为维持万有引力要努力!"一样,日本感到犹豫不决。这是由于这个国家不具备协助维持国际秩序的手段和精神。

　　但是,被要求"协助维持国际秩序"、并对此感到踌躇满志,这些都正在给日本人的思考产生着一定的影响。

　　由此,日本人稍微切实地体会到了:自己的"天堂"并不是同其他相隔绝而悬浮在天上的,它同有战争、有贫困、有暴力、有阴谋的"地面"相关联,所以才可能有富裕、安全、平等。

　　从这种意义上说,发生在 90 年代初期的一系列事件是能成为日本人重新认识日本的契机。

　　日本人所相信的"天堂"是真正的"天堂"吗?把这个"天堂"再高高悬起,也就是越发从世界这个"地上"离开,可能吗?而且,这就是给予日本人真正幸福的大道吗?思考这些问题的人,在这个国家里也多起来了。当人们用这样的眼睛重新审视日本的时候,这个"天堂"里的不同面貌就会呈现出来。

"天堂"日本的真实情况——工业单一经营的社会

效率差的"经济大国"

当经济环境和社会地位急剧上升时,人们很容易陷入自我评价的两极分化。一是对在经济、社会方面得以提高的自身能力给予过高评价;另一个是从周围的待人态度和冷漠的视线中产生一种自我嫌恶。

这种心理有时会招致显示低俗的富有和乱用强制的权力,有时会加重被害者的过剩意识。因此,在人们的内心中,不断抱以这样一种渴望:"想受到大家的喜欢",这就是所谓的"暴发户心理"。今天,不容否定在国际社会上的日本具有这种类似的心理。

日本的自我过高评价受到行政机关、一部分产业界、言论界人士有组织的宣传,广大的日本人深信本国的自我形象是"伟大的经济大国——日本",国民的自画像是"勤劳、能干、守纪律的日本人"。而且,证明这一点的统计数值和评价尺度被官僚机构加以宣布,并通过宣传部门等被加以宣传,还受到一部分言论人士的放大。

比如,一开始罗列的表示"经济大国"的各种数字,其本身是正确的,不含有任何虚构成分。但是,据此日本所灌输这种印象——"经济效率高的国家"、"构筑了应推广世界的、优秀的经济体制的社会"——很多是依存于数值的选择和报道的方式。

当今,在由汽车、电器产品等所代表的大量规格化生产型工业的领域中,日本产品极具很强的国际竞争能力,这是事实。不仅价格便宜,产品质量也很优秀,缴纳期也很准确。不合格产品的比率极低,出故障的次数也很少。这在 20 年以前,由于日本的工业产品完全以价格低销往世界,所以低报酬啦、倾销啦等指责声非常激烈。而现在,受到这种寻衅的事情很少出现了。不管怎样,因为日本的工厂非常合理化,并受到了高科技的管理,因此产品全部自动为高级化。在这个国家里,就连用于家庭大门滑轮的滚珠轴承,都使用的是和用于宇宙火箭相同的超精确度的优质产品。这是因为在设置了精确度为微米单位的自动控制工作机械的工厂里,净廉价地大量生产这种产品。

这一切在工业各个领域中都能见到,而且这就使日本人产生了这样一种自负:"日本的经济实力和技术力量是世界第一",使日本的自我评价固定为"日本才是效率高的优秀社会"。

　　但是,这只不过是日本的一个方面。回到从前再看一下日本的整体面貌,就会发现其他不同的"真实情况"。

　　按照现在的汇兑率换算出人均国民生产总值,日本是世界最高的。根据参考每个国家生活费的"实际国民生产总值"来看,日本和前西德、美国大致相同。根据日本银行的国际比较统计,前西德和美国等国家其数值要比日本高出一点点,英国、法国的数值则略低。比起汇兑换算,差额要小得多。

　　但是,根据1991年9月日本生产率本部的调查,日本在主要的发达国家中,劳动者人均生产率仅次于瑞典,是倒数第二。日本的就业率为49%,这在各发达国家中也是绝对高的。

　　但是,日本的劳动时间在1990年为全年2 044个小时,比美国多10%,比英国、法国多20%,比前西德竟然多出30%以上。劳动者长时间在工作,而人均生产率却相当低。

　　看一下加上花费在上下班等方面时间在内的劳动约束时间,这个差距更大。日美的差距为20%,日德竟达40%以上。笼统地讲,如果以相同时间工作的话,前西德人用8个月、美国人用10个月的时间就能完成日本人花一年所进行的生产。

　　因此,劳动者能自由使用的"可支配时间",德国人要比日本人多3倍。尤其是在东京都市圈内,由于上下班时间的延长,一般劳动者的"可支配时间"极少,从70年代到80年代这10年间,甚至连平均每天的睡眠时间都减少了18分钟。

　　之所以日本人均国民生产总值多并不是因为这个国家的社会和企业效率高,而是因为大家工作时间长。如果夹杂着文学夸张的说法来讲,那就是"日本人大家连晚上都不睡觉而在工作,终于在生产上做出了与欧美相当的成绩。"

产生巨大浪费的日本体制

一般认为日本是一个技术水平很高的国家。不但工厂自动化绝对是世界第一,而且办公自动化也是世界一流的。现在,传真已进入各个家庭,初中生玩弄家庭游戏机,家庭主妇敲打文字处理机写信。不仅仅生产方面的技术,就连生活方面的电子技术也非常普及。

日本是一个除经济以外不花费资金和劳动力的国家。防卫费占GNP的1%,是美国的1/6,是西欧各个国家的1/4以下。服军役的人数也是全部就业人数的0.39%,占全体国民的比率只不过是欧美的1/2到1/5。和宗教有关的支出和人员都很少。在这个国家里,僧侣和神主大都是作为副业来进行的,宗教妨碍经济活动的情况极少。而且,志愿者活动也很低调,企业的运营也没有受其阻碍。总之,日本不顾防卫和宗教,只是一味地把资金和人才集中在经济的发展上。

另外,一般还认为日本是一个劳动素质很好的国家。教育的普及正如前面所述,各个阶段的学生确实都很认真。正因为如此,据说人均劳动者的技能和知识要比欧美发达国家高很多。而且,绝大多数的劳动者都拥有盲从而过分的责任感和对组织的一片忠心。旷工和劳资纠纷都相当少。

再加之,现在的日本已经达到了一种被称为"世界史上空前"的、最有利的人口结构。65岁以上的老年人比率尽管上升到了12.5%(1991年),但由于不满14岁的少年急速减少了,以至于适龄劳动人口占到全体人口的69.6%。同老年人比率很高的西欧各个国家以及孩子很多的美国相比,当前的日本状况对提高国民人均生产效率最有利。

今天的日本正处于一种绝好的、得天独厚的条件中:技术高超,劳动素质好,全体国民受到了很好的教育,对近代机械十分爱好。除经济以外不使用资金和人力,很多人正以年富力强的年龄实际就业。尽管如此,如果按照平均劳动约束时间的实际生产额来说,日本比美国、前西德等国家要低得多,就是比英国、西班牙也要少。这究竟是怎么一回事呢?

一方面,是由于日本的工业产品在高度自动化的工厂里,由那些充满一片忠心的劳动者制造,故成本低、质量好,而作为整个国家来看,为什么效率竟如此之低呢？其原因一定是在于即使这个国家的工厂很有效率，但在其他方面也存在着巨大的浪费。

的确，同工业产品的国际竞争力很强相反，日本在其他领域的成本相当高。日本的农业规模小和生产率低，已经是众所周知的。这是因为在农业所得当中，依存价格保证和政府补助的部分就已经达到了 75%。

流通业也同样没有效率。正如大家所说"在美国一个人出售由两个人制造的汽车，而在日本要两个人出售一个人制造的汽车"的那样，日本的流通业浪费极大。对比一下工业产品的出厂价和零售价，有调查结果显示：美国是 1.7 倍，西欧各国也是 2 倍以下，而只有日本是 3 倍。这是因为出售同样价格的东西，日本需要的费用竟是欧美的 2 至 3 倍。

话虽如此，日本的流通业、尤其是零售业的服务质量很高，这一点也不容否认。日本的零售业不仅营业时间长，而且也很少出现脱销。要是免费发送的话，售后服务也很完善。最引以为豪的一点是精美的包装，包装纸和容器的精美度显然远远地超过世界其他国家。这是因为日本的消费者一般都在追求这样高层次的流通服务。

但是，即便参考了这一点，日本的流通业仍然有很多不合理、没有效率的地方，这也许是无可否认的。

饮食店、旅馆等方面的廉价供应的价格也比较高。在纽约、巴黎等地，即使吃一顿最高级的晚餐也不过是 300 美元，然而要是赤坂、新桥等地的日式酒家的话，花上 1 000 美元也不稀奇。在银座、北新地等地的俱乐部，喝几杯兑水的啤酒就要付 300 美元。而且，很多工薪职员常来这里消费。这是因为这种独特的企业交际费制度，产生了一种脱离个人消费追求高额服务的需要。

在日本，有关金融、信息方面的成本也比世界其他各国高。正如在填补损失这一事件败露中所明白的那样，日本的证券交易手续费与欧美国家相比平均要花费 2 倍左右。再加之，最近引人注目的是调查规划、设计、编辑、电视节目制作等所谓"智慧价格（智价）"的成本增高。这是因为在地价过高的东京事务所里，如果大家不聚集在一起继续讨论、增加和睦的话,那么事务所就会变成一事无成的机构了。

总之,日本虽然是一个"经济大国",但是真正在数量上和质量上都拥有着引以为豪的生产力和竞争力的是制造工业,那也仅仅是以汽车、电器产品为代表的规格化大量生产型的工业产品。日本的实际情况并不是一个整体经济活动都十分出色的"经济大国",在很多方面都存在着效率不高和浪费,日本是一个只有规格化大量生产型的工业遥遥领先发展的"规格化大量生产的大国"。

产生"畸形繁荣"的"最适合工业化社会"

可以说,以压倒世界的生产量和竞争力为自豪的规格化大量生产型工业和具有效率不高、徒劳的流通·信息·智价创造——这极度的不均衡是解明当今日本的关键。如果重视前者,日本就是一个冠以世界的"经济大国"、就是一个还可称为人类典范的"最靠近天堂的国家"。然而,假若看重后者,日本就是一个没有效率、缺乏乐趣的社会,是一个"切实体会不到富足的国家"。

但是,这种不均衡不是因人才的偏依、组织的大小而产生的。受自然条件左右的农业姑且不论,流通业和信息产业成为特别不利的条件并非在于今天的日本。从昭和初期到战后 20 年左右的期间内,政府曾经在制造业方面实行过资金优先引导,可是至少在最近的 20 年期间,政府几乎没有这样做。另外,即使年轻人所希望的工作单位,也并非是制造工业特别有人气、集中着有才干的优秀人才。倒是最近人们在担心:年轻人的希望比起制造工业来更向金融、信息产业等方面倾斜,这样会不会招致制造工业的衰退呢?

另外,从企业规模这一点来看,也很难说明这个落差。一般来说,流通业里有很多中小零星规模的企业单位,欲保护其"大规模零售店铺规定法"等的存在阻碍了流通合理化,这在某种程度上是一个事实。但是,难以想象这是全部的原因,效率不高也并非只存在零售业。就连规章少的批发业也存在着不可思议的迂回和成本增高。金融业和信息产业的规模较世界各国有过之无不及,在智慧价值创造的领域里也有为数不少的大企业。尽管如此,不,倒是正因为如此,日本的成本才提

何谓日本 ●

高了。

总之，在这个国家里，尽管相同水平的人才，凭借由相同原理组织起来的企业体，同样热忱而勤奋地工作着，但是，规格化大量生产型的制造工业，拥有着压倒世界的生产力和竞争力，流通业和信息产业等当然就处于一种非常没有效率的状况。为什么会有这么大的落差呢？一言以蔽之，就是说遍及整个日本社会的所有的一切，适合于规格化大量生产型的制造业，而不适于除此以外的产业和社会活动。

的确，日本的政治行政机构为了扩大规格化大量生产的普及，正在付出很大的努力。

例如，行政在工业产品中制定了"JIS① 符号"，并要求从螺丝、螺钉甚至到钢材、电器产品都要符合这一规定。建筑标准法和消防法都十分严谨，建筑设计和内部空间都要根据这个加以严格限定。甚至据说"设计建筑物的不是建筑师，而是建筑标准法。"道路标准、公园标准、电器设施标准等严格程度都自不待言。而且，关于每一个设施的运营，也都有道路交通法、公园管理规则等。自由利用几乎不予以认可。大家都认为日本的城市里公园很少，然而就是这少有的公园都越来越难以利用了。就连用于我们人类的医疗，也要根据"标准医疗"加以标准化，征收病床的差额费用被视为一种犯罪。

像这样各种商品、设施、廉价出售的规格标准化，使商品廉价出售的种类减少了，使消费者的选择自由缩小了，不过这为规格化大量生产创造出有利的环境。之所以从 80 年代开始的商品及廉价出售的多样化，不得不成为一种把容器的颜色、形状变成多样化的"别开生面"的手工活儿就是源于这个原因。

教育和信息都标准化

在日本，对教育的官僚统管也很彻底。这个国家经过昭和 16 年（1941）颁布"国民学校令"以来的半个世纪，在初等教育方面采纳了事

---

① 所谓 JIS 就是 Japanese Industrial Standard，即日本工业规格。——译者注

实上禁止新建私立学校的"初等教育公立主义"。而且,在公立学校,严格实行一个学区一所学校的"强制入学制度"。为此,作为需要接受教育的学生和家长一方就没有选择学校的余地。日本的小孩子们,其兴趣和个性都被忽视了,他们被迫进入官僚所规定的学校上学。

然后,在这样被强制入学的学校里,学生们被机械地灌输官僚所制定的课程,随着时间的推移被推向社会。而且,在这里,根据官僚所制定的教学大纲,学生被彻底长期严格地灌输"消除缺点型"的教育,被迫学习没有实效的科目。令人感到恐怖的是,由于最近出现了所谓施展一点兴趣和个性的"坏学生",因此学校制定了"校规",从服装、发型甚至到行为举止的姿势都要求共性化,并强制学生严格遵守学校的规定。所谓"校规"就是这样一种管理规则:不允许学生有一点点的个性和自我表现。

这种统一化教育虽然把学习的乐趣从学校生活中抹杀掉了,并破坏了学生们的创造力和个性;但其另一面,授予他们共同的知识和技能,在磨炼忍耐充满痛苦时间的习惯上效果显著。而这对培养适合在规格化大量生产的工厂工作的劳动力确实是有效的。

再者,在这个国家里,各种产业团体和职能者团体是在官僚的主导下组成的,其总部设在东京,并制定好了采用老官员担任事务局长和专务理事的惯例。这些不同产业、不同职能、不同团体,即使直接通过事务局内的老官僚,也在发挥着让官僚机构的指导彻底加以贯彻下去的机能。这一方面抑制了企业和工作人员的竞争,导致抬高消费者物价的结果;另一方面对工业产品彻底规格化、防止产业界和各种同业界过分竞争也起着一定作用。

另外,把广播、书籍的流通集中在东京地区的制度也已经持续了半个世纪。因此,虽然日本全国的信息环境全部统一化,失去了地方特色和骄傲,但却建成了在全国容易贩卖使用统一规格商品和廉价出售商品的统一市场,这一点也是不容忽视的。

再加之,在日本,在"行政指导"的名义下,官僚们不受限制地进行除法律所授予以外的行政干预,这也是得以允许的。官僚们要是为了让企业、地方自治体予以服从,竟肆无忌惮地利用跟其目的、宗旨完全不同的权限。

比如，限制药局开设分店，尽管有最高裁判所的判例认为它违反了宪法所认可的"职业选择的自由"，但由于是针对制药公司指示他们不要批发药品，因此官僚就阻挠新开设自己认为不令人满意的药局。如果制药公司不听从这一指示，那么该制药公司的新药恐怕几十年都不会得到许可。

1991 年夏季所暴露的向证券业界大批投资家给予填补损失一案，也就是在这种环境中发生的一起事件。日本的证券业界，其竞争受到大藏省许可规定的限制，便可获得大藏省所规定的高百分率的手续费。由此庞大利益受到担保的证券公司，为了诱导有利的大宗交易，提出了填补损失的条件。结果就等于特定企业靠牺牲一般投资家获得了利益。

这种行政指导，在很多场合，抑制了产业界的竞争，提高了消费者价格，有效地保护了供给者。因此，可以说它使企业的资本积累丰厚了，对先行投资和技术改革发挥了作用。

总之，今天的日本是在官僚主导下，供给者协调每个同业界，抑制其竞争，而建立起来有利于使规格化大量生产加以扩大发展的社会体制。经过昭和 16 年以来的半个世纪，一直持续这种"官僚主导型同业界协调体制（官导体制）"的结果，在日本，不仅缩小了消费者的选择自由，而且还提高了消费者物价。无论是学生发展个性、发挥独创性，还是地方拿出特色都变得很困难。接触各类信息和自由营业都难以做到。然而，日本能建成一个最适合规格化大量生产型的工业社会。

今天的日本，就是这样建成的一个"最适合工业化社会"，可以说是一个"工业单一经营的国家"。其结果就是日本在以汽车、电器产品为代表的规格化大量生产型的工业里，无论数量还是质量都以卓越的能力而自豪。在规格化大量生产型工业以外的领域里，有很多效率不高和浪费也是源于此因。

日本式经营的优点和缺点

今天，日本人所夸耀的很多特色就是在这"最适合工业化社会"里养成的。因此,日本引以为豪的"优点"无非是"适合于规格化大量生产型的工业"。例如,现在成为很多日本人称道的"应该向全世界推广日本文化"的"日本式经营"也是这一典型。

"日本式经营"的特色可以包括以下三点。第一,是以终身雇佣制、论资排辈工资体系和企业内工会这三项为支柱的、封闭式的工人与雇主之间的常规;第二,是象征着决定权分散下属和事前做好工作的集体主义;第三,是极少的分红倾向和极多的交际费所显示出的企业工作人员共同体化。这三点相互联系。因为有终身雇佣的工人与雇主之间的常规,所以企业工作人员才共同体化。因为是共同体,所以才成为权限分散下级的集体主义。而且,其结果自然是工作人员难以离开共同体,保住终身雇佣。

这种"日本式经营"不仅加强了工作人员对企业的忠心,而且还增加了企业内部保留,使先行投资活跃起来。与此同时,由于决定权一直分散到下属,所以尽管作为企业的意思决定会花费时间,但是一旦公司内部达成一致,就会具有很强的渗透力,很容易得到全体员工的配合。之所以日本的企业增长力高、劳动争议少、公司上下团结一致致力于技术革新和经营强化就是这个原因。而且,这种企业的凝聚力就成了日本整体经济的增长力,就成了生产力,就成了国际竞争力。

如果看一下上述事实,日本的经营者、官僚和评论家会自鸣得意"日本式经营才是应该向世界推广的日本文化",对此也不能不首肯。但是,以相同的"日本式经营"所进行的流通、信息和智价创造,同其他各国相比,价钱要高得多。这一事实也不容忽视。

采用终身雇佣制很容易形成过剩雇佣(公司内失业);依靠决定权分散至下级的集体主义,意思决定就会很迟;在分红倾向很低的共同体化的企业,同僚会受到保护,经费负担会沉重。在操作率比较安定的制造业,有利的终身雇佣,在变动很大的信息和智价创造方面就会变得不利。在规格化大量生产方面,优点多的集体主义,在创造和决断机会多的流通信息方面就成了缺点。而且,在投资多的制造业方面,获得优势的共同体化,在信息流通方面就成了交际费多的特权体,从而会使经费增多。

作为"日本式经营"是这样一种经营方式：在企业规模扩大成长的过程中，只有当内部意向性想法完全一致时，决定意思的机会少、规格化大量生产型的工业，就会发挥很大的优点。一旦它被应用于低增长（或具有缩减倾向）的企业，顷刻间就会成为过剩雇佣。过去的国营铁路和现在的有关农林团体就是这种典型。再者，如果在决定意思次数多的、多种少量生产型的产业中实施这种经营方式，那就需要大量的成本和时间。日本的信息产业和智价创造的费用之所以非常高就是源于此原因。而且，这同外国接触的话，就会引起各种摩擦，有时还会遭到道德上的指责。出现在这个国家的商议体就是这一结果。

无限统一化的内志向

10 年前，在 20 世纪 80 年代的初期，"日本式经营"在欧美和亚洲其他各国都受到过很高的评价。日本两次度过了将世界经济陷入混乱的石油危机，使经济稳定下来，并很快导入了电子工学技术，领导了世界的工业，日本经济的这一成功引起了外国人的关注。在这些外国人当中，也有学者把目光放在作为这一根本的"日本式经营"，并称其为"人道的资本主义（人文主义）"。

曾有人这样说道："日本式的经营是这样一种绝佳的方式：给国民经济带来发展，向整体社会推广技术革新，使企业成长发展，让工作人员安心。在此认为人才是企业真正的资产，因此根据长期计划，正进行人才的培养和技术的学习"等等。在马来西亚，竟然由鲁克·依斯特倡导，号召本国人民要学习日本、韩国等企业经营的长处，要以这些劳动者的勤奋为榜样。

但是，到了 80 年代末，对于这种"日本式经营"的赞美销声匿迹了。对它的批判反倒加强了。在 90 年代初期的今天，无论是欧美还是亚洲其他各国，都对"日本式经营"的封闭性进行了非常强烈的指责。

它并非仅仅是因为日本经济进一步发展，日本企业正在大量收购美国的电影公司和不动产，在亚洲出现存在过剩等等。更为本质的是，大家已经非常清楚"日本式经营"的结果，因为它除了规格化大量生产型的工业以外是没有效率的，如果不以扩大企业规模为前提，就无法成立。这一点已经很明确了。

实际上,在以终身雇佣劳动者和雇主间的常规、集体主义和共同体化为特色的"日本式经营"中,所有的工作人员被迫拥有共同的伦理道德和审美意识。大家都认为自己所在企业的发展就是"社会正义",坚信完成并做好工作单位所给予自己的工作就是"社会的目的",并对此深信不疑。甚至可以说"为了公司",就会认为无视对方的预定计划,违反法规,全都会得以容忍。如果你解释说:"因为是工作",那么就会相信把亲戚的葬礼和与家人的约会都全部推掉。不,如果不这么考虑,那么不被认可是"好员工"的机构和氛围就影响到"日本式经营"。

因此,日本人的目光总是盯在工作单位共同体的内部,价值标准是根据工作单位共同体的利害来测定的。这不仅会麻痹个人的个性和创造力,而且还将会排挤掉不服从工作单位共同体价值基准的人。总之,在"日本式经营"中,为了成为一名"好员工",就得放弃思想自由和对家庭、地域社会的归属意识,必须是一个只顺从工作单位共同体的"单属于工作单位的人"。

对于企业来说,员工拥有强烈的忠心和归属意识,在经济上是有利的。不过,各企业的工作人员只把自己所属的企业利益坚信为"正义",这就加大了社会的负担,使国际摩擦加剧。要是被视为"日本式经营"成果之一的"招牌方式",加大了道路等公共负担,那么就连通产省也不得不出面控制,这完全是一种象征性的事件。

"省厅有益、国家政府无益"的官僚共同体

但是,民间企业还有可允许的范围。它一到了行政机关,就会产生很严重的问题。日本官僚们所报以忠心的对象,是该官僚终身雇佣式归属于各自的省厅,而不是日本国或日本政府。

日本的官僚对自己所属省厅的利益、尤其对扩大其权限和严守常规热情高涨。权限和常规才是行政机关的资本,是扩大各个省厅组织、增加预算的基本要素。官僚对自己的行政机关忠诚,就意味着他们热心扩大各自省厅的权限和拥护常规。

而且,其结果,官僚的眼睛就必然集中在其主管的行业,官僚的构

想趋向保护、扶植自己所管理的行业。这是因为如果保护、扶植主管行业,强化扩大规模和依存机关,其机关的权限就会自然扩大,常规就会得以严格遵守。

大家都说"日本的官僚优秀"。他们对工作的热心程度以及在专业领域上的渊博知识方面,恐怕是世界第一。但是,他们的视野不会跳出各个省厅和其主管行业的框架。他们的价值标准里没能将省厅和归属省厅的官僚共同体的利益以外的尺度纳入进去。因此,根本没有富裕的时间、也不可能有富足的时间考虑各机关的政策和行政是否对日本这个国家或整个日本社会有利。

官僚忠实于自己所属省厅的权限和常规,并谋求主管行业的利益,在某种意义上是理所当然的事情。但是,如果光重视这一方面,那么作为国家的基本方针不但制定不了,而且还无法遵从作为行政政治的综合调整。

本来,国家基本方针的制定和政策的综合调整是一项政治工作。但是,倘若政治家发挥从大处调整机能,那么官僚机构就会把其看成是"依靠外部势力的权限和常规的破坏",并对其进行强烈排斥。官僚机构已经确立了这样一个评价基准:日本是依靠与官僚们相结合的宣传部门为支援的,在这个国家里,各部省的大臣和国会各委员长的手腕能将不同相关省厅的官僚们的意向忠实地贯彻到底多少呢?根据这一点来决定综合调整。而且,各省厅官僚的热心支援受到这种意义上的"好政治家"的约束,来自各省厅主管行业的协助就能得以拭目以待。

为此,尽管每个官僚都非常热心、并精通专业知识,但作为整体的日本行政不仅效率低,而且还不协调。如果一个机关提出对某一方针采取对策,其他机关就会害怕其专行独断而提出对抗案。由于各机关之间的权限范围相当复杂,一个机关要展开新政策,扩大其权限范围,其他机关就会提防阻止它这样做。当今,日本关于国际问题的协调很迟钝,已不断成为问题,其主要的原因也是因为政府机关之间的调整很费事。

如果根据实现国家或国民综合利益判断的准确度和实施的速度来衡量官僚的优缺点,那么决不能说日本的官僚是优秀的。

对官僚和教师有利的教育制度

在日本被坚信为"优秀"的东西中,有不少就像"日本式经营"、"日本官僚"一样,仅限于日本尺度里的"优秀"。这个日本尺度就是以规格化大量生产的扩大发展为正义的尺度。日本在世界上引以为豪的学校教育也是其中之一。

今天,对日本的学校教育有各种各样的批评。特别是当学生的暴力事件、教师的丑闻事件败露的时候,人们对教育的批评就高涨起来。但是,报以作为整体"日本的初等教育是优秀的"这种看法还是根深蒂固的。大部分的评价是这样的:"日本的教育越往上越不好。中、小学生不仅纪律好,而且成绩也优秀。但是,大学生既不学习,也没个性。大学生也很少发表有独创性的学说和研究。"

日本的大学同欧美相比缺乏创造性的研究,这恐怕是一个事实。然而,说中、小学优秀是值得怀疑的。教育学家、文部①官僚所列举的根据有三个,那就是就学率高、课堂纪律好、数学、理科、地理考试结果比世界其他各国都好。但是,据此就能下结论说日本的初等教育超群吗?

就学率高并不是源自学校教育的内容和制度好,而是日本的传统。明治维新元年(1868),在日本 40%的成年男子和 25%的成年女子已经有去私塾等教育机构上学的经历,他们会读、会写、会计算了。同年,即便是世界上最发达的工业国家——英国,去教育机构学习的经历者也只不过是 25%的男子。这是因为在当时欧洲还没有准许女子入学的学校。考虑到这一点,在孩子少、社会富裕的现在,日本人的就业率高是理所当然的。在这个国家里,自古就有这样一个习惯:即使削减衣食,也要让孩子上学。

假如课堂上的纪律好并非因为学生自觉,而是教师严厉监视的结果,那么这不能成为决定教育好坏的一个尺度。无论哪一个国家,都是军队和监狱纪律好。尽管如此,但也不能说军队和监狱的做法是最好

---

① 所谓"文部"是指日本的"文部省",相当于中国的"教育部"。2001 年更名为"文部科学省"。——译者注

的教育方法。受教育指导大纲和校规束缚的日本学校,其状况根本不能说是接近最好的教育方法。我们不能忽视它具有压制学生个性和独创性的负面效应。

在数学、理科国际通考方面,日本的初中生、高中生同韩国、以色列并列取得了优秀成绩,这也未必就表示日本学校教育优秀。因为有看法认为:这是考生被灌输了日本特有的适用于入学考试技术的结果,这种看法也很具有权威性。也有事例表明:实际上给德国初中生讲一堂3小时左右日本式的考试技巧,结果只有这所学校立刻考出了比日本还要好的成绩来。假定考试成绩好是衡量一个教育优秀的尺度,那么其业绩应该归功于辅导班而不是学校。

总之,认为全体国民接受初等教育,纪律严明地服从教师的管理,掌握数学、理科等方面的基础知识和基本技能是测量教育好坏的一个尺度,这是站在这种思维的角度来考虑的:培养作为在标准化大生产车间工作的人容易使用、并成为有用人才才是教育的目的。

如果以更开阔的视野来看,教育的好坏首先是受教育的人能否度过幸福的一生。其次,能否对人类的繁荣和进步作出贡献。第三在取得同一成果方面,本人的痛苦和家长的负担是否很少且成效大。

从这种尺度来看的时候,是否可以说当今的日本学校教育是优等的呢?实际上各国对它的评价绝非很高。至少这样的评价是准确的,即日本的学校教育不是愉快的,不是培养有助于人类进步、富有创造力的个性的,而且本人的痛苦和家长的负担是很大的。

考虑日本这一社会时,重要的一点是来自这种整个人生、全体社会的观点,对学校教育进行的评价和批判,几乎不是出自日本的教育界或文部省官僚。总之,这是因为在这个国家里,教育还始终贯彻着教育官僚和教师同行内热衷于评价的内志向。

不顾他人负担的日本组织

与此相似,关于治安方面也可以说是另一个让日本感到自豪的。如前所述,日本是一个犯罪率低的国家,而且抓捕犯人率也非常高。但是,对表明日本警察制度完善存有疑问。日本自德川时代①以来就一直是一个治安很好的社会,即便是在官方警察机关规模很小的大坂②城镇或偏僻的山村,犯罪率也非常低。这是因为日本自古以来就是一个受统治力很强的社会。今天的好治安与有赖于这一传统也有很大的关系。

另一方面,现在的日本警察因过于重视安全性,而毫不犹豫地限制人们的自由行动。为此,一旦有重要国宾或遇到国家祭奠活动,整个东京因交通控制而出现大面积塞车,市民生活和经济活动明显受到阻碍。然而,警察当局根本不会关心由此给市民带来的负担。由于过于期望从警卫角度来看的完善,而不正视整个社会的便利和人们的生活乐趣遭受破坏的现实。

同样的事也表现在建筑物的安全标准和公园的管理上。日本的建筑费比世界其他各国都要高。其一部分原因就在于那些过于严格的建筑标准法和消防法。对建筑物的安全性负有责任的建设省③和消防厅④为了履行自己的职责,不顾有关建筑物建设和使用方面的不便和费用。因此,日本平均每起火灾烧死的人数比欧美要高出 12 倍。

前面提到了公园管理由于墨守成规而难以操纵。在设施方面,公园也建立了重视管理的标准制度。城市内的公园根据其规模分为都市公园和儿童公园。而每个公园都规定了每一个面积的植树和设施等。连"每 100 平方米种植高大树木几棵、中等树木几棵、低矮树木几棵"都是严格规定的。小规模的儿童公园,连制作秋千、旧轮胎等游玩用具也以"例示"的形式加以指导说明。

如果把这样的标准加以严格起来,制作不需要智慧,管理也容易。作为公园空间的提供者——自治体职员也许会感到高兴吧。但是,对

---

① 德川时代:是德川氏掌握政权的时代,指自 1603 年德川家康在江户开辟幕府时候起到 1867 年德川庆喜大政奉还的 260 年间。历史上又称为江户时代。——译者注

② 大坂为古称,明治初期以后统称为"大阪"。——译者注

③ 所谓"建设省"是负责并主管国土计划、都市计划、下水道、河川运河、防砂防水、道路、住宅等事务的中央行政机关,2001 年更名为"国土交通省"。——译者注

④ 所谓"消防厅"是总务者的直属局,指导自治体消防事务的行政机关。——译者注

公园的利用者来说，没有了趣味，城市失去了特色。本来，应该为市民而建的公园结果却使建设管理者的简便得以优先。这样说也并非言过其实。不过，在这个国家的管理机构中，这种规格标准甚至很少出问题。官僚的眼睛只盯向官僚机构内部回避责任和工作容易做上面，而不看由此引发的外部不便和负担的沉重。

落差很大的同心圆归属意识

这样的内志向，按照个人的归属意识，有时会进一步被细化，有时会大大地加以扩大。即便是在同一个企业里，自己所属的部、科、分店会得以优先，同其他部、科、分店严格加以区别。因此，同一企业的部、科、分店在互相争夺顾客方面有时也会有疯狂举动。

但是，一旦出现了共同的"外敌"，就会求得相对的共性团结起来。在税制、行政等问题上，各行业界团结一致。对来自国外新规章的介入，同业界会一致表示反对。对同业界具有归属意识的企业经营者彼此靠强大的连带感结合在一起。平时不断进行过分竞争的同业各公司，在应付政府、同外国竞争方面，如果"为了同业界"，就会令人不可思议地达到内部的统一。

总之，很多日本人在每一个阶段都具有区别于其他的、落差很大的同心圆归属意识。

当然，在这种心理状况下，外国被置于最外一侧。因此，在日本人的思维中，在强烈意识的国内和非强烈意识的国外之间，存在着天与地的落差。如果在世界某个地方发生了空难事故，首先"日本旅客"成为关心的焦点问题。如果说"没有"日本旅客，报道就会突然减少。若"有"日本旅客，其后的报道就会变成净是有关那日本人的情况。不管怎样，"外国人"是不受到重视的，乃至是被极为轻视的。

就连关系到人命的空难事件都是如此，所以到了经济、习惯方面，无视外国人就更加显著了。即便是在贸易摩擦问题上，如果日本的产业因来自国外的进口而受损失的话，就会哗然一片。但是，对于因日本的出口而受损失的国外产业和工人，日本人表现得极为迟钝。与其这样说，倒不如说几乎所有的日本人缺乏对国外情况的想象力。而且，日本人并不把这一点看成是冷酷和异常。这是因为他们认定整个世界都是这样的。

进入 20 世纪 90 年代以后，可以说渐渐受到批判的"一国和平主义"也是其延长线上的一个问题。战后的日本人由于太害怕自己的国家卷入战争，而想都不想考虑世界和平如何得以保持。他们一直希望并相信仅仅同由"并不宽阔的海域"隔开的这个岛国一样的各个国家正在向整个世界扩张。而且，这当中他们甚至忘却了在仅仅半个世纪以前当时日本犯下侵略战争的社会心理。因此，很多日本人认定：如果叫喊着和平与反战，和平就会自动出现。对于为维护世界和平所付出的努力和担负并没有产生想象力。这是因为内志向的日本人在所有方面没有发挥外延想象力的习惯。

没有"颜面"的经济大国

在国外，当问及"就日本，你知道些什么"时，回答基本上都是商品名。像"丰田、日产、本田、索尼、松下、佳能"之类，很多外国人能立刻列举出 10 个或 20 个。但是，关于日本的文化、制度、风俗习惯等能说出来的外国人极少。其程度最多也就能想起以"寿司"、"烤鸡肉串"为代表的饭菜名和柔道、空手道等武术方面的运动。

特别少的是个人名称，即便在和日本关系比较密切的美国，哪怕能瞬间说出一个除自己认识的熟人以外的日本人名的，每 5 个人中不到 1 人。根据日本电视台 1987 年进行的调查，在美国最闻名的日本人是"天皇裕仁"。尽管如此，也勉强是 7％的人知道。

就日本以外的国家，进行了这么一项调查——"由国名会浮想些什么？"，结果完全不同。无论美国还是欧洲，就连日本本身报出来的首先是很多人名，其次是很多文化。例如，一提到美国，首先就是"华盛顿、林肯、卓别林、肯尼迪、玛丽莲·蒙露"，其次是"棒球、爵士、汉堡包"之类的；一说到英国先是"莎士比亚、丘吉尔、伊丽莎白女王"，其次是"赛马、双层巴士、威士忌"；一提起德国，就是"贝多芬、歌德、希特勒"和"音乐、啤酒"；一提及中国就是"孔子、杨贵妃、孙悟空、毛泽东"和"中国菜、汉诗、书法"。

当然，无论日本还是外国，还有很多人名、文化内容完全不被知晓的国家。根据塞舌尔①、伯利兹②等国的国名能想起些什么的人也许是特殊的相关者或是知识相当渊博的人。不过，这些国家商品名称也毫无知名。

像日本一样，只有商品名称广为人知，人名、文化内容都不被知晓的国家还会有哪一个呢？想起来的就是斯里兰卡的红茶、沙特阿拉伯的石油之类的了。大部分外国人能列举 10 个商品名称而想不起一个人名的国家，在整个世界上恐怕仅仅是日本吧。也就是说，日本是一个"无颜面的经济大国"或者是一个"只拿得出工业产品的黑匣子"。

目前尽管纷纷议论：日本是"特殊国家呢"？"还是不特殊的呢"？但至少在这一点上是极其"特殊的"。而且，就是这一点才是思考日本的一个极为重要的关键。因为这里集中体现了当今日本和日本人的特色。

在权限分散到基层的日本，很难把工业产品的设计和企业的经营归于特定个人的名下及其责任。如果有人胆敢这样做，就有可能会受到忌妒心很强的同伴的大加指责。而且这就是内志向的日本人最害怕的地方。

如果除去政治家、艺人等在职业性方面需要知名度的人以外，绝大多数的日本人比起外国和一般社会的著名度更珍视自己在同事中的评价。就连学者、艺术家比起世人对其作品业绩的评价和著名度，更在乎学术界、文坛、画坛对其人格的评价。这样做才是一种"明智的生活方式"。

个人名称在国外也很闻名的这种独创个性，在这个国家里很难进入各部门、各领域的人际关系。他们宁可压抑自己的个性和自我主张，在各自所属的企业、政府部门、学术界、文坛、画坛等作为一个不即不离、爱帮助别人的人生活，他们这样更容易生存，而且成功率也很高。

---

① 塞舌尔：是位于印度洋西部的塞舌尔共和国的略称，其首都是维多利亚。——译者注

② 伯利兹：位于拉丁美洲，现为英国的殖民地，其首都是贝尔墨潘。——译者注

其中,也有很多人因为几十年来一直只坚持这样做,而成了学术界、文坛、画坛上的"泰斗"。被置于该领域界最高地位的学者、文人,其学术业绩、著名作品等于零的例子也绝非稀奇。

在日本,没有比只在国内、各自专家集团中而闻名的主管人的人脉更具有普遍性的了。日本社会的评价标准认为这一点是相当重要的。这个评价标准完全缺乏国际性。即便是在日本人去海外旅游已经普遍化、居住海外的人数增加的今天,只有这一点并没有改观的迹象。反而还像年轻人那样强化了对人际关系的思考。

日本文化同其他各国的文化相比,具有特殊的传统和微妙之处,日语蕴含着难以翻译的细微差别,这两点都是事实。但是,日本的文化孤立性并非起因于仅仅是这样的"过去"。重视现在的日本与日本人所拥有的强烈内志向性的思维和同事中的评价,这恐怕也是把日本变成"没有颜面的经济大国"的,一个很大的——或许最大的——原因吧。

工业单一经营的大国

遍及平成时代整个日本社会的内志向和优先同事评价,也关系到日本式经营的精神基础。内志向造就了工作单位单属型的人,容易产生封闭的劳使①常规。优先同事评价容易造成由权限分散基层的集团主义。而且,如果这两点永远持续下去的话,整个企业也许就会变成职工共同体。同样的事情,不仅扩展到了政府官僚组织、也蔓延到了政治家、学术界、文坛和画坛等。平成时代的日本,可以说是一个日本式经营的原理和心理全面辐射的社会。

假如日本式经营是一个适应于规格化大量生产制造业的组织原理,那么它已经普及到整个社会的、平成时代的日本就是一个适合于规格化大量生产的社会,即最合适工业化的社会。

正因为如此,在规格化大量生产型工业方面,日本以世界之冠的生产力和竞争力为豪。一旦晶体管、汽车、电子计算器和 IC 都进入规格

---

① 所谓"劳使"就是指劳动者和使用者。——译者注

42

化大量生产的阶段，那么日本一定会发挥其最大的生产力和竞争力。就连计算机在多品种少量生产的大型化时代，虽然赶不上美国，但随着大量生产小型化的发展，日本已经处在了优势。至于个人电脑、家庭用电视游戏机，日本占绝对优势。只要日本社会拥有适合规格化大量生产的心理和组织原理，这种情况就会持续下去。

但是，在要求更迅速决断和多样创造的多品种少量生产的超大型技术领域、情报和流通等方面，"日本式经营"所拥有的雇佣僵硬性和集团主义将会产生很多不利，因此如果把它带入行政机构，就成为无法综合调整的供给者优先行政。况且，如果它们成为具有决断、创造的政治、学术、艺术，除了会造成"密室的停顿"以外，别无其他。总之，今天的日本是一个一切为适应规格化大量生产型工业而建成的"最适合工业化的社会"，是一个只适应其心情和组织原理扎根在整个社会上的"工业单一经营的大国"。

以往像在斯里兰卡、古巴等典型的单一经营的国家里，所有的土地都被改造成适合生产红茶、砂糖。所谓优秀的工人指能在茶圃、蔗糖地劳作的人才。政府官僚是根据有关红茶、砂糖的知识和技能而组成的，情报机构则是为了适于此相关报道而构成的。因此，在极端的单一经营的社会里，该产业的生产（斯里兰卡的红茶和古巴的砂糖）十分有效，可是除此之外，不合理、非效率和无知无策很显著。为此，一旦社会陷入单一经营的体制，从此就很难摆脱。

这一事例也适合于"工业单一经营的国家"——日本。由于以扩大发展近代工业为目标，使从制度、组织、教育、市场构造、地域构造等到人类评价和行动基准，适合规格化大量生产型的制造工业，故在此外的领域里存在着很多不合理、非效率和无知无策。不过，却很少有人注意到这是适合规格化大量生产而造成的社会体制和价值判断的结果。因此，很多日本人，不是把卷入这个国家的不安和不满当作社会根本的、本质的问题加以改善，而是以极个别部分的修改、变更担当者甚至再教育的程度加以改善。也许可以说前面所提到的 20 世纪 80 年代"寻找贫穷"就是这一典型。

所谓"富裕"就是喜好得以满足

不过,由于工业并不是生产红茶、砂糖这样的单一商品,所以在此所利用的技术也是多样化的。首先通过新产品的开发,几乎需要无限扩大。因此,向规格化大量生产型工业发展的特殊化不仅给日本带来了经济发展,而且还促进了整个社会的近代工业化。另外,像依存特定农产品的单一经营的经济,也很少有国民经济受国际市场变动所左右的危险。总之,可以说只要从经济上来看,它具有一种向极有力的领域发展的特性。

但是,即使它是一个技术基础很广、需要扩大率很高的工业产品群,向特定产业发展的特性,在缺乏全体社会的多样性和选择性方面,也摆脱不了单一经营社会的特点。今天的日本之所以是一个"没有颜面的经济大国"就是因为这个原因。而且,尽管它是一个统计数值的"富裕",却关系到其结果是缺乏真切实感的"富裕"。

当人们真正切实感受到"富裕"则是在自己的"喜好"得以满足的时候。如果生活水平非常低的时候,首先最重要的就是"生存的粮食"。然而,对此所必需的物质需要并不那么多。根据某个研究家的调查,如果在今天的日本过着昭和 24 年(1949)前后时期的平均生活,房产为前提的话,那么,即便是在东京,一家四口每月有 74 000 日元也就足够了。说起昭和二十四年,是一个没有人饿死,且小孩出生率最高的年份。也就是说,如果单单作为生物体保住生命、不断繁衍后代的话,这一程度也是可能的。人之所以追求超出寻常的收入、进行更多的消费是因为想满足一下感觉上、心理方面和社会方面的"喜好"。

但是,人们为了满足各自的"喜好",并不是仅仅有钱就好。有钱(也就是说收入高)在提供为满足"喜好"的经济可能性这一点上肯定是一个极其重要的必要条件。但它绝不是一个充分条件。为了真正得以实现"喜好",还必须符合两个条件,一是使适于"喜好"的选择成为可能多样性的供给经常不断地持续下去,二是有充裕的时间加以实现它。

在构成一切都适于规格化大量生产型工业的日本社会里,在所有方面都缺乏供给的多样性,并没有只满足各自"喜好"的选择自由。初等教育被统一成没有个性的等质教育,医院医疗由标准医疗制度加以

何 谓 日 本 ●

44

规限。建商业街和造公园都很相似。而且,如果根据一切都集中在东京的政策来选择从事脑力机能的职业,那么就会被迫居住在东京狭小的住所,并进行长途上下班。如果追求在外地生活的话,那么只在规格化大量生产的工厂或缺乏创造性的地域服务业务里有就职的场所。在这个国家里,都按照"喜好"来选择职业和生活,几乎是不可能的。

日本为了真正成为能够切实感受到"富裕"的国家,必须允许更加多样的供给,必须使更多的自由选择成为可能。但是,这也就意味着在某些程度上将放弃作为工业单一经营社会的优点——"最适合工业化的社会"。因扩大规格化大量生产型工业发展而在经济上获得成功的日本是否能敢于下此决心是"平成时代的日本"的一个重大课题。之所以日本现在在这个 20 世纪末形成了这样一个"最适合工业化的社会"是因为它由来于日本国土的风土、生活在这土地上的日本人的历史以及这一切所养育出的日本文化的悠久传统。

在考虑未来的时候,首先必须知道现在。要知道现在,就必须探究过去。为了考虑日本的未来,就应该弄清楚这个国家的由来。无论在确立世界的位置上,还是在国内体制改革上,今天的日本都已经迎来了一个极其重要的历史时期,这也许是我们日本人自己应该重新审视"何谓日本"的好时节。

第二章　造就和平与协调的"风土"

起源于水稻种植的日本文化

接受"近代"的日本

在前面一章已经论述到：大家都认为日本是一个"经济大国"，然而其真实情况却是一个单单在规格化大量生产型的工业方面有长足发展的"工业单一经营的社会"。之所以这样，是因为"最适合工业化的社会"在这个国家已经形成了。但是，在这个国家里完成了"最适合工业化的社会"绝非是一件久远的事情。日本在很多工业部门具有国际竞争力、贸易盈余构造扎下根来是 20 世纪 70 年代的事。而且，日本的工业产品真正发挥绝对强势是进入 20 世纪 80 年代以后的事。

此后的仅仅 10 年可以说在日本的历史上只不过是一个"一瞬间"的时间段。因此，也有很多人对以此论及日本或日本人的特征提出了异议。不过，即使它是"现在一瞬间"的事，但是能够至此这一事实非常重要。

自工业技术高度发达的 20 世纪 70 年代之后，为什么在这个岛国里形成了一个比世界其他国家都纯粹的、最适合工业发展的社会呢？回答这一问题无外乎要讲述一下有关日本的情况。在本章里，我想思考的应该是这一点。

当谈论有关日本的近代化和工业化的时候，很多人会提起明治以后的近代化和战后的高度成长等。但是，如果仅仅这样，容易招致误解。这是因为日本的近代化、工业化并不是脱离日本的历史和传统来进行的。

明治以后,日本向欧洲和美国学了很多技术,学会了组织,掌握了制度、规划,这是事实。如果没有这一切,日本的近代工业就不会如此发展,这是毫无疑问的。

但是,在明治维新前后、19世纪中期,接触欧美近代技术并非仅仅是日本。伊斯兰各国和印度都比日本接触欧美技术早得多。而且很多欧美近代技术也流入了中国。不言而喻,很多欧美的文化和技术都比日本还要早地进入了来自欧洲移民占主流的中南美各国里。

尽管如此,近代工业并没有在这些国家里开花结果。除欧洲和北美以外,只有日本能够全社会地创办近代工业。眼下,尽管在韩国、新加坡、台湾等国家和地区,也正在迅速确立近代工业,但是,日本并没有因此失去能成为很快超越欧美工业国家这一事实的机会。

总之,只有知识、技术和制度的流入,近代工业并非就会在任何地方很快兴起,且社会性地普及起来。为了消化它,把它内在化,并加以全社会的普及,就必须使伦理观、审美观和社会体制与其相适合。这一点在考虑今后发展中国家的经济开发方面也至关重要。

经过了300年思想斗争的欧美

但是,如果进一步将话题溯本求源,那么就会碰到这样一个问题:为什么只有欧洲和北美能够创造出近代工业文明呢?飞跃的技术进步、利用其能得到的资源条件、这一切同18世纪的产业革命时期赶在了一起,这是事实。但是,技术的进步自古就有。飞跃的技术被发明出来并不仅仅是近代欧洲的特色。因为不仅希腊、罗马时代曾有过技术发明,而且中国宋代也出现了高技术。即便是在西欧,12世纪也有显著的技术进步,而且在十五六世纪还进行了很多的发明发现。

然而,由于这些技术却没有同近代工业生产结合在一起,因此也不会产生近代工业社会。技术的进步为了唤起近代工业,就必须大规模地活用、并在全社会进行普及进步技术的社会条件。总之,接受并肯定大规模利用技术进步的思想背景,可以说近代社会的伦理观和审美观扎根于整个社会是不可欠缺的。

欧洲为了营造接受这样一个近代工业文明的思想背景,从 16 世纪文艺复兴时代到 18 世纪 300 年间,伦理观和审美观不断发生对立,即必须进行思想斗争。在这期间,进行了宗教革命,并进行了多场宗教战争。不仅有发明新技术的人们被当作"妖魔"烧死的,还有发现新自然法则的人们受到了宗教审判。在宗教战争或捉拿妖魔方面,比起天主教统治西欧的中世纪来,萌生了近代思想的 17 世纪更为惨烈。

欧洲人经历过充满非常苦恼的思想斗争,其结果是到了 18 世纪终于能创造出技术普及的社会条件。

伊斯兰、印度和中国等国家即使接触了欧洲近代文明,但没有得以普及、大规模活用、引起全社会变革的最大原因就是因为缺少这样的思想、伦理条件。

在这些地区,欧美近代工业的普及即使在今天还一直受到多方的抵抗。1979 年发生的伊斯兰革命可以说是这一波澜起伏的表现。

与此相比,日本在自德川幕府末期到明治维新极短的时间里接受了近代文明,并立刻将它普及起来,达到了事关社会变革的程度。而且,在此所吸纳的技术和制度在大约 40 年的时间里就已经进行了日本式的改良和消化。对近代文明的导入和普及没有怎么抵抗就顺应下来的国民在别的国家是罕见的。即便是同近代文明的创造者——欧洲人——所进行 300 年的思想苦斗相比,恐怕也是令人吃惊的。

这就意味着比明治维新以后进入近代文明还要早的以前,日本就已经准备好了容许并活用近代文明新技术的社会条件和精神状态。

不过,这并不是说日本人已经体验了和欧洲人相同的伦理苦恼和思想阅历。最初,拒绝近代工业文明的、坚定的"非近代思想"并没有在日本扎下根来。这是因为日本人不仅自古以来就缺乏将文化视为体系化的视点,而且把所有的事情加以极为个别、具体地思考,有着一种实际协调的思维。若通过横贯 2000 年的历史,探究一成不变的日本社会的"风习",首先必须列举这个实际主义。

那么,这种具体的实际的思维方式是以什么样的途径在这个国家扎下根的呢?这绝不是由一件事情或一时的偶然产生的。养育了日本和日本人的所有一切都与此有关。不过,其中最具有首要意味的也许就是这个国家的"风土"。这是因为作为人类生活"环境"的"风土",不仅在心理、经验方面规定了人们的性格、思维和行动准则,而且还通过由此所带来的生产形态、组织原理等,给整个社会的形成产生了重大的影响。

注定要努力共同劳作的"风土"

规定一个国家或者一个时代的文明文化有几个要素。其中重要的是人口、资源和技术这三项。我在拙著《智价革命》(PHP 研究所刊)里把这三项称作"文明的犯人",并指出了规定各文明性格的基本要素。这里所说的资源就是自然环境,也就是"风土"。

有史以来,大部分日本人一直持续居住这个岛国的"风土",具备了一种在世界上也十分罕见的条件。

哲学家和辻哲郎①先生在他的著作《风土》中强调了"风土"对人类文化所产生的影响,可见日本人本来就非常喜欢"风土论"。就连小说也是如此,日本的小说基本上始于风景描写,就像"穿过隧道就是雪国"②之类的情形。可是,外国的小说始于人物描写的最多。

在日本总是有一种根据"风土"来说明一切的倾向。甚至个人的性格也由其生长的"风土"所决定,这并不稀奇。例如有人这样写道:因为基督教诞生的地方在中东是一片神奇、温暖、景色怡人的土地,所以出现了像基督教那样谈论爱情的宗教家。但是,正如山本七平先生所指出的那样,在基督教同乡人当中倒有很多过激的思想家。

---

① 和辻哲郎(1889—1960):日本著名的哲学家、理论家。生于兵库县,为东京大学教授。主要研究尼采、克尔恺郭尔的哲学、佛教美术和日本思想史的回归。开创了以风土为根基的文化哲学的命题。其著作有《尼采研究》、《作为人类学的伦理学》、《风土》、《古寺巡礼》等。——译者注

② 引自川端康成的著名短篇小说《雪国》的开篇。——译者注

另外，自古以来也有这么一种说法，把织田信长①的积极果敢的行动说成是"在广袤的浓尾平原养育的结果"。不过，织田信长出生时的尾张下四郡都是一片沼泽错杂的泥田，是和我们今天所看到的广阔平地无缘的风土。

把个人特定的性格、思想用生长的"风土"加以说明过于牵强附会了。在同样的土地上出现一些不同性格的人是理所当然的。明知道这一点却动不动就把个人的性格同"风土"联系在一起，这样的日本人之所以很多，也许就是因为"风土"在日本文化中的影响特别大。

日本的国土是气候温暖湿润，地形由险峻的山地和狭窄的平原构成。这种风土不适合畜牧，但适宜水稻种植。日本的历史不仅欠缺畜牧时代，而且缺乏严格意义上的饲养家畜农业的经验。如果极端地说，由于这个国家跳过了狩猎畜牧时代，因此种植水稻自然就很发达。可以说日本的历史和文明是同水稻种植一起开始的。

水稻种植靠水运输养分才能连续每年进行耕作。平均每一面积的水稻收获产量也很高。小麦和玉米等如果不加以人工施肥，地力很快就会衰减，因此收成也会减少，不得不在停止耕种期间进行轮作。而水稻种植就没有这个必要。

另一方面，水稻种植平均每一反②的劳动投入量非常高。首先，为了注水必须把田地搞平整。斜面的话必须搞成阶梯状，即便是平地为了不漏水也必须建田埂精密地设置水路。然后为了维持耕种需要不断的劳动。

而且，这就要求超越个人或以家庭为单位的共同劳作。这是因为日本人自很早就肩负起由村庄集体进行共同勤奋劳作的命运。

---

① 织田信长(1534—1582)：日本战国·安土时代的武将。是织田信秀的次子。在桶狭间大破今川义元，征战四方。1568年拥戴足利义满进京都。1573年将足利义昭驱逐，消灭了幕府，建立了安土城，加快了统一天下的步伐，1582年在京都本能寺遭到了明智光秀的袭击而自刎。——译者注

② 一反：为日本土地的面积单位，约相当于991.7平方米。——译者注

与动物之间的关系不密切的民族

没有经历过狩猎畜牧时代就开始种植水稻农业的日本历史，给这个国家的社会带来了许多特色。

其中之一就是缺少和动物之间的密切关系。

一部分考古学者主张：在古代的骑马民族从大陆来到了日本，在某一个时期在这个国家建立了骑马民族国家。可是这一说法怎么都让人难以置信。

的确，日本人的语言属于蒙古·通古斯族系。因此，日本人在语言、种族方面通过朝鲜半岛同蒙古·通古斯族人种有关系。这种推测可以成立。当然，日本民族的构成要素是诸种多样的。如果从语言学方面来看，蒙古·通古斯族系是主流。这种学说是具有说服力的。

另外，也有人进行了一项独特的研究：调查一下日本犬的血型，日本犬同蒙古犬的血型最接近。因为狗是同人类一起移动的动物，所以有人类的地方就必定有狗。因此，从日本犬的种类探究日本人的祖先一定是一个很有趣的方法论。

但是，即使日本人的主流是蒙古·通古斯族系，但却无法证明在日本成立过骑马民族的国家。

例如，据说美国·印第安人也是蒙古·通古斯族系，但是他们并不是骑马民族。这是因为在哥伦布发现美洲大陆之前，是不知道马的。因此，不能因为相同的人种形成了骑马国家就可以说日本人也是这样的。

也许在日本就没有成立过骑马国家。从这个岛国的地形来看，马并非怎么能奔跑起来。在距今很早以前多沼泽地的古代，不仅利用马的价值很低，而且饲养马也相当困难。在《古事记》①里只出现过一匹马。那也是一匹没用的马。不仅在《魏志倭人传》②里清楚地写着"没有马和羊"，而且在古老的民间故事里也很少讲马发挥着重要的作用。

---

① 《古事记》是日本最早的历史书籍，成书于奈良时代。——译者注

② 《魏志倭人传》收录在中国魏史书《魏志》中的《东夷》里，是记载日本古代史最古的史料。——译者注

天皇骑马的故事在明治以前也根本没有看到。

在蒙古、中国北部、亚洲中部等地有关马的神话、传说等非常多，可是要说在日本的童话、民间故事里出场的动物，净是狗、狸、猿猴、兔子、乌龟、螃蟹、野鸡、鸢等一些没有用的东西。

另外，即使察看一下日本的语言，表示马这个意味的词语只有一个（ウマ①）。蒙古语里面有以下不同说法的单词："雄马"、"雌马"、"被揪掉尾巴的马"、"骟马②"、"能同时伸出前后马蹄奔跑的马"等。"马"的词汇多就说明表示这个国家的人民对"马"非常关心。这一点，日语里有关动物的称呼比其他各国的词语都少得多。

日语中单词多的词汇是关于自然现象、特别是关于"雨"的表达。像梅雨、雷阵雨（骤雨）、阵雨、五月雨（梅雨）等等，其数量在古时大和语里也有不少。还有一种在日语中单词多的是关于鱼类的词语，还有伴随着鱼儿的成长不断改变名称的独特日语称呼。

自古以来，日本人就非常关心培育水稻的雨水和作为蛋白质供给源的鱼类，而对家畜的兴趣似乎较淡漠。

没有经历过奴隶制和都市国家的日本人

日本不但没有畜牧时代，而且也没有严格意义上的饲养家畜农业的经验。也就是说，这个国家的人们同其他各国相比，与动物之间的关系极少。这不仅仅使日本人的饮食文化缺少动物性蛋白质，使日本人变成了长肠子体型，而且还给日本人的精神和日本社会的构造产生了重大影响。

要饲养并驱使家畜，就必须控制、压抑拥有想法的对方。由于羊、牛、马等出人意料地有着强烈的想法，它一旦结为一个群体有时奔跑起来会很难驾驭。假若驾驭并驱使它，就会在人和动物之间产生一种支配、被支配的关系。从这种经验中会出现把支配有想法的对手视为合理化的思想和技术。这当然也适用于具有更强的思想和更高才智的动

---

① ウマ：是日于词汇，其当用汉字写作"馬"，发音读作"UMA"。——译者注
② 骟马：是指被去世的马。——译者注

物·人类。也就是说，从畜牧生活、饲养家畜农业中当然会生成奴隶制度容易发展的条件。

与此相反，在日本也许由于缺乏支配有意志东西的经验，所以大规模的奴隶制度难以发展。在这个国家里，没有大规模奴隶制社会的证据并不是现在才发现的。也有这样一种论点：认为在仁德天皇陵墓建造的时候、在飞鸟·奈良时期的古代一般就是奴隶制度。可这只不过是把西洋史的知识适用到日本的、明治以后学者们的推论。

囿于近代"进步史观"的历史学家们很容易认为：在巨大坟墓、大寺院营造的太古时代，无论哪一个国家一定调动过大量的奴隶。这是大错特错的。无论西洋还是东洋，在土地改良技术普及以前的"初始时代"，并非有大量的奴隶。根据近年的研究，便可得知即便是在金字塔建成的初始年代的埃及，奴隶也非常少。当时搬运巨石的都是一些受宗教热情所驱使的自由农民。

本来如果没有这样的自然技术条件，即一个人所起的作用能生产出超出自己生存所必需的更多的东西来，那么奴隶制就不会成立。因此，必须等待具备灌溉等土地改良技术和优先财物思想的古代文明的出现。即使在此意味上也难以想象在土地改良技术以前的古坟时代的日本有过大规模的奴隶制的存在。而且，在其后的历史里也找不到。在日本的传说和神话里面，根本看不到像让人推测大规模奴隶制存在的记述以及有关奴隶叛乱或讨伐奴隶叛乱的记载等。另外·在这个国家里，令人推断像奴隶制那样束缚身体的器具至今都没有出土。尽管日本也有"奴家"、"奴婢"之类的词语，但是如果把少数从事家务的人员排除在外，其实体应该说是指那些被统治的农民（农奴），这种观点比较恰当。

产生这个国家"风土"还有一个重要的历史不足就是没有出现过"都市国家"①或"都市国家时代"。

日本的国土区划为险峻的山地和复杂的海岸线，适于水稻种植的平地一点点地向河川的下流或盆地扩展。每一个平原或盆地都十分狭

---

① 都市国家：指都市本身所形成的政治上独立的国家。——译者注

小,就连阻隔它的山脉或大海都不高、不大。这样的地形很难使独立于一个平原或盆地上的政权能长久存续。而且,为了进行需要大量劳动力的水稻种植,必须连人带地一起支配。因此,支配了邻家土地的"大王"与其杀死那里的居民,倒不如让他们劳作。即使进行征收地租、抓劳役也没有过统统杀死的事件。

因此,各地的居民也不想一直固守坚固的城墙进行抵抗。也就是说,他们根本没有环绕城墙建设都市国家的想法。

在吉野里遗址①等地有木栅栏和守望台,便可知道太古时期的村庄警戒着四周。不过,这一规模仅限于村庄,其设施极少。远不如在欧洲、中东、中国等都市里所能见到的大规模的都市城墙。在这个国家里,不曾有过堪称"都市国家"的地域独立政权长久的情况。

这就给日本的政治形态和都市文化产生了决定性的影响。关于这一点,还要在后面加以论述。

从日本特殊的气象和地形来看,日本人的祖先没有畜牧、大规模奴隶制和都市国家这三种经历。除了气象、地形本身以外,它给日本文化产生了很大的影响。也就是说,日本人已经成为厌恶强烈的支配和被支配关系、妒忌心强的平等主义者。

由"宽阔的海洋"隔开的国家

世界唯一的地理位置

日本国土湿润的气候和险峻的地形给日本人带来了很大的影响。但是,把"风土(自然环境)"限定在如此狭窄的意思里是错误的。

另一个重要条件是日本的国土与其他陆地隔着"宽阔的海洋",构成日本国土主要部分的四个岛屿整齐划一,这也有着重要的意义。

---

① 吉野里遗址:是旧石器时代到中世纪、横跨佐贺县神奇郡三田川町吉野里和神奇町的遗址。在1986年的发掘中,发现了弥生时代大规模的环壕村落、古坟等。这与《魏志倭人传》的记载有关,备受日本人的注目。——译者注

假如日本和隔着中国大陆或朝鲜半岛的海域像多佛尔海峡①那样狭窄，濑沪内海像台湾海峡那样宽阔的话，即使气候、地形一样，也许日本的历史也会走向一种完全不同的历程，日本人又会拥有一种异样的文化。

自古以来一直位于文明高度发达的国家近旁、由"宽阔的海洋"隔开的国家，除日本以外在这个地球上是不存在的。有点相似的是中国台湾地区。但是，位于台湾地区对岸的福建省发展缓慢。文明首先是从黄河流域发达起来，逐渐南下的。地质坚硬的福建省真正得以开发要比更南端的广东省要晚得多，是进入宋代以后才逐渐开始的。

而且，台湾地区比日本面积更加狭小，人口也少。因此，台湾地区要经过很长的历史阶段，作为独自的文化经济圈发展没有充足的条件。这个岛屿全面得以开发是清朝以后的事情。

作为和日本有着大致相同面积、且与大陆隔着一定距离而存在的地方有马达加斯加和古巴。但是，马达加斯加海峡比玄界滩②难渡得多。因此，马达加斯加的生态系同对岸的非洲截然不同。而且，由于对岸非洲大陆的发展非常迟缓，因此遥远的马来裔人比对岸的非洲人先顺着海流来到了这个岛上。马达加斯加岛在文明方面是一个完全的"孤岛"。至于古巴，对岸的美洲大陆佛罗里达地区的开发缓慢，在西班牙人涌入之前，没能拥有独自的文明。

总而言之，在同先进文明圈的距离与国土的统一这一点上，日本有着无法比拟的条件。而且，这一切给这个国家的历史产生了很大的影响。

文化涌入了而政治势力却没有涌进的境地

首先，日本和大陆之间的海洋并没有靠古代技术无法航行那么宽阔。因此，在很早一个时期，日本人就能够和大陆进行交流。

在日本人第一次用文字记载的历史里所出现的是《后汉书》西历

---

① 多佛尔海峡位于法国西北部与英国东南部之间，最短处约32公里。——译者注
② 玄界滩为福冈县西北面的海域。——译者注

57 年的记述。据说当时,"日本国王的使者"出现在洛阳汉武帝的宫廷里,从后汉朝那里得到了一个"倭国王的印章"。这要比著名的邪马台国卑弥呼[1]出场的《魏志倭人传》的记述大约要早 180 年。

在最近的古代史里,有关《后汉书》并不怎么太成问题,不知为何里面的主人公净是卑弥呼。这也许是因为人们普遍认为记载内容是《后汉书》老一些,成书时期是《魏志倭人传》早一些,可靠性高的缘故吧。

在中国,王朝一灭掉,后人就开始写它的正史。因此,后汉灭亡以后,就完成了《后汉书》。就是说《后汉书》撰写好是在比魏朝时代还要稍晚些的晋朝,从开创后汉光武帝的时代来看,它是 250 年以后的著述。所以,一般人当然就认为这本书错误多、想象多。但是,最近所发现的挖掘调查的结果同《后汉书》的记述十分吻合,故这本书的可靠性就高了。

而且,当时后汉的光武帝赐给日本使节的"倭国王"金印从福冈县出土了,至今还陈列在博物馆里。就连文字都完全相符,因此,认为《后汉书》的记述是历史事实,没有错。

在公元一世纪中期前后,称作日本使者的人们已经去了洛阳。尽管使节们的话有些夸张,但是不管怎样,后汉承认日本为"王国"。而且,这一证据之印确实已经被带回到了日本。

当时的中国对外交待遇很严格,按照其国家统一程度、文化发达的情况授位,"王"位并非轻而易举地就能得到。但是,中国却授给了日本"王"位。也许来自日本的使节向严格的中国官吏披露了让他们相信有"王国"价值的物品和故事。因为这比邪马台国的卑弥呼早大约 180 年,所以当时的日本还是一个小领域的村庄国家。隔开日本和大陆的海洋并不宽阔,即便是靠那个时代的航海技术也能渡过。

但是,这大海对于有组织地进行大规模移民、军事攻击而言又太宽阔了。如果依靠古代的技术横渡玄界滩或东海的话,一般情况下,船队

---

[1]　所谓"卑弥呼"是 3 世纪中期邪马台国的女王。根据《魏志倭人传》,约有 30 个国家处于女王的统治下,239 年向魏派使者,由明帝授予亲魏倭王的称号。——译者注

会四处分散，到达日本后无法进行有效的军事行动。也就是说，尽管日本和大陆之间有交流，文化和知识等能够流入日本，但是大量移民的蜂拥而至，进行有组织地军事占领却没有出现过。

外国势力开始对日本有军事企图进行有组织的远征，仅仅是中国元朝时期。但是，由于暴风雨的缘故，远征曾两度失败。第二次在平户（长崎县）附近登陆，攻击到了福冈县。可是，在大批船队停靠在沿岸一周期间，台风来了，船只沉没了。日本人把这台风称为"神风"，当然，并不是什么特别的神意。

按照蒙古的习惯，军事行动始于"秋高气爽的时节"。作为骑马民族，他们如果失去马的威力，就无法打仗。因此，来攻击日本的元朝军队也是在秋季带领着相当数量的马匹过来了。

然而，让马匹从船上登陆的适宜地方很少。因此，人登陆以后，还要寻找适合马匹登陆的地点，船队沿着岸边航行。但是，秋季在日本是台风的季节。所以，蒙古军队在寻找登陆地点的时候，台风到来是极其自然的事情。

因此，在太平洋战争爆发之前，日本一次都没有受到有组织性的军事侵略。另外，在日本国土上也缺乏大量移民一时涌入，同原住民之间展开激烈战争的经历。可以推测出在飞鸟·奈良时代和战国时期的末期，曾有过大批数量的移民流入。可是，由于玄界滩和东海自然条件的缘故，自然无法形成巨大的集团，登上一个地点。也是就是说，尽管大陆的先进文化很早就流入到日本，但是并没有对日本介入军事侵略和政治统治。这就使日本的历史具有了决定性的特点。

依靠种植大米而结成的村落共同体

另一方面，形成日本国土的四个主要岛屿是非常整齐划一的。多亏了这一点，日本没有长期分立为独立王国。据我们日本人所知，日本自古以来就是"一个国家"。

在《古事记》里，有一些日本武尊打退夷兵的故事。但我们无法判断这些是否就是独立国家。另外，追溯到神代，也有出云神和大和神之间进行抗争的故事，但这还是神话时代。

至少在大和朝廷确立的7世纪以后，没有人在日本列岛宣称独立王国。虽然有人会指出来并说只有平将门自称过"新皇"，想从京都朝臣社会独立出来，建立独立政权，可是，他到底具有何种程度的意识并不明确。而且，虽然有迹象表明榎本武扬①去箱馆②欲和法国缔结独自的外交关系，但这也仅仅是几个月的事。

尽管在战国时代成为群雄割据的状态，但也没有一个大名宣称"自己是和日本没有任何关系的别的国家。"所有的一切只不过是在"日本国"里的争权夺利。而且，所谓当时的"日本国"就是与今天日本国土主要部分大致相同的住民的国家。在涉及"国家"这一组织之前，认为这个岛国是"一个天下"的思想很自然就根植在日本人的脑海里。

这也是日本史上前所未闻的一大特征。其结果，日本成为一个非常均等化的国家，同时还成为一个没有国际性的、孤立的"天下国家"。

在文明初期水稻种植农业发达的日本，就有将一切均等化的要素。水稻种植农业是一种劳动集约式，为了维持管理水源，需要共同作业和统一分配。因此，在完全是一个水稻种植农业的社会里，个人或者家庭是不可能独立于其他集团而生存的。如果有人说"不给那家伙的田地浇水"，那可就完了。

另外，由于水路一直连接在一起，所以必须一齐修路、挖田埂，常常需要共同生活和劳作，而且协调精神很重要。

就这一点，如果是生活在广袤的草原上的游牧民族或以狩猎为主的森林居民的话，光带着家畜，离开集团一家生活也不是不可能的。

根据撰写成吉思汗（铁木真）传记的《元朝秘史》所记载，成吉思汗的父亲虽然是一个部落酋长，但很年轻时就被毒死了。因此，此前一直是反主流的人当上了酋长并统领这个集团。为此感到不快的铁木真的母亲郝艾伦离开了群体，仅仅一家人在一起就生活了10年。对游牧民

---

① 榎本武扬(1836—1908)：日本的政治家。通称釜次郎，号梁川，是江户时代的幕臣。在长崎海军讲习所学习过，后去荷兰留学，归国后任海军副司令。在戊辰战争(1868)中，依箱馆五棱郭同政府军队进行对抗，很快便被降服。之后，他作为驻俄罗斯公使和俄罗斯缔结了桦太·千岛交换条约。——译者注

② 箱馆为古称，今为"函馆"，位于北海道渡岛半岛的南部。——译者注

来说，这种倔强也是可能的。

但是，在水田农业社会的日本，一旦被村落共同体所驱逐，就无法生存。被织田信长赶走的佐久间信盛离开高野山①去了熊野②深山里，可是很快就饿死了。这不能说是"水田不行还有山"。

而且，日本人难以离开、归属村落共同体的纽带不是宗教和血缘，而是水稻种植这种经济上的生产机构。

尽管大家都说"血浓于水"，可是，这在日本倒不如是颠倒的，水绝对浓于血。所谓水就是地缘，分摊相同溪流的水，建造田地的关系，而血则是血缘，以亲族和祖先为共同者的。

在过去的日本，人们对水也就是对作为水稻种植集团的村落共同体报以很强的归属意识。这就不得不形成这样的生产形态和社会构造。没有血缘关系的养子制度很发达，重视守护土地、房屋、铺子等生产手段也是由于这个原因。

不需要强有力的领导的社会

尽管很早在日本就很发达的水稻种植需要勤奋共同劳作，但其每年都是在反复进行同样的事情，不需要应付急剧变化的判断。即使在同一个水田地带，在宽广的大陆从大河里引水的中国、印度，也发生过长期洪水泛滥、同大范围其他部族之间进行交涉的事情等等。可是，在平地狭小、河流短浅的日本，就很少有这种必要。因此，在日本的水稻种植共同体中，经验和记忆力要比决断力、先见性重要。

由于日本不驾驭动物、并缺乏统治和被统治思想，因此大家一起干这种集团主义在日本扎下根来也是不难想象的。而另一方面，由于日本和大陆被"宽阔的海洋"隔开着，从而没有受到外国的侵略，就像牵连一般住民这样的军事战斗都少有。因此，值此战争时期不可欠缺的强大统帅力对这个国家来说并不那么太重要。

对于这个国家的领导人所能期待的不是先见性和决断力，而是平

---

① 高野山位于日本和歌山县内，主峰高1,106米。——译者注

② 熊野是位于三重县南部的地名。——译者注

安无事地把水稻种植共同体统一在一起的温和敦厚以及率先从事劳动的一种自我牺牲的精神。这样一来,没有养成一种承认由于能力的缘故而高收入、高消费的意识也是理所当然的。总之,日本人是抱有强妒忌心的平等思想。

在这种日本式的共同体里,最重要的是在选领导之际,必须按照大家都信服的客观标准进行选举。这是因为如果选举搞错了的话,就会搅乱共同体的和睦。

最客观的标准是年龄。这自然不仅会让人推断出经验丰富,而且给很多人有一种当选下一届领导的期待。要妥善地治理共同体,再也没有比论资排辈的人事更平安的了。

如果依靠能力选拔领导,谁是有超群能力的人,通过议论才能见分晓。另外,有能力的人一旦当上了领导,领导权就会加强,并出现权力集中。这不仅会损害平等、引起成员的嫉妒,而且会产生以做将来的领导为目标的竞争,带来对立。为了避免这一现象,日本人常常比起选拔有能力的领导来,更留意以后的领导不要变得太强。

即便在更实际的社会生活里,也对抑制领导权和消除有关选拔领导抗争的方法进行了种种摸索。最终的解决办法就是不设立领导。所谓的"伞形联合签名盖章"就是这个意思。在室町时代[1]后半期可称得上命运共同体契约的"武装暴动"的字据里,把加盟者的名字写成伞形圆状并不罕见。如果横着排列书写,写在第一个位置上的人就成了"第一名",会产生一种名次感。伞形联合签名盖章就避开了这一点。

在中世纪[2]西洋也出现过像"圆桌骑士"这样的集团。他们都是没有上下间隔围坐在圆桌的同伴。而这种情况下,领导人国王很明显在这当中,其目的就是"毫不区别对待"强调同伴意识。乍一看,形式相似。不过,日本是否定领导权的,而西洋却是想对所在的领导表示接

----

[1] 室町时代(1336—1573):是足利氏掌握政权,在京都室町开创幕府的时代。——译者注

[2] 中世纪是一个历史划分。在日本史上,所谓中世纪是指镰仓·室町时代的前期封建社会;在西洋史上则是指自罗马帝国末期5世纪到东罗马帝国灭亡的15世纪中期这一时代。——译者注

近,表达忠诚之心,并强化同伴意识。

"伞形联合签名盖章"的风习直到 16 世纪中期才在全国广为盛行。它的消除是在战国时代的后期、需要领导权进行大规模战斗蔓延开之后。

在缺乏领导权的集团里,权限被很多人分割了,产生了大家一起协商行事的集团主义。仅次于实际主义的日本社会的精神根基,可以说日本的"秉性"就是这个集团主义。

没有意识到"国家"的日本人

在日本村落共同体里,不需要强有力的领导权。正因为如此,作为这种共同体汇集的整个日本也不太需要作为权力机构的"国家"。

在古代日本和朝鲜半岛、中国大陆之间进行广泛的人与人之间交流(大量归化人流入)的开拓时代,虽然有关"国家"的记载、诗歌也不少,但是到了这一切告一段落的平安朝①以后,"国"或者"国家"这种意识几乎没有。值此元朝军队攻击时期,国家意识才一时燃起,如果除去这个以外,自平安朝后半期到 16 世纪中期,恐怕大部分的日本人并没有考虑过在这个岛国里存在着"国家"这个权力组织。就连《万叶集》②里再三出现的国防意识也在《古今集》③以后几乎看不到。

甚至连 16 世纪后半叶南蛮人④的渡来、朝鲜的出兵都没有改变这一点。其程度仅仅是丰臣秀吉对天主教信徒的增加表示过危机感,禁止了宗教活动。即使秀吉出兵朝鲜,但也只不过是野心独裁者和受领地欲望所诱惑的一部分人所进行的鲁莽行为。他们大概还没有动员"日本"这个"国家"侵略外国的意识。对当时的日本人来说,"我的威武

---

① 平安朝(794—1192):又称平安时代,在镰仓幕府开创之前的 400 年间,日本的政治、经济、文化等均以平安京(京都)为中心。——译者注

② 《万叶集》是日本现存的最古的和歌总集。共 20 卷,4 500 首和歌,其中大部分的歌体是短歌。它成立于奈良时代的末期。——译者注

③ 《古今集》又称《古今和歌集》。共 20 卷,成立于平安朝初期。——译者注

④ 南蛮人:是蔑称在室町时代和江沪时期来到日本的西班牙、葡萄牙、荷兰等西洋人。——译者注

所遍及的地方就是我的领土"，他们好像缺乏严格区别东北地方①、九州②和朝鲜半岛的思维。不过，根据朝鲜人民的反抗便会立刻明白这是错误的。

今天，也有人主张说日本好像具有国家主义的传统。但是，这是在明治以后的近代化过程中采取模仿西方帝国主义而产生的，并不是日本自古以来的传统。在短短数十年的期间里，日本之所以成为一个超国家主义的统治国家，不是因为日本有国家主义的传统，而是因为缺乏对国家权力的凶暴性和侵略性的经验，而没有对其产生警戒和危机感。

这也就把国家和国民之间的关系变得模糊不清。把日本在 20 世纪前半期所犯下的侵略战争正好当作同国民脱离的国家罪孽不以追究，这种风潮大概就是由来于此吧。

信赖"上面"的和平社会

欧美没有户籍、居民注册

大约 10 年前，我出席在科罗拉多州阿斯本举行的日美国际研讨会时，同美国的苏里斯塔·赛涅拉尔坐在一起。他的角色就是在美国联邦政府受到控告的时候，站在法庭上的总负责人，也就是政府的法庭代理人。于是，我便向他询问道：现在联邦政府受到控告感到最棘手的诉讼是什么呢？

对此他的回答是，"底特律市和洛杉矶市当局提出诉讼说：'1980 年的国势调查有误'"。

在美国，每 10 年进行一次国势调查，基于此，下院的选举区也发生变化。但是，这两个市提出诉讼说：根据这一调查统计的人口不准确。

---

① 东北地方：指日本本州东北部地区，包括青森、岩手、秋田、宫城、山形、福岛六个县。——译者注

② 九州：指日本九州岛和其附属岛屿以及西南诸岛，包括福冈、佐贺、长崎、大分、熊本、宫崎、鹿儿岛、冲绳八个县。——译者注

由于来自联邦政府的补助金和委托费是按人口发放的,如果人口视为过少,市当局就会受损。因此,这是一个适于裁判的问题。但是,目前准确查清根据国势调查不明人口的方法还没有。这的确是一个麻烦的问题。

像美国这样发达的国家人口统计不准确,这对日本人来说难以置信。实际上据说"最大限度有 580 万人误差的可能性"。说到 580 万人的误差,超过了美国总人口的 2%,在日本可以说是一个近 300 万人的大数字。

发现美国人口调查有误差的第一个理由是从各地涌入的偷渡者的存在。即便作为观光客、留学生入境的人,去了什么地方消失踪迹,不知道是否已经回国的就有很多。

第二,也有很多人因罪犯、住所不固定而生死不明的。第三,还有私生子的增加。进而,这些人再生下孩子等等,所以更加令人感到难办。

然而,由于日本有户籍、居民登记,所以就不可能有那么大的误差。我一说到这个,美国的苏里斯塔·赛涅拉尔就反问我:"能让全体国民进行户籍、居民登记采取了什么样的利益诱导呢?"于是,我就解释道:"如果没有户籍和居民登记等,孩子即使到了上学年龄也入不了学。"接着,他又反问道:"那么,对那些让户籍和居民登记都没有的学生入学的私立学校有什么样的惩罚吗?"

我哑口无言了。在日本,既没有这种惩罚,也几乎没有为此做过这样的调查。即使说若接受户籍和居民登记都没有的学生,给就职带来不利,结果学校会感到为难,那么录用那些没有户籍或居民登记的人的公司会以什么样的方法来彻底调查?处以什么样的惩罚条例呢?对方就会不断地反复进行这样的提问。

结果,按照美国人的思维方式就是,当让国民做什么的时候,一定需要糖果或鞭子。这在欧洲各国和亚洲其他各国都一样。也就是说,在国民之间是存在着这样一种想法:还是不要事先把自己的情况告诉政府为好。这同日本完全相反,日本认为即使糖果和鞭子都没有,也还是事先把自己的情况告诉政府为好。

附带说一下,现在有严格户籍制度的只是日本、韩国和中国台湾地区。在欧美,建立这种制度本身就会被当作涉及侵犯隐私生活而遭到反对。这是因为人们有这样一种心理:不想让政府知道自己的存在和实际情况等。最近在美国一种叫做身份证的社会保险卡普及起来,它也用于身份证明和税务调查等。但是,就连这也仅仅是逐渐接近国民总数的80%,并没有涉及全体国民。当然,还可以拒绝一切社会保险。

与此相反,日本人认为:如果不把自己的存在告诉政府就感到难办,在某些场合就无法请政府发挥作用。这是因为日本人是那么信赖日本国和日本政府。以前没有"国家"意识的日本人,实际上十分信赖国家和政府,这么说也同日本人生活在这个岛国的"风土"息息相关。

"国家"出自防卫

由"宽阔的海洋"与大陆隔开了,这就把日本变成了一个和异民族没有战争、太平"世界"的社会。而且,这也给今天的日本平添了一种重要的特色。

在世界大部分地区,为了防卫而诞生了国家。在人类安居在大陆的河岸、绿洲等极为有限的可耕地开始从事农业的时候,其周围有广阔的草原、森林,从事狩猎、游牧的很多牧民走来走去。农耕民为了保护生命和财产不受这些移动集团的侵犯,就必须具备在强有力的领导指挥下集结在一起的组织和防范异部族的设施。如果根据一定的法规把"国家"定义为统治住民(国民)和土地(国土)的权力组织,那么可以说无论在世界什么地方,最初的国家都是以这种形态开始的都市国家,也就是用城墙围起来的农耕民集住区。人类定居的同时就自然生活在军事防卫的设施里。

军事防卫不仅需要大量的费用和劳动力,而且还限制了居民的生活行动。首先,仅仅是筑造形成都市国家的"城墙",就需要花费大量的费用。而且,居民要共同生活在这里面,就不能缺少严格的规章制度。平时为防备敌人袭击,事先培养和组织重要防卫人员,就必须要严格遵守命令的习惯、军事训练和精神紧张。也就是说,无论在经济上、肉体上,还是在心理上,其负担都非常大。

另一方面,防卫力也是典型的"公共财富"。谁要负担费用,其利益就涉及全部。如果什么人拿出费用筑造城墙(防卫力),那么这个都市的全体居民就能得以保护不受外敌侵犯。

在日本,既不可能干那种只把不承担费用的人暴露给敌人袭击的精明事,也没有这种只保卫作为军人努力拼搏的人及其亲属的方法。战败是全国人民的不幸,和平则是大家的幸福。

那样的话,尽量不想承担"公共财富"的费用是人之常情。虽然大家都想逃脱兵役,回避防卫费的负担,又希望受到防卫结果所带来的安全。不过,这样一来,国家防卫就不可能实施了。因此,作为实施防卫的国家,不得不强行公平地征收其负担的纳税和服兵役。而且,为此要调查每个人的所得、财产等情况,不可缺少尽可能执行征税的实力,也就是必须要有治安维持能力。防卫、征税和治安,这三项才是根本性的国家权力。

今天的国家尽管做了很多的工作,但是根本意义上的国家权力是防卫、征税和治安,这一点没有改变。防卫不仅仅是军事力量,还伴随着外交;治安需要警察的同时还需要司法。之所以在和平国家——战后的日本也规定总理大臣的秘书长要出自外务省、大藏省和警察厅,是因为这三个部门才是国家权力。在战前的日本,陆军、海军、大藏(征税)、内务(警察)、外务这五个省构成了决定最高国家政策的内阁中的内阁。

即使现在,也有很多国家采取了这种形式。如果没有防卫、征税和治安这三个权力,就难以称为国家,如果有一个组织超越了安定性地拥有这种权利的国家,恐怕其本身就成了国家权力。

反过来说,除此以外的领域未必难以称为"国家权力"。在今天的政府机关里,除了国家权力以外还有很多事业机关、企业经营管理等方面的顾问机关。担当公共事业的建设省和运输省①、进行邮政业务的

---

① 运输省:是负责并主管水陆空运输、港湾、船舶、铁路、气象等事务的中央行政机关。2001 年改为"国土交通省"。——译者注

邮政省①、实施教育事业的文部省等等都是事业机关，像经济企划厅、科学技术厅等是顾问机关。事实上，这些业务在历史上就自不待言，在现在依然有国家全部让民间企业、特殊法人来加以实施。

不想被国家知道的外国人

如果国家是以"公共财富"防卫作为主要目的而诞生的话，那么国民不想被政府知道自己的实情，这么想也许是理所当然的。被知道就关系到强行承担防卫负担。如果可能的话，最好是连自己的生存都不要被政府知道。如果自己的存在不被知道，那么不仅不会被要求纳税，而且还不会被征兵役。因此，如果防卫负担加重，国民一定就会想着回避政府。

然而，在由险峻的山地和狭窄的平原构成的日本，自水稻种植开始起，就很少有游牧民侵扰它。首先，由于日本国土被"宽阔的海洋"所包围，没有发生过和异民族进行残酷的战争。因此，自古以来，防卫费在这个岛国相当低、征兵的次数也很少。毕竟日本是世界上唯一筑造了"没有城墙的都市"的民族。

中世纪以前的都市，如雅典、罗马、伦敦、巴黎、法兰克福、巴格达、德里、北京、南京等全都是靠坚固的都市城墙包围起来的。只有一个国家——日本不存在用城墙围起来的都市。日本虽然有城下町②（城市旁边的城邑），但是却没有城内町（这将在第四章再加以论述）。

那时的日本人几乎都是农耕民。因此，日本的战争只不过是围绕着统治阶层的土地和居民的统治权而进行的战斗，如果打输的大老爷或家臣之长剖腹自杀，一切就结束了。在日本的战争中杀死全部居民的事例大概就是织田信长攻打伊势长岛吧。这是因为如果把居民全部杀死了，来年就没有人种植水稻了，收不到地租了。不仅如此，很多时

---

① 邮政省：是负责并主管邮政、邮政储蓄、邮政汇款、汇兑、生命保险事业以及电讯通信事务的中央行政机关。2001 年归入"总务省"的"邮政事业厅"。——译者注

② 城下町：本身是日语词汇，相当于汉语的"城邑"。它是在室町幕府以后以诸侯的居城为中心发展起来的。——译者注

候,战争获胜的大名在所占领的土地上,比前面的领主还要把地租降低,以期博得众望。这样的事例也不少见。

这样一来,全部居民不可能有心情同统治阶层的大名一起努力防卫,也没有这个必要。防备敌人袭击,用城墙把整个都市都围起来是愚蠢的行为。一般的居民仅仅在战争期间跑到其他地方避难,战争结束了立刻返回来也好啊。

正因为如此,战斗本身也从容不迫,据说即使在 16 世纪的战国时代,附近的农民都蜂拥至战场周围观看。有记载道:在贱岳①之战②时,进行战斗的山顶两侧的斜面聚集了很多围观的人。获胜的羽柴(以后的丰臣)秀吉花钱从这些旁观者那里买下斗笠,给伤者遮阳。

就连战国时代都是这样,所以其他时代更是从容不迫了。因此,日本这个国家的军事费用非常低。而且,这也就意味着租税低和征兵义务少。在日本,国家(政府)和居民(国民)之间的关系是在这样的条件下产生的。

重视民生的日本

不过,我在想:国家权力产生的原因不仅仅是防卫。还有一个,保存和管理种子也一定是国家权力产生的主要原因。

在人类开始搞农业的初期,对播撒种子的收获量大概最多只不过 3 倍左右。也就是说,收获量的 30% 必须作为来年的种子加以保存。当出现歉收的年份、遇到外来敌人的掠夺时,必须把更多的比率作为第二年的种子加以保存。也许大家难以想象这么严格的自我控制是靠每个人、每个家庭的自主性得以实现的。

在 18 世纪前半期享保③大饥荒之际,将 4 斗稻种铺在枕头下面饿

---

① 贱岳:位于滋贺县琵琶湖北岸,海拔 422 米。——译者注

② 贱岳之战:发生在天正 11 年由羽柴秀吉和柴田胜家在贱岳展开的战斗。侍奉织田信长次子信雄的秀吉和拥戴三子信孝的胜家产生了对立,结果胜家失败自刃,秀吉奠定了统一全国的基础。——译者注

③ 享保:是江户中期中御门天皇、樱町天皇时代的年号。1716 年 6 月 22 日改元。——译者注

死的伊予①百姓作兵卫作为"义农"长期被世代传说下去。我们很容易推测到古代人确实为了实行保存种子,需要靠"王者权力"的强制。

在没有同异民族作战、国家防卫权力不强的日本,自古以来产生中央集权式的国家形态的原因之一,肯定是同为生产水稻而保护种子、管理水路的技术知识有关系。很多古代遗址具有保管稻种用的粮仓,从中也可作出这一推断。

如果是这样,那就是日本这个国家不仅承担的税额少,而且对民生给予了热情的关怀。因此,国民倒不如把自己的存在和实情告诉朝廷更有利。如果让朝廷知道了,还能够分配到优质种子,朝廷有可能会给我们治理河川。据说"平定"了东北地方的坂上田村麻吕进行了屯田兵的活动,努力向周围的居民普及耐寒稻种的耕种和农器具等。之所以在比较早的时期少有抵抗就实现了大和朝廷统治东方之国就是因为伴随了水稻种植技术的普及活动。

到了15世纪以后,各地的统治者努力疏通水路、治理河水,埋头开发矿山,从事公共事业。假设其目的即便是增加大名的收益、扩大大名的支配力量,但结果却关系到提高居民的民生,这一点是没错的。

进而又到了天下太平的德川时代,大名和幕府直辖地的地方官也以开发土地和奖励物产为主要工作,甚至还热心从事其贩卖活动。譬如,富山的大名前田正甫去江户城②时,一定把富山的药材偷偷地揣在怀里,如果有大名面色出现一点点不好,就给他服上一剂。虽然生病,但因为是到了江户城的大名,所以病情不严重,一般都可治愈。富山的药材立刻受到好评。接着,当那个大名回到自己的领地时,开始着手广泛出售富山的药材。

山形的红花、阿波③的蓝、大和郡山的金鱼、赤穗的盐、丰冈的柳条包等,这些在德川时代得以开发的名特产大部分靠大名、幕府直辖地的地方官进行生产指导和贩卖活动而发展起来。

---

① 伊予:现在的爱媛县。——译者注
② 江户城:现在的东京都。——译者注
③ 阿波:旧国名,现为德岛县。——译者注

"六公四民"实质上就是三公七民

而且，原本很低的租税经过德川时代更加降低了。当时的租税原则是这样：地租单一、利用土地的农民是主要的纳税者，对商业、加工业来说，除了对房屋的地方自治负担以外，有时候只是被要求强制性的捐款——营业税。

然后，尽管农业上缴的地租在德川时代是收获量的30%～40%，可是到了后半期最高为30%，全国平均为20%以下。虽然教科书上写着："被称为六公四民，以地租征收收获的60%"，可这终究是原则话，并不是现实。

德川时代，日本人口的80%是老百姓（兼业农民），其主要的生产物品当然是大米了。如果真的实行"六公四民"，占人口80%的老百姓就要靠四成的大米生活，其他20%的人口就会吃掉六成的大米。因为是锁国时代，没有进出口，因此靠这个不可能获得微小的平衡。

所谓"六公四民"说的是这样一种原则：把"掌握在手的收入（收获）的60%"作为地租来征收。可现实中收入掌握在手的比率只有五成。而且，它被筹划成乍一看规定了严格的手续，然而作为征收方的地方官们却有意识地把它压低。

首先在测定收获量时，就"请高抬贵手"。测定的方法是把一定面积（一般是30坪）的田地"试割"开来，来决定当年每一面积的收获量。这种"试割"挑出收成比较不好的水田和旱田，在测量面积时，拿下外侧纵横第一列的水稻。光是这样面积就会减少10%。紧接着，将稻穗必须由百姓作业，让稻草里留下很多稻种。进而给他们机会把取出的稻种藏匿在草席下面，这也是地方官的"义务"。也有这样的地区：地方官特意站起身来，欣赏周围的红叶，移开视线，让他们在叠合的席子下面藏匿稻种当成了惯例。由于这种"温情"，一般公家掌握的收获量是实际的60%。

而且，关于新开垦的水田和旱田，反映出面积和收获量很低。有时候，还存在着根本不缴纳地租的"隐瞒田地"。而这一切也是很多场合在同征税方达成协议的情况下进行的。

留在各地的"坏地方官"的实际面目就是缺少这种"温情"、墨守成规地应用规则的官僚。

像以上那样官民达成协议、减轻（可以说偷税）收入掌握在手比率的结果，成为德川时代后半期地租计算对象的名义收获量就成了实际的 50％。作为原则，其收获量的 60％，也就是说整体的 30％ 就成了地租，而实际上再进一步减轻，就变成整个收获量的 23％ 左右。至于除大米以外生产所缴纳的小收成物产的地租就更低，在一般的地区约20％，像养鸡之类也有"一年当中缴纳 10 个鸡蛋"的事例。把公鸡、雏鸡平均一下，便可推断出一年期间产鸡蛋数为 17 个。

1990 年度日本官方负担率（租税加社会保险等占 GNP 的比率）达到了 40％。想到这，我们就可以说德川时代后半期的租税是相当低的。

留有酌量定夺余地的日本式做法

如果反映出收获量那么低的话，那么降低税率变成"三公七民"好啦，这样的道理在这个国家是行不通的。这是因为真心话和原则话的灵活运用具有地方官一方作为最后招数的意思。如果老百姓们就地租表示不满的话，地方官就会留下一招突然改变态度说："那么就准确地测量一下怎么样？"如果准确地测量，地租眼看着就会多起来，因此，老百姓只好沉默无语。这反而有益于地方官在其他行政方面提出随意管束、纳税、征兵役。

一方面，敲定法定以下的租税负担，强行使人接受"温情"；而另一方面提出法定以外的"公事"。这个传统现在仍流传很广。

例如，今天的固定资产税的税率是 1.16％，在大城市含都市计划税是 2.4％。不过，征税对象的土地评价额控制在实际买卖价格（时价）的 30％ 左右。如果按照买卖价格的时价缴纳固定资产税，恐怕土地所有者立刻就难以糊口。

因此，评价同样的土地在固定资产税和继承税方面会有 2 倍以上的不同。一旦成为买卖时视为不动产所得税和不动产取得税，就会有 3 倍左右的不同。即使出现地方税和国税的不同，政府也会实行完全不同的评价，这是相当奇妙的。把土地评价提高成时价，再把税率降低

1/3，这种争论在日本绝对行不通。当然先把真心话和原则话分开，留给官僚酌量定夺的余地。这样，之所以国民一方也不会感到不安，是因为政府和国民之间具有串通一气的一体感。

但是，最重要的就是这官僚的随意性以"行政指导"的形式普遍化了。制定法律的意思既是不要做法律所禁止的事情，同时也是除此以外什么都可以做的意思。民主主义之所以把法律的制定委任给由国民选出的议会，原因就是禁止官僚任意行事。不过，在日本，官僚正以"行政指导"的形式，或禁止或强行或自由自在地去做法律所没有规定的事情。而且，人们决不会认为这是"不好的事"。这大概也是由来于这种传统吧。

产生官民伦理共同性的官民协调体制

日本是一个由"宽阔的海洋"隔开的"国土"，这就使国家和居民（国民）之间的关系变得亲密起来，使串通一气的原则主义和随意的行政指导大行其道，这不仅仅是因为军事负担小，租税低。还有一个重要的因素：除了太平洋战争以后的几年期间，日本还没有受到过外国人的政治统治，即在整个历史时代，统治阶级和被统治阶级都是日本人。

在特定的"风土"中，在相同的传统和生产形态下生长的人们，伦理观和审美观都容易相通。日本更是如此，如果居民向官员诉说了什么，基本上会下达满足居民期望的判决。日本人自古以来就形成习惯把一切事情委任给上级进行判断，其原因就在此。在这个国家，官僚的正义和人民的正义在基本伦理上是一致的。如果两者出现对立的话，主要是"立场"的问题，而不是因为"正义"的差异。

在异民族统治的社会里，不可能是这样的。比如中国曾受到过元朝蒙古人、清朝满州人的统治。在这些游牧民当中，原本惯例是最小的孩子继承。然而，在农耕民族的汉族中，原则是长子继承。

因此，若是蒙古人裁判长裁断中国农民的继承问题，说不定就会下达与农民期望相左的判决。所以，"人民的事由人民自己解决"这一惯例根深蒂固。

奈良・平安时代的日本从唐王朝完成的律令制度中受到了诸多影

响。虽然这律令制本身在公法方面具备了精细的体系,可是在私法领域,即关于民间的裁判却缺乏严密的成文法。也就是说,政府无法介入民间的问题。模仿这一律令的日本法律体系也是一样的。不过,根据相同伦理观的官僚的"良识",能够弥补日本的法律体系。总之,律令并没有名副其实地得以执行。

另一方面,与东洋律令制度并称为优秀法律体系的罗马大法在私法领域设定了很多规定。在异民族交流频繁的地中海世界里,用明确的条文写成法令,缩小了官员加入主观成分的余地,诉讼人也能够事先预测判决内容。在官民的伦理相同、对政府深深信赖的日本,其必要性也就不会得到认可。因为比起条文来,重视"人心"难以搞清的情况,在这个国家不必担心是行得通的。

日本人现在还不尊重成文法令或条文化了的契约。灵活运用被成文化了的原则话和现实执行的真心话是日本人的特色,即相信大家都拥有相同的伦理。而且,这亦已经成为现代官民协调体制的根源。

在欧美,人们也许会认为:日本的国民和企业服从政府的行政指导,是不是政府对国民具有强烈的控制力或利益诱导力呢? 为什么日本人一个不漏地进行户籍、居民登记呢? 为什么日本企业服从政府的行政指导呢? 政府对他们使用了什么样的糖果和鞭子? 这些质疑现在也不少。

这一点就是外国人无论怎么调查也搞不明白的"日本秘密"。有时候甚至会瞎猜测一定是有非常阴险的惩罚。相反还有这样的观点认为:这是全体日本人拥有特定的目的,进行"合伙共谋"的结果。在最近提出重新认识日本论的人当中,不乏看到认为基于这种成见的论调。

但是,日本政府既不是采取了特别惩罚政策或利益诱导政策,也不是日本全体国民为了国家目的而团结起来。只在长期的习惯中,政府的指导成了归纳民众多数意见的内容,民众觉得服从这样的指导比较保险,这种感觉在日本人的心中扎下了根而已。总而言之,在世界上成为臭名昭著的"行政指导"的,不是一种强加政府意思或官僚意图的东西,而是一个使各领域里的多数意见贯穿到整体的过程。

缺乏军事思想的日本社会

另外一个,这个国家的"风土"所带来的日本社会的特色是完全缺乏军事思想。这不仅仅是在于战后"因和平而变得昏聩"。在这个国家的历史中,无论社会方面还是个人方面,军事思想几乎是没有成为判断和行动的基准。

我于昭和17年(1942)上了小学(当时叫做"国民学校")。因为我就读的是大阪偕行社、陆军将校俱乐部"偕行社"附属小学,校长曾是一位退役陆军少将。这位校长在每天早晨的晨会上对学生反复发表演讲说:"我们大和民族是远东尚武之民,我们的官兵忠勇绝伦。因此,帝国陆海军战无不胜。我们一个师团常常能够对抗美英3个师团。"

这一对三的比率根据是什么? 我不得而知。不过,当时还是小学生的我很天真地相信这位"伟大的军人"——校长——的话。

当时不光是小学生的我,应该还有很多人都认为:如果兵力和装备相同的话,日本军队比美英军队要强大。不,好像至今仍有人认为:日本人好战,擅长打仗。对前苏联、中国、北朝鲜(朝鲜民主主义人民共和国)的军备一点都感觉不到危险,却只对日本的军备扩张哭喊着"要爆发战争了"这样的"进步文化人"、在野党的政治家一定是报以这种妄想的人。

但是,实际上太平洋战争开始后,日本军队一点都不强大。在对方没有准备好的首战6个月左右的时间里,令人精神振奋的胜利捷报频频不断。可是,美英一方做好了准备,日军便立刻败退,中途岛海战以后,在全都是敌人出兵的地区,只能死守应战,节节惨败。而且,这其中兵力装备虽然精良,却因为用兵错误、动员不彻底和缺乏军事思想而导致战败的也很多。特别是虽说整个日本是"战时体制"、"军国主义",但不能忽视没有出现倾向战争的思想。

例如,在南方诸岛战场上的军粮体系就是一个很好的例证。日军到最终都是把大米运向战场的。大米是一种水分多、易腐烂的谷物。不仅重量大,而且捆包也难。最大的缺点是必须在吃饭之前做熟,因为会冒烟,让人知道部队的所在地。20世纪的军队在前线部队使用这种非军事的粮食，大概只有日本吧。

在这一点上，欧美人即使平时奢侈，可"一旦战争"爆发，也会突然改变生活样式。一看就像是充满大量物资的美军军粮，也从军事方面的观点考虑前线粮食。

不仅日本人有这样一种想法："就应该给在前线拼命作战的士兵送去好吃的大米"，而且就连军人也把送大米视为理所当然的。可以说官兵生活第一，战争是其次。

这一点在日本自古以来的兵器类也能看到。日本的盔甲确实很精美，但是作为防护用具效果欠乏，也不是活动的。就连日本刀也适合于个人技能，在集体战斗中不起作用。欧洲、中国的兵器尽管样式不好看但却是战斗的武器，这同日本形成一个对比。因为日本人始终是以平常的思想挑选武器的。

正因为如此，所以日本一旦成为整个社会组织，根本就没有军事性的主意。无论城市的构造还是水田、旱田的建造，无论地区自治团体还是家庭形态，教育制度、礼仪做法等都没有设想制定战争时期的紧急状态。

军事思想的缺乏关系到领导权的否定，它丧失了关于所有问题紧急状态的应付能力。在太平洋战争所暴露的日本另一个缺陷就是城市设施、生产设施应急修理能力低下。在这个国家里，防备灾害、战祸的体制和紧急动员的思想都等于零。

在饱享了46年和平的今天，甚至连政府最高领导者——内阁总理大臣——出事时选举接班人的手续都不明确。也没有人会有这样的疑问："在东京大地震时期，如果内阁集体辞职了怎么办？"

最近，联系到中东海湾危机，日本危机的管理能力低下则成了一个大问题。只企划追踪报道平时商业情报的日本情报机关，到了战争时期忽然瘫痪，除了外国的电视新闻以外失去了信息源。

而且，缺乏领导权的日本政府没有当机立断的判断力，都沦落成只会分析形势的外行评论家。在民间虽然有呼声说："不要追随美国外交，靠日本独自的判断行动起来吧"，可是，日本本身不仅没有信息力和判断力，而且连对付危机的常规和精神都没有。倡导"日本独自的判断和行动"的人也没有尝试把这具体的内容搞清楚。

　　日本是一个靠"宽阔的海洋"把外国阻隔的岛国，自古以来就在这狭小平地上发展了集体劳动的水稻种植农业。危机管理的常规和靠强大领导权果断领导的体制都没有从这个国家的"风土"中诞生。

第三章　擅长学习的"风尚"

同时信奉神道与佛教

"武士的国家"和最适合工业化的社会

1986 年 5 月,在巴黎举办了一个"日本传统工艺展"。组织者把巴黎国际会议场的白色大厅作为展示场所,在大厅里举办了文化活动和演讲等。我参加了这个展示会,也进行了一个题为"日本传统的审美观和现在的消费市场"的演讲。

但是,这个不太大的仪式活动聚集了 48 000 名观众,有 2 个电视频道对此进行详细地介绍,在 20 家以上的报纸上刊登了各种各样的解说、评论、报道。其中,还有一流报纸上面标有"初次相逢日本"这样激动人心的标题。

众所周知,最近欧洲也在广泛地介绍日本文化。特别是在巴黎也举办过日本画展、歌舞伎、大相扑等活动。而且,自浮世绘①以来,日本的绘画给巴黎的印象派绘画产生了很大的影响,法国人对日本美术的关注相当高。现在,有 20 000 多名日本人居住在巴黎,特别是画家、时装设计师等同艺术文化相关的人们非常多。当然一年当中,也有数 10 万旅行者到访。

虽然和日本有那么多的交流,可是为什么这个小小的展会得到了

---

① 浮世绘:是江户时代流行的风俗画。——译者注

76

这样的评价:"初次相逢日本"呢?

其理由大概是因为意识到他们能感受到这些问题:这不单单是陈列日本的传统工艺,进行当场展示,它同现在的日本有什么内在关系?同规格化大量产品的国际竞争力在世界上最强、拥有巨额贸易盈余的现在最适合工业化的日本社会有什么关联?进而,要在现在的日本市场推销欧洲产品,会遇到什么问题?

对欧洲人来说,100多年前的"武士统治的日本"以及产生于那个时代的传统文化和现在"拥有非凡工业能力的日本"怎么也联系不起来。日本是一个在个人名称和文化样式都一直保持着默默无闻的状态下大量生产出高质量工业产品的"黑匣子"。

以前,一直仅仅强调这么一点:由于明治维新的大力改革,由于引进欧美的制度和技术,日本迅速进行了近代化。因此,德川时代以前的日本文化和传统同今天的近代日本有什么样的关系呢?就这一点几乎没有做出解释。不,应该说日本人自己对此也没有怎么考虑过。

日本人一直在作这样的说明:即使对于想谋求近代化的发展中国家,同过去日本所作的一样,如果吸纳了近代制度和技术,近代工业就能兴起。但是,现实并不那么简单。在经历了战后46年的今天,近代工业在全社会发达起来的国家和地区也仅仅是韩国、新加坡、台湾、香港等亚洲NIES(新兴工业经济地区)。

在19世纪接触到欧美近代工业技术和近代社会制度的国家并非只是日本一个国家。土耳其、波斯、印度、中国都比日本早,比日本还大规模地接触了欧美近代文明。尽管如此,比较迟接触欧美的日本却很快成功地形成了近代工业社会。

为什么除日本以外的亚洲、非洲各国无法摄取欧美的近代文化和工业技术呢?或者,在亚洲、非洲很多国家里,为什么只有日本能够很快地引进呢?这一定还是同日本的传统、明治以前的文化、社会风气有着很深的关系。关于这一点的明确说明此前几乎没有过。

一部分人讲:这是因为在德川时代末期的日本,手工业、金融业相当发达,有接受近代工业的基础。也许这是正确的。不过,这作为仅仅用100多年的时间就成为世界最高水平的工业国家的解释,还相当不充分。这是因为日本具有接受并容易消化外来技术、制度的传统。

一亿两千万的神道信奉者和一亿两千万的佛教信徒

在巴黎日本传统工艺展上，首先作为入口的主题展示，一边放着神轿，另一边放着佛坛。并且，上面写着这样一个说明："这是日本两大宗教的象征。神轿是日本自古以来'随神之道（神道）'的象征，佛坛是距今 1 400 年以前流入日本的佛教的象征。"

在这一主题展示的前面，日本人同法国观众之间不断反复进行着下面的问答。

"日本有多少佛教信徒?"

"一亿两千万人。"

"那么，神道的信徒有多少人呢?"

"一亿两千万人。"

"日本的人口有多少?"

"一亿两千万人。"

法国人个个都非常吃惊。这对他们严密思考宗教的人来说是一个费解的事情。可是现实的日本面貌就是这样的。

几乎所有的日本人按照神道仪式举行婚礼，按照佛教仪式举行葬礼。既在新年后去参拜神社，也去寺庙参加盂兰盆会，也庆祝圣诞节。基督教徒的首相也参拜伊势神宫，参加盂兰盆会舞蹈，盘腿打坐。而且，不管做哪一项都不会感到"良心发疼"。

如果把这单纯化作"多神教"，不仅不能理解日本，而且还会更加不明白。佛教同基督教一样是严格的单一神教，神道是一个超过印度教的多神教。一个人能同时信仰这本质上完全不同的两个宗教的就是日本人。这在世界上也许是一个史无前例的特征。

在古代的希腊、罗马世界里，人们信仰以宙斯①为主神的奥林普斯②众神。至今，在地中海沿岸地区留下了很多宙斯、海神、太阳神、维纳斯女神等各种神的遗址。但是，这些全部都是"遗址"，并不是现实活动的宗教设施。基督教在罗马帝国的后半期普及起来，不久它被君士坦丁大帝定为罗马帝国的国教。定居奥林普斯的各种神自此便失去了信徒。今天，奥林普斯众神仅仅作为艺术和文学作品保留下来，不仅没有一个信徒，而且也没有举行一次祭祀活动。

在阿尔卑斯北侧的日耳曼民族当中以前还存在着对日尔哈拉众神的信仰。因为以前存在着日耳曼固有的居住下来的各种神。但是，它也随着基督教的流入而彻底没有了痕迹。

即使在基督教诞生的中东和近东，自后来流入了伊斯兰教，其结果也明显地划分出伊斯兰教教徒和基督教教徒。在数量上面，尽管是伊斯兰教教徒压倒多数，但是基督教教徒也有几千万人。在黎巴嫩等国，基督教教徒的民兵和伊斯兰教教徒的士兵经常会发生小规模的冲突。

印度亚大陆原本是印度教盛行的地方。可是，自10世纪前后，伊斯兰教开始传播起来，建立了伊斯兰教王朝。其结果，印度教徒和伊斯兰教徒混在一起，至今这两者还区分得十分清楚。

在韩国，虽然儒教、佛教、基督教也混在一起，但各自的信徒都区分得很清楚，其数量的总计——因各宗教夸大计入，多少会有些误差——大致同国民人口相一致。无论哪个国家，一个人在某一时期所信仰的宗教都是一个。本来，所谓宗教就是具有这种排他性（可以说非宽容精神）的东西。

乍一看，同日本相似的是中国。在中国，道教、佛教、儒学、祖先崇拜等同时进行。但是，这些长期相互混合，形成了"中国式的宗教总体"（余英时先生之语），而并非是同一个人同时信仰不同的宗教。

---

① 宙斯：希腊语为 Zeus，是希腊神话的最高神。它等同于罗马神话的最高主神朱庇特，即 Jupiter，故朱庇特又被视为宙斯。——译者注

② 奥林普斯：希腊语为 Olympos，是位于希腊北部的一座山脉，海拔2917米，也是希腊的最高峰，传说希腊神话的主神宙斯以下的12个众神就居住在这个山顶上。——译者注

可是，不知为什么只有日本即使传入了佛教，神道也原封不动得以保留，不仅没有失去信徒，而且佛教也作为宗教得以接纳，并把全体国民当作了佛教信徒。同一个人一边照旧保留信仰神道，一边又同时信奉佛教。

在一亿两千万人口的日本，有一亿两千万人的神道教徒，同时还有一亿两千万人的佛教教徒。而且，或许同一天还会有一亿两千万人的基督教教徒。这在世界上是没有先例的。

为什么会成为这个样呢？其实这外国人难以置信的现象就是日本人毫无抵抗地能接受欧美近代文明的基础——风气，可以说就是这个国家的民族性。

既无圣典也无戒律的信仰——神道

在世界上，为什么只有日本人可以同时信奉多个宗教呢？到底是从什么时候开始变成这样的呢？日本的现代化如果与社会风气相关的话，那么这个问题对于弄清现代的日本也是极为重要的。

为此，首先有必要从作为日本本土宗教——神道——的本质和建立来进行研究。这是因为神道受到了很多的误解，像这样的宗教在世界范围内都是罕见的。

日本的神道极为朴素，也可以说是一种自然发生的信仰。对神道感兴趣的外国人首先会问："神道的圣典是什么？"。但是，对此却无法回答。这是因为神道根本就没有圣典。

不用说，基督教有《圣经》，伊斯兰教有《古兰经》。佛教最初因释伽开创有组织地布教，也有基本法典。只不过并不是只有一个，而是有《般若心经》和《阿弥陀经》等等很多个。因不同的宗派所重视的经典不同，所以无法当场回答出哪一个是基本法典。但是如果限于某个宗派的话，还是能够列出几个作为最重要的经典的。

但是，神道完全没有相当于圣典、经典的东西。

"事实上，神道是没有圣典的。"如果这样回答，外国人多半会问"在结婚仪式和竣工仪式上神主读的是什么呢？"

"哦、那都是每次写一些看起来比较好的东西，并不是从特定的圣典中摘录的。"一旦这样回答，对方一定会再次感到吃惊。在神道中，任何一个人、在任何时候都是能够成为"预言家（掌握神的语言的人）"的。

于是，接下来就会产生这样的疑问："神道的戒律是什么？"对此，仍然无法回答。在神道中也不存在戒律。总而言之，是"不能够做坏事"的。尽管如此，但是却没有任何条文和传说规定这个"坏事"是什么。无论读多少遍《古事记》也碰不到像是戒律那样的东西。

神道中八百万神的概念是雷和台风等自然现象，以及山、瀑布、巨石等自然物，并在此之上加上了崇拜先祖的思想而产生的。可以说这本身就是全世界任何地方都容易产生的宗教的原始形态。但是，这种原始形态直至今天既没有圣典也没有戒律地存续下来是非常少见的。也就是说，神道没有宗教的绝对的价值观，即"神的语言和戒律"。而且，这给予了神道永远的生命。因为没有绝对的价值观，所以才能够与其他价值观共存。

但是，日本人不久也碰到了更加严密的宗教。佛教最初从朝鲜半岛，后来从中国传了进来。这是自印度产生以来已经时经 1 000 年，经西域、中国、朝鲜、经过不断千锤百炼的宗教。

根据《古事记》的记载，佛教最初传入日本，认为是在钦明天皇时代（539—571 年在位）。据说，那个时候，钦明天皇把从百济获赠的佛像授予了苏我稻目①，并下诏由苏我氏供奉。

事实上，佛教思想肯定是在更早的时候就进入日本了。因为当时有相当多的归化人从朝鲜半岛移居到日本，应该是这些人把佛教带了进来。因此，我们可以认为《古事记》中的那个记载是在天皇、也就是政府承认佛教信仰自由的时候，获悉民间信仰宗教的时候。因为当时日本的神道并没有明确的规则、原则、戒律等等，所以对佛教也就豁达地得以接收了吧。

---

① 苏我稻目(? —570)：飞鸟时代的豪门望族，宣化、钦明两朝的重臣，主张日本朝廷接受佛教。——译者注

已经成为政治问题的佛教政策

一旦佛教信仰自由得到了认同，这个新的宗教因为归化人的增加和对新文化的憧憬等而急速扩展。特别是佛教带来了新的知识和技术。这一点绝对加速了它的普及。不仅医疗、药学、建筑、水利、农耕、金属铸造等等技术随着佛教一起传入到日本，而且在掌握这些技术的归化人中佛教徒也相当多。并且，这已经开始成为改善一般民众生活、提高生产力的原动力。

也就是说，佛教徒中有很多掌握先端技术的人，这同经济、文化方面的兴趣以及现实的利益相交织，使这个新宗教以不寻常的势头普及开来。

因此，古代的大和王朝兴旺、产业繁盛、土地大量开发。当然，佛教徒的政治发言权大大增加了。这样必然需要民间的信仰自由，同时还渴望政府和天皇本人的信仰。当然，由此能进一步促进经济发展和技术进步。这种实用性的意见也强烈起来。看一看 16 世纪以后基督教的布教和今天新兴宗教的宣传就可以了解，新的宗教的布教活动常常是与现实利益纠缠在一起的。

钦明天皇之后的敏达天皇时代（572—585 年在位）好歹就这样过去了，到了敏达天皇后面的用明天皇（585—587 年在位）时代，有关"天皇首次拜佛"这样的记述在《古事记》中出现了。虽然这也许与用明天皇的母亲和妻子都是出自佛教徒的苏我氏有关，但在政治上也是有这个必要的吧。

但是，用明天皇的行为好像是个人的参拜。也就是说，用明是作为个人行为来拜佛，而不是作为国家元首进行的正式参拜。

但是，佛教徒没有就此平息，和最近的靖国神社问题一样。以苏娥氏为首的崇佛派提出了"要正式参拜"的意见。也就是说把佛事作为天皇的正式参拜、即政府的正式仪式来公认，并把它指定为国教。在此，宗教头一次发展成为重大的政治问题。这是因为假使天皇正式参拜、把佛教作为国教的话，就必然要舍去神道。

用明天皇将这一问题撤下来，在位 3 年就驾崩了。这样一来，与下一位天皇的人选问题绞在一起，以佛教国教化为目标的崇佛派和主张维护日本自古以来的随神之道的排佛派之间发生了一场大战。这就是苏我和物部之战，是日本历史上唯一的一场宗教战争。

当时，绝大多数的豪门望族都支持以苏我氏为首的崇佛派。这已经暗示了在飞鸟时代日本社会希望引进与佛教相伴的技术、改善物质生产力这一古代物质文明思想的风靡。

如果看一下世界历史就会发现，在开始农业、产生都市国家的初期，也就是"原始时代"，人们缺乏增加物质财富的意识。这在以后将详细叙述。反倒是维持血缘和地缘组成的共同体受到重视，社会的安定和平等被视为第一性。

这是因为，一旦由于灌溉技术和耕耘技术发明的普及，剩余生产增加、物资的交流普遍化，那么国家就会成为一个领域国家，土地大量开发，商业兴盛。也就是说，追求物质丰富的意愿已十分鲜明的"古代"文明即将开始。

日本人在佛教传入时期，支持苏我氏等崇佛派主张的经济扩张主义。这表明比起原始时代的神话血统主义，他们更倾向于古代的物质文明主义。

这样一来，这场战争以苏我马子①为首的崇佛派获得胜利而告终也是理所当然的了。一直尊崇传统神道的排佛派——物部等，不得不从日本的历史中消失了。其结果，被视为崇佛派的崇峻天皇（587—592年在位），受到苏我氏的拥立。但是，这个崇峻天皇不久也觉察到了信仰佛教的政治危险。日本性独特的社会风气正是从这里开始的。

神道神话的否定——天皇家族的危机

本来天皇家族处于日本最高地位的理论根据就在于神道神话。日本（大和朝廷），是天照大神的子孙——神武天皇降临而建立的国家。而神武天皇的子孙就是天皇一家。依据这个神道的神话，天皇家族才成为日本的统治者。

---

① 苏我马子(? —626)：飞鸟时代的豪门望族，敏达天皇以下四代天皇的重臣，为日本的佛法兴隆作出了贡献。他讨伐消灭了物部守屋，后又暗杀了崇峻天皇。——译者注

但是，信仰佛教就是否定神道，天照大神也将会受到否定。因此，由于只有天皇家族是高天原主神——神的子孙，所以能够就于最高位的理由就没有了。这不用说对于天皇家了，对于日本的整个政治体制来说都是大问题。

　　而且，在这个时候，并非只是佛教进入了日本，应该说中国和朝鲜半岛的思想和历史情报都全面地涌了进来。不仅儒教的传入被记载下来了，而且道教（神仙思想）也广为人知。恐怕被称作诸子百家的多种思想也肯定传了过来。而且，不能忽视的是，这其中还加入了已经在中国确立的"改朝换代"的思想吧。

　　即"天子当受天命，以德治国。德高者成为天子，其子孙依祖先之德而继承。但当子孙中出现天命丧尽无能之辈，其王朝则灭亡。而天将命于其他德高之人，一个与此前不同、崭新的王朝（不同姓氏的王家）将会出现。故王朝换姓是服从天命的正当变革。"

　　这种"改朝换代"的思想，被认为是在周武王灭殷建周之时，为了使其行为正当化而产生的。也就是说，因为殷朝的纣王是一个严酷的暴君，天命尽失，德高望重的周武王接受天命推翻了它、自己兴建了周王朝。这是一个正当的行为。在中国，此后当周王的德性丧失殆尽、周朝就灭亡了，进入了战国争霸的时代，接着秦始皇登场。但是，由于秦始皇的子孙无德，所以刘邦建汉。不久汉也尽失天命，无德而亡。因为这样无数王朝的兴亡接替，"改朝换代"的思想作为政治概念而固定了下来。

　　这种思想，不仅具备了极度的革命性，而且还含有肯定有权势者反叛君主的伦理。其内容是战斗性的。

　　特别是从佛教传入日本的南北朝（六朝）时代到隋王时代是中国历史上的大分裂时代，是全中国境内地方性的短命王朝竞相出现的纷乱时期。正因为这个，改朝换代思想也是具有现实意义的。

　　从改朝换代的思想来看，在日本，如果天皇家丧尽德性的话，那么别的家系中德高之人也是可以代替他的。只是这种思想从"发达国家"传过来，天皇家族的地位就面临危险。在这种时候，如果连天皇家系的根基——神道神话也遭到否定的话，那么天皇家的地位简直就面临悬崖之缘的危机了。再加上在现实的政治中，像苏我氏这样强大的势力已经形成。恐怕苏我马子也下定决心了吧。

受苏我氏等崇佛派拥立就位的崇峻天皇，意识到了这一点以后，不得不拥护神道、反对佛教。为此，崇峻左右言词，把佛教的国教化放到一边，想要守住神道。结果，5 年后，他被苏我马子杀害。这是在日本历代天皇中，唯一一名被明确记录"被杀害"的天皇。

在日本，尽管曾有过这样一种想法，即在无论政治纷争怎样激烈的时代，只有天皇是绝对不能杀害的，但在那个时代这种概念尚未得以确立。

圣德太子提出的"神佛儒融合"

崇峻天皇去世后，继位的就是推古天皇（592—628 年在位）。她是在历史上明确记载着的、东亚第一位女皇帝。无论是韩国还是中国，在此之前都没有过女性帝王。在韩国新罗出现女性帝王是自此半个世纪之后。在中国漫长的历史中，女性皇帝只有一人，那就是唐代的武则天（武后于 690—705 年在位），比起推古天皇晚了将近 100 年。

那个时候并不是天皇家族里没有成年男性。既然这样，那么为什么会把女性、而且是上一位天皇（敏达）的皇后推上天皇之位呢？对此有各种各样的推测。也有人认为是苏我氏等有权有势的豪族考虑到女性容易操纵从而推举了女性。这位女天皇的父亲是钦明天皇，母亲则是苏我氏出身的坚盐妃。

但是，这个时候，天皇家族里出了一个绝世奇才。他就是厩户丰聪耳皇子，也就是圣德太子①。

圣德太子作为伯母推古天皇的摄政大臣，在确保政治发言权的同时，发现了使佛教与天皇制度共存的道路，也就是所谓的"神佛儒融合"

① 圣德太子（574—622）：用明天皇的皇子，母亲是穴穗部间人皇后。本名叫厩户皇子，又称为丰聪耳皇子、法大王、上宫太子。他精通内外学问，皈依佛教，在推古天皇在位期间成为皇太子，并作为摄政大臣行使政治，制定了冠位十二阶、宪法十七条，派遣遣隋使，致力于佛法兴隆，建立了多座寺院。——译者注

的思想。

太子创造出"以神道为干,佛教为枝而扩展,发扬儒教的礼教,成就现实的繁荣"这一诡辩性的理论,主张加一个并非要否定其他。这是太子对当时很多日本人都感到困扰的问题所进行的一个既恰当又符合现实的回答。

"必须尊敬众神。尊敬还依旧作祟的是日本的众神。能够平息这灾殃的是佛。因此,我们必须要拜佛。"

太子对其主旨也进行了论述。一方面,抑制了因加深对众神的恐怖而要废除它的想法;另一方面,通过强调佛慈爱的一面而肯定了这种信仰。这也是一种不系统地考虑宗教的方便主义啊。

大概在这世界上,发现如此具有独创性、现实性思想的人,仅此一例。在印度教等众多神教中,有很多例子是在众多的一个"神"上加上其他教派的神。但那只不过是在多神教的体系中准备了一个单一神教的位子而已。在中国,产生了把道教和佛教等诸多教派合为崇拜祖先的宗教整体。在此,如果新的宗教不能混合到这个宗教的总体中就不会得以同时信奉。

与此相反,圣德太子的折中调和思想的独到之处就在于允许并推广把单一神教的佛教和多种神教的神道作为不同派别的宗教体系来同时信仰。在宗教理论上也只能说是诡辩了。可是,现实中的政治效果却是巨大无比的。

一方面,也许当时的日本人大都憧憬这一新兴宗教以及随之而来的技术吧。但是,另一方面,他们应该也不想舍去父母所信奉的祖先崇拜。对于苦于这种悖论的人们来说,在理论上的不相融合也并没有怎么成为一种妨碍。因此,圣德太子所倡导的"神佛儒融合"的思想立即传播开来。

不被宗教戒律束缚的日本人诞生了

圣德太子自己在政治上也贯彻了这种思想。他在摄政后不久,就在摄津(大阪)建立了国立佛教寺院——四天王寺,作为国家首先摆出了推广佛教的姿态。作为日本最早的国立佛教寺院,这个寺院是依照在苏我和物部之战中,作为苏我方而从军的一位太子雕刻四大天王的像来祈祷获胜,因此带来了战争的胜利这一过程,而取名为四天王寺的。当时20岁的圣德太子,从一开始就以强烈的、现世的、多神教色彩的形式来描述佛教的。

而且,太子建立了法隆寺,将其作为个人的寺庙,显示出自己也深深皈依佛教的姿态,得到了很多归化人的信赖。但是,在四天王寺建成以后第二年(609年),他随之颁发了"敬神诏",劝说大家一如既往地敬仰神灵,尊崇伊势神宫,并依原样保留了斋宫(服侍伊势神宫的未婚皇女)。也就是说,把两种宗教同时作为国家公认的宗教,开辟了一个人可以同时信奉两者的道路。真可谓是"宗教的堕落,政治上的飞跃"。

圣德太子的这种思想,肯定是对怀有想凭借否定神道而替代天皇家族这一野心的苏我马子的一种打击。并且,太子确定了冠位十二阶,制订了十七条宪法,甚至着手于国史的编纂。其目的是想充实官僚制度、明确国体、确立天皇家族的统治体制。

不仅仅如此,他同由苏我氏掌控的经由朝鲜半岛进行的外交贸易相抗衡,尝试与隋王朝直接接触,甚至开辟了从大和盆地的北部通往难波的道路。因此,无论在政治上还是在经济上,他都与苏我氏相对抗,据说最终被苏我马子杀害。以圣德太子的智能也无法一举抑制苏我氏。实现抑制苏我氏是依靠在太子死后第23年发生的"大化改新"(645年)。

圣德太子作为政治家的生涯并非是幸运的,他的子孙受到了苏我氏的杀害。但是,由于受恩于太子创立的独创思想,即使佛教成为正式的宗教,神社也没有受到镇压。而且,从那以后,像苏我和物部之战那样的宗教战争,在这个国家再也没有发生过。

在日本也有宗教团体加入战争的事例。加贺的一向宗①徒赶走了富樫家而统治一国,三河的一向宗徒与年轻的德川家康进行了战斗。因比睿山支持浅井、朝仓而受到织田信长讨伐,石山本愿寺亲自与信长战斗了6年。

---

① 一向宗:同日本的"净土真宗",因一向信奉阿米陀佛而得名。——译者注

但是，这些战斗都是由宗教团体因参与世俗权限而产生的斗争，不是针对宗教本身的其他宗教信仰而产生的争斗。信长也是一方面与本愿寺进行战斗，一方面在世俗的权限上承认已经妥协的一向宗的多座寺院。另外，即使对本愿寺，如果他能舍弃世俗的权限移到纪伊①的话，也不会镇压信徒的。在明治以前的日本，宗教本身受到压制和禁止的仅仅是与外国侵略相关的基督教。

总而言之，圣德太子的神佛儒融合思想普及的结果，日本已经没有严重的宗教对立了。同时，严格的宗教论理和宗教信仰都没有了。在这个意义上，可以说圣德太子是世界上第一位实现"宗教自由"的思想家。

这对其后日本精神上的影响是十分重大的。日本人不仅没有受到宗教戒律的束缚，接收了外来文化，而且还养成了这样一种习惯：不完全信任"神的语言和戒律"、只吸取所有文化中适合的部分。而且，这一点也使日本人失去了系统地思考文化的想法。这是因为如果连宗教这种最严格的思想形态也加以"择优"的话，那么除此之外的文化等等，就没有必要考虑系统的整合性了。

没有绝对正义感的日本社会

当时、当场决定的正义

如果能够同时信仰多个宗教的话，就会产生这种习惯：从各个宗教中提取适合部分的"精华"，"绝对不可侵犯的神的教导与戒律"则不复存在。由于这一切同知晓文字一样很早就产生了，因此神道土生土长在这个国家的宗教，最终没有能够定下圣典和戒律。不仅如此，就连外来的宗教一进入这个国家也很快失去了圣典和戒律，成为"择优"的对象。也就是说，在这个国家里没有养成系统化的绝对正义感。

---

① 纪伊：旧国名，大部分位于现在的和歌山县内，一部分在三重县。——译者注

远藤周作①先生曾经说过:"在日本,严格的天主教教徒有 60 万人,激进的共产党员也有 60 万人,严格的外来思想在这个国家只可能有这么多的信徒"。在日本,主张不允许"择优"这种绝对正义感只有人口的 0.5% 左右的信徒。因此,不会发生宗教战争等等。

在当今世界,阿拉伯和以色列、印度和巴基斯坦、爱尔兰的天主教和新教等等,因为宗教的差异而引起的战争或严重的政治对立在各地比比皆是。但是,对于我们日本人来说,是无法想象宗教差异会引发战争的重要问题。在我们的日常生活当中,无论住在隔壁的人是基督教徒,还是对面的人是净土真宗②,不论楼上住的一些人是创价学会的,还是伊斯兰教徒住在楼下,都几乎相安无事。充其量抱怨也是嫌打鼓的声音太吵啦,客人太多啦这等程度。日本人所认为的宗教差别,只不过是一种宗教仪式的差异而已。

在日本的报纸或杂志上对宗教差异的说明,主要限于宗教仪式的不同以及食物、服装的差别。这样一来,就无法理解宗教的差异甚至会引发激烈的战争。日本人容易认为,中东和印度亚洲大陆的战争是极端容易调停的,也是起因于这一点。

但是,所谓宗教的差异,是本质上的伦理观的差异,也就是在什么是正确的这一点上的对立。所谓严格意义上的宗教,并非依据客观的事实和利害得失来评判什么是对的,什么是错的,而是依据神告诉我们的圣典和戒律来规定的。因此,所谓信仰就无须议论它,而是相信和守护它。拥有这种宗教信仰习惯的人们,即使对于其他情况,也总想持有绝对的正义。如果没有它,就会感到不安,好像感觉到失去了言行的准则。

但是,对于拥有同时信仰多个宗教习惯的日本人来说,既没有唯一绝对的神的告谕,也没有不变的戒律。结果,应该依赖的是"大家的意

---

① 远藤周作(1923—1996):日本现代文学著名作家,"第三新人"代表作家之一。以小说《白人》获第 33 届"芥川文学奖"。——译者注

② 净土真宗:为日本净土门一派。以净土三部经为依据,相信依靠阿弥陀佛普度生的本愿能够往生成佛。该宗派把念佛称为是一种报答佛恩的修行。——译者注

见"，也就是，主张在当时、当场那些人中最有力的多数就是正确的。

与圣典中写的"神的告谕"和作为戒律而规定的"神的戒律"不同，人的语言和规定很容易改变。因此，大家的想法改变的话，日本人的正义感也会变化。在日本历史上，这样的事情已经反复了很多次。

把神当作见证人与妻子定下契约的森有礼

比起神来，日本人更相信人。日本人无法轻易的理解神的绝对性。从古至今由很多能够显示这一点的例子。例如，明治初期的政治家森有礼①相当崇洋。他虽出身于萨摩②藩，但年纪轻轻就去国外留学，之后历任驻美国代理大使和文化部部长，对学校制度的确立也作出了贡献。当然，他的英语和法语都相当娴熟，是一个公认的外国通。不仅如此，而且成了文化部部长以后，他甚至很认真地主张"应该废除野蛮的日语，把法语作为通用语言"，可以说他的崇洋几乎是病态的吧。

正因为如此，当然他深深地信仰着基督教，结婚典礼也按照基督教仪式进行的。也就是说，在教会的祭坛前举行了这样的结婚仪式：当被问到"你发誓永远娶她为妻么?"然后回答"是"。但是，森有礼认为这个誓言是与新婚妻子之间的誓言，于是，与已成为妻子的女性之间甚至制定了誓约书。

这显然违背了《摩泽的十戒》中"你不要发誓"的戒律。无论是犹太教还是基督教都是严禁像森有礼所作的"把神当作见证人对人发誓"的事情。在神坛面前回答神父的誓言，是对神的起誓，而不是对成为妻子的女性的。法庭和就任仪式上的宣誓也是如此。

在日本自古以来就经常出现把神当作见证人向人发誓的事。比如，在丰臣秀吉临死之际，自德川家康以下的五大元老，在八幡大菩萨的起誓纸上写下"尽忠于秀赖公，如违背甘愿接受神明的惩罚"交给了

---

① 森有礼(1847—1889)：政治家，萨摩藩士。幕府末年留学欧美，后进入新政府，创立了名六社。作文部大臣期间颁布了学校制度，奠定了教育制度的基础。由于他被视为欧化主义者，在帝国宪法颁布的当天就被日本的国粹主义者暗杀。——译者注

② 萨摩：旧国名，位于现在的鹿儿岛县的西部。——译者注

秀吉就是其中一例。在此，发誓的对象是"人"，而"神"只不过是其见证人。因此，成为证人的"神"，只不过是这样的：即使以"你对那个人说谎了"而下达神罚，也不反对。如果是对"神"发誓的，那么一定会遭到神明的惩罚，坠入地狱。天主教之所以不承认所有的离婚，也是因为考虑到不能够解除同神的誓约。如果是对"妻子"（或者是丈夫）发誓的话，在双方达成协议的情况下就能够解除誓约。在对"人"发誓的日本，从古至今从未有禁止过双方协议离婚的。

就连甚至主张把日本的通用语言改为法语的崇洋媚外的森有礼也把神作为见证人向已成为妻子的女人发誓而感到得意洋洋。因此不得不说他根本就没有理解基督教的伦理观。

不管精通英语也好，熟知欧美的知识和技术也罢，还是喜欢吃西餐，对于日本人来说，欧美的伦理观实在是很难理解的。以上就是这样一个例子。但是，也许正是因为连森有礼也没有明白基督教的伦理观，所以才崇洋的吧。以这样的知识和理解来看，自认为是外国通而沉浸在日本式的姑息中的男人，一旦知道单一神教严格的正义感，应该会大吃一惊而逃跑掉的。

日本人无法理解的"诺亚方舟"

在犹太教、基督教、伊斯兰教等单一神教中，神的教诲是绝对正义，是不能以人的判断和方便来改变的。《圣经旧约》中"诺亚方舟"的故事就表明了这一点。

这个故事首先是以诺亚听到神的声音为开端的。

"不久地上就会降大雨，世间将会被水淹没。以防不测，你要做这么一个方舟。如果发洪水了，你就应该装上你和你的家人以及万物的不同种类各一样有价值的东西浮在水面上。这样一来，水一旦退了，你的子孙就又会增加的。"

诺亚缔约遵守神的话语，在摩门山麓造起了方舟。周围的人都嘲笑诺亚，在这样阳光毒辣的沙漠上造船，是不是疯了。

但是，不久，神所说的大雨就一直下个不停，洪水泛滥，所有的东西都被大水淹没了。诺亚按照神所说的，把家人和万物的每个种类各一样东西装入方舟浮在水上。果然在 49 天以后大水退去的时候，虽然其他的东西都死绝了，但是由于乘在方舟上，得以留存下来的物种尚在，万物又从此繁盛起来。

这真是一个相当恐怖的故事。发洪水的时候，除诺亚家族以外，其他人怎么样了呢？那里面应该既有诺亚的朋友也有他的亲人。这些人一定会说"诺亚，让我也上这个船吧"。

尽管如此，可是诺亚的方舟太小了，只能载下他的家人。如果再装上一个人的话全体人员都将沉没也就算了，可是方舟上还载有牛、猪、马。因此，"诺亚呵，把猪卸下来吧，救救我这个多年好友吧"一定是充满了这种叫声。但是，诺亚全都拒绝了。由于怎么也不可能说服对方，因此说不定他还施加了暴力吧。按照日本式的想法，这难道不是耸人听闻的冷酷的举动么。

但是，正是因为这样，诺亚才能够成为"预言家"。如果当时诺亚说了"你讲的有道理。你是我的朋友，把猪放下去让你上来吧"这样的话，他会立刻坠入地狱吧。因为他违背了与神缔结的契约。

不做好防备万一的人就有死亡的义务

为什么这么冷酷的故事以神的名义创造出来，并得以传颂下来了呢？这里面表现了人们生活在严酷的风土和激烈的异族斗争的伦理观。那就是这种观念："防备紧急情况的人有被救助的权利，而没有防备的人则有死亡的义务"。

这同日本人的伦理观有明显的不同。在日本情况是这样的：对紧急事态有准备的人应该把东西分给那些没有准备的人。

这也体现在对伊索寓言里的故事——"蚂蚁与蝈蝈"的改写。在日本发行的图画书和儿童读物中，这个故事是以这样一个美好的结局收尾的："好心的蚂蚁把食物分给了蝈蝈"。但是，伊索原作当然不用说，在欧美发行的很多版本都没有写到这样美的事，都是"蚂蚁等待着蝈蝈饿死，然后把它的尸体也吃光了"。根据某位专门研究伊索的教授在报纸上发表的文章说，他调查了在欧美发行的相关内容的 148 种图书，结果像日本式那样完美的结局仅仅在西班牙这一个国家出版的画书中出现过。

"对紧急事态有所准备的人拥有生的权利"仅这一点,在日本也很难行得通。至于说"不做好防备万一的人就有死亡的义务",日本人的神经几乎承受不了了。但是,在严酷的沙漠环境下,在不断与异族发生斗争的土地上生存下来的人们,大家都必须养成对紧急情况有所防备的习惯。

即便做好了方舟也没有遭遇到洪水的话,就没用了。即使事先储存了粮食也没有发生饥荒的话,就全亏了。所谓防备万一,就意味着为了防备十年百年才出现一次的危险,就要牺牲现在的消费量。绝不富裕的太古人类为了执行这一点,需要强烈的恐怖感和自制心。如果在紧急时刻有人会帮助自己的话,那么作为个体防备万一的人就不存在了吧。不仅如此,不做好防备紧急事态的、"蝈蝈型"的人甚至有可能去抢夺别人的储备。如果不让他们承担"死亡的义务"的话,就会带来整个集团的灭亡。所以诺亚方舟把这一点作为神的话语,伊索寓言把它作为对孩童的训诫来讲述的。

在坚持绝对正义感的背景之下,有一条经验准则正在发挥着作用。那就是为了防备超越人类预知的紧急状况,不能在当时、当场轻易地下判断。但是,在气候温暖湿润、没有外敌进行有组织的侵略的岛国,没有发生过那样重大的紧急事态。在这个国家,比起防备大规模的紧急事态,远没有保持村落共同体的和谐重要。与其主张严格的正义,倒不如适时地妥协更乐意被接受。就是这一点使日本人更容易接受圣德太子诡辩的折中调和论吧。

能把多数的"利益"主张成正义的国家

自圣德太子的折中调和论产生以来,日本人就失去了绝对的正义感。但是,这并不意味着日本人就没有正义感了。其实,日本人的正义感比外国人还要强烈。只是,这种正义感被认为在当时、当场的主要势力(很多场合是多数)是"正确"的。也就是说,日本人的正义感是人性化的,相对的。正因为如此,如果多数人的意见发生改变了的话,正义也会改变。

在德川时代，"向将军尽忠"是正义。但是到了幕府末期，这种正义就瓦解了。不久"忠于天皇"成了正义。明治元年，就在大政奉还之后不久的尾张藩，就因为"是帝王的命令"这一句话，原先一直是主导派的幕府家臣们，不得已一个接一个地剖腹自杀。因为正义感已发生了改变，所以就不需要再解释什么了。

在明治时代，"文明开化"，也就是模仿欧美文化是正义。可是，进入昭和时期以后，认为"天下一家"是正义，教导"日本是一个优秀的国家，是一个强国"。而且这所谓的"优秀国家"意思是"日本是一个应该把视为正义的东西推广到世界的国家"。所谓的"强国"就是"可以用军事力量侵略其他国家的国家"。这里面甚至不存在"日本是富裕国家"等基准。昭和 16 年(1941)前后，倒是大家都认为像美国那样被物质文明毒害的"富裕国家"是一个享乐的、颓废的恶果。

但是，到了战后说什么"强国"就不妥当了。说法变成了"日本是一个优秀的国家，是一个富裕的国家，是一个没有军备的、机智的国家"。这里所说的"优秀国家"，意思是不发动战争的和平国家。

以前，在战争中获胜就是正义，"陆奥和长门，是日本的骄傲"这一词句在伊吕波纸牌①中就有。但是，现在如果说"F15 是日本的骄傲"的话，那么立刻就会遭到媒体的攻击。日本的骄傲是"位居世界第二的GNP"，是"生产优质工业产品的日本式的经营"。

只拥有相对正义感的日本人，毫无抗拒地在短时间内就改变了伦理观。战败的时候，昨天还说着"坚决打击美英魔鬼畜生"的人们，听到了终战的诏书之后，喝了一夜的闷酒，就能立刻"为了重建民主的日本而迈进"。

在国外，有不少人会说，日本不久会有核装备，或者日本的军备不久就会激增等等。这是因为他们认为，就在半个世纪前还把战争的胜利作为最高正义的日本人，不可能永远止步于"弱国"。但是，实际上日本人完全没有这种想法。这是因为认为成为"强国"是好事这样的伦理

① 所谓"伊吕波"是指以"伊吕波"发音的字母为顺序，每张印有一首诗歌的纸牌。——译者注

观已经完全消失了。

对于基督教徒和伊斯兰教教徒来说，神教导的绝对的正义才是心灵的支柱，是判断的基准。欧美人无论怎样呼喊"自由"，也很难脱离这种正义感的约束。而不具有神所教导的正义的日本人，其意识极为飘忽不定。对于这可依据的绝对正义的欠缺，日本人会从"与人的交往"中加以寻求。正因为是这样，所以日本越来越难以从集团中脱离，难以发挥自己的个性。

在没有"神的教诲"那种绝对的正义的日本，当时、当场处于支配地位的人们（很多场和是多数）认为"正确的"，就原封不动地成了正义。而且，在大多数情况下，这个正义是符合那些人的利益的。这里所说的"当时、当场"如果是公司的话，公司职员中那些具有支配地位的人的利益，就因"为了公司"这一句话，化成了"正义"。因此致力于财务运营，接受填补亏损在当时也是"正义"的吧。

日本是一个可以结合利益来调节正义的、极其方便的国家，是一个把"符合多数的利益可以主张为正义的国家"。

"择优"的成果与混乱

善于学习、40年就超越师父

在犹太教、基督教、伊斯兰教、印度教里，有绝对的正义。在中国，经过复杂的混合而形成的"中国宗教总体"里，也有以"后世的评判"这种形式而存在的绝对的正义感。他们的基准是"名留青史"，受到子孙的景仰。

因此，在这些国家里，即使在当时、当场有损于大多数人的利益，大家都感到不利，也必须要遵守神的教诲。因此，如果要想引进新的理论、技术及制度，就容易产生这样的困惑"虽然感到方便了，但该不会是非法的吧"。

在欧美围绕天动说和进化论的论战和在中国对洋务运动进行的抵抗，可以说是其典型事例了吧。如今在伊朗和沙特阿拉伯等国家，仍有不少人以神的教诲为理由反对女性脱去黑色教袍和面纱。

但是,在日本自古以来就没有这样的事例。这还使日本人失去了系统地考虑"文化"的想法。这是因为在日本没有必要用宗教的(伦理的)的正义感这一与其毫不相关的东西来评价理论、技术、制度等。

　　其结果是日本人非常善于学习外来文化。尤其在大多数有益的技术方面,善于学习就更加显著。

　　如果从国外引进技术,日本总是会在40年之间超过它的"师父"。这并非仅限于战后的汽车和电子产品,日本自很久以前就是这样的。

　　例如,一般认为用铜制作出巨大铜像的熔敷技术传入日本是在和铜①年间、西历708年前后(还有不同说法认为更早)的时候传入日本的。铜和铁、铝不一样,无法简单地焊接。铜的焊接技术是在20世纪60年代,即20世纪的后半叶发明的。因此,要想把铜连接起来只能熔敷。先把铜熔化,然后倒入最初的铸模里,等它冷却后,再装入下一个铸模里面,之后再倒入熔化的铜使之接合,这种操作反复进行。因此,建造巨大的铜像对于古代人来说是一项难度很高的技术。

　　但是,这项技术被引进40年之后,在747年奈良大佛很快就开始施工,只用了2年时间,巨大的佛像就基本完成了。恐怕是没有经历一次失败就完成的吧。

　　通过熔敷技术制造大佛,即使对今天的组织来说也不是一件容易的工程。首先要用黏土制造大佛的塑像,再在其外侧铺上砖样的东西做成铸模。其次,在周围摆上100多个熔化铜的窑,把铜熔化好的铜注入黏土佛像和瓦片之间。这样最下面的部分先铸好了。这样反复多次,一边熔敷铜,一边整体造型。由于从脖子到下巴这一部分是向上方撑开的,所以铸造特别难。其后,丰臣秀吉在京都方广寺制造的石膏大佛,头很快就掉了下来而成为废物了。因为没有注入钢筋的石膏制像,所以按脖子的粗细比较,头就太重了。

　　这么高难度的事业,古代的日本人在引进熔敷技术后的第40个年头就开始着手,而且仅花了2年时间就大致完成了。虽然到最终完成、进行开光供奉还花费了3年,但是,那是由于部分修补和贴金箔而花费

---

　　① 和铜:是元明天皇在位时的年号。和铜年间为708—715年。——译者注

时间的缘故。

这样建成的奈良大佛实际上直到最近作为熔敷铜像仍是世界上最大的。所谓最近,是指五六年前在福井县建成的最大佛像以前。

向日本传授铜的熔敷技术的中国和朝鲜,却一直没能造出那么大的铜像。在世界上巨型铜像有好几个。拜占庭的斐隆(公元前 2 世纪前叶)屈指可数的、"世界七大奇迹"之一的罗德岛的阿波罗神像以及纽约的自由女神都是铜像。但是,这些不是熔敷铜像,而是粘贴铜像。该铜像是一种内部装上芯,然后贴上铜板的构造。要制造巨大铜像的意愿和作为材料的铜都够了,但是用熔敷制造巨像的技术,就连 100 年前的法国也没有。

总之,日本在引进熔敷技术后 40 年,就赶上了"为师之国"——中国,并达到了世界最高的水平。

步枪、生丝、棉纺……从完全复制上出发

同样的情况发生在步枪进入日本的时候。一般认为步枪传入日本是在 1543 年的种子岛。其后 40 年,1583 年在大阪城开工后,日本的步枪无论在数量上还是质量上都成了世界第一。1565 年,堺市①的商人和松浦隆信攻打葡萄牙的船只时,就连写过"在堺市制造的粗劣步枪"的路易斯·甫洛伊斯,在 20 年后也不得不承认日本制造的步枪十分精巧了。

以 1600 年关原之战②为顶点的战争中,据说东西两军共计动员了约 6 万支步枪。因此,可以推断日本全国估计拥有近 10 万支步枪。而当时,据说自称是欧洲最大的陆军的法国国王军队,只有 1 万支步枪。因此,把整个欧洲的步枪都加进来,恐怕也比不上日本一个国家的吧。

---

① 堺市:大阪府的下属市。与大阪市的南面相连。——译者注

② 关原之战:1600 年 9 月 15 日,石田三成的西军和德川家康的东军为争夺天下在关原进行的交战。诸位大臣要属于哪一方,要进行生死决战,故该战斗又称为决定胜败的战役。由于西军小早川秀秋的倒戈,东军大胜。其后,德川家康掌握天下实权,于 1608 年被任命为征夷大将军。从此,把决定重大胜败的战役称为"关原生死决战"。——译者注

据说在战国末期,仅堺市一个地方一天就生产出 15 支步枪,年产量约 5 000 支,约占全国的六成左右。由此算来,日本全国的年产量可达 8 000 支,超过了整个欧洲的产量。而且,它的性能,在命中率和雨天作战的设计上都超过了国外产品。自步枪传入种子岛后 40 年来,日本的生产力和技术所达到的水平都已经远远超过了"为师之国"——葡萄牙。

同样的情况在明治以后反复出现了很多次。日本引进近代制丝技术是在明治初年,富冈模范工厂完成是在明治 5 年(1872)。当时,不仅是设计图和机械设备,连从楼房的砖瓦到桌椅板凳之类的都从法国进口,还从法国雇用了十几名男女技术人员,甚至连手的操作技巧和脚的踩踏都完全让日本人照原样模仿。也就是说,完全比照法国制丝工厂建造了一个完全复制的模范工厂。

但是,40 年以后,到了明治末期(1910 年左右),日本当之无愧地成为世界生丝出口第一的国家。在此也超过了"为师之国"——法国。

紧接着,近代棉纺也重复了相同的经历。在日本,第一个近代棉纺工厂的建立是在明治 15 年(1882)前后,仿照英国大规模棉纺公司的出现是在明治 18 年(1885)。接着到了 40 年过后的大正末期,日本成为世界上最大的棉制品出口国。其中心地大阪,超过了"为师之国"——英国的曼彻斯特,成为棉纺业国际性中心城市。

日本在引进外国技术的时候,总是先制作一个"为师之国"的完全复制版。照原样完全模仿其技能,最后加上日本独特的设计和改良。事实上,这才是日本独特的擅长技艺。无论是铜的熔敷技术还是步枪的冶锻技术,都是根据这一点先学习初期的技术,然后成为世界第一的。

即使在学习铜熔敷技术之际,也是先制作了一个与中国相同的丈六佛(1 丈 6 尺高的佛像)。目前在滋贺县等地存留了几个,不过据说当时制造了相当多的数量。步枪的生产技术也是一样,最初制作了和葡萄牙人带来"种子岛"一模一样的东西。后来上京都的岛津藩主岛津义弘把称作是"种子岛传来的步枪"作为礼物赠给了很多位大名。现在还有十几支被保存着。实际上,据说漂流到种子岛的葡萄牙人所带来的步枪只有两只。因此，很明显日本试制了大量的完全复制品。

要学习并掌握技术和知识等，首先要做出与"老师"完全一样的东西。这是一个最有效率的学习方法。日本总是不断地如实地这样去做。

不系统考虑"文化"的日本人

日本人用一种最有效率的方法学习并掌握了外来技术，即首先通过制造外国的完全翻版来学习和掌握外来技术。这在战后的汽车和电子产业方面也重复上演了。

战后的汽车产业是从奥斯汀和路诺的复制开始的。而电子产品是晶体管收音机和彩色电视机等产品的拷贝。合成纤维也是以尼龙的完全复制的形式开始的。

这种倾向在成为"经济大国"后的今天也没有改变。最近一个完全复制的好事例是"东京迪斯尼乐园"，如实地模仿了美国的"迪斯尼乐园"。

以制造完全复制版来学习并掌握技术，在这一过程中发现了创造这些东西的"为师之国"的缺点和失败，然后对它进行日本式的改良，并对细节部分加以动脑筋钻研。因此，日本的发展很快。说不定，经过30年左右，日本对在"迪斯尼乐园"的完全拷贝中学到的技术进行改良和钻研，将成为世界第一的"娱乐园大国"呢。

这么一来，可能有人会认为大多数日本人只不过在做一些极其普通的事情。但事实上，只有日本人才能做到这些。土耳其、印度和中国，比日本早接触到西方近代文明，但是对它的采用和普及都远比日本要晚得多。其原因就是拒绝了完全拷贝。

那么，为什么只有日本能够毫无排斥地制造出外国产品的翻版呢？其最大的理由就在于日本人不考虑思想而只学习技术。

佛教传入日本的时候，同时信仰（严格地说也许不能称为信仰）多种宗教的习惯已经蔓延开来，日本人甚至连宗教（＝思想）也进行"择优"。也就是说，就连宗教这种统一的思想，也被分解成不同的部分，剔除不适合的部分，只吸收大家都认为好的部分。

这样一来,在学习技术的时候,就能够把它和思想、信仰等分开来,只学习技术。日本人就是因为这个原因,才能够厚着脸皮对外来技术进行完全翻版的。甚至没有必要去考虑作为技术背景的思想和体制等等。

　　但是,在国外这个就行不通了。中国、印度、伊斯兰、或者是欧洲,自身都是已建成独自的文化体系的国家,所以大家都十分清楚"文化"这个东西是一个具有不可分割的体系的总体。因此,在学习技术的时候,也要把这一背景下的思想是否被现在的自己的社会所容许作为首要问题加以考虑。因此,在引进技术之际,首先要把它加以变形、变质,以便让它适应自身的思想和社会。所以,外国产品的完全复制无法办到。即使硬件建设好了,也无法模仿运营管理的软件。更何况组织、人事等人员配件(对人技术)更难模仿。这把外国技术的引进有时会扩大为政治社会问题,甚至引起混乱都不稀奇。

　　最典型的就是中国。中国早在日本明治维新20多年以前,在鸦片战争中就已经见识到了英国近代军事力量的厉害。当然,在中国也出现了应该引进近代技术、兴办近代产业、整备近代军事力量的意见。但是,随之出现了这种议论:"产生并普及那种近代技术的思想是什么?"由此并发展成这样的问题:"如果接受了它,那么我们国家的政治社会将会怎样呢?"从1860年前后到20世纪初期,已经写了有几万篇以此为题的论文。

　　即使是这样,在甲午战争失败之后,切实痛感到近代化的必要性,在年轻皇帝光绪的支持下,由康有为等人掀起了"戊戌变法"(1898年)。但是,由于以西太后为中心的保守派发动了武装政变,"变法"仅100天就被挫败了。

　　以利害为中心考虑的日本人,容易把这认为是作为旧体制的受益者——地主阶级的利益拥护运动,但是并非如此。当时在中国的争论,已经看透了处于近代技术的发生和普及的背后思想是自由竞争,甚至涉及到了自由竞争情况下的地域社会和家族制度。

　　与此相反,在日本,基本上没有把技术和思想、社会问题等作为一体化来讨论。对具有将外国文化"择优"习惯的日本人来说,因为没有把文化作为体系来思考，所以只是认为每一个技术和制度都是"方便的"、"很好的"、"会使国家强大、追赶上世界列强的"，以此紧追欧美的近代文明。

其结果，与奈良朝和战国时代相同，明治以后的日本也在短时间内就能够学习并掌握到技术、发展产业。但是，因此日本还要支付一笔很大的账单。

近代文明与日本传统的矛盾

把财物的丰富作为幸福的近代合理主义

日本人吸取了近代文明产生的技术，而没有考虑这一背景下的思想和伦理。但是，其中却包含了令人感到可怕的思想和伦理。那就是对财物的丰富感到幸福的近代化合理精神。事实上，为了培养这种精神，欧洲人从15世纪的文艺复兴到18世纪的产业革命，反复进行了长达3个世纪的思想历程和政治抗争。

即便是在欧洲，也在中世纪曾蔓延着天主教的伦理观，即把神的教诲作为绝对的宗教正义感。那时，人们都认为财物是下等的东西，把财物的多寡当作问题是不雅的。在那个时代，获得人们尊敬的胜者或那些高贵的人是"竟能和鸟儿交谈的"圣弗朗西丝，是贫穷人皮埃尔，是发动十字军失败后强行向法国人们承担国家财产的路易九世。也就是那些断绝对财物的欲求，一味向神祷告的人们。这中世纪的绝对正义感和对财物的丰富感到幸福、并去实现它，同视为正义的近代合理主义的正义感在本质上是对立的。

正因为此，这一斗争并不仅仅是一场论争。有时采取了宗教战争的形式，有时采取了宗教裁判的形式。有很多科学家和发明家被认为是"鬼巫"而竟被处以火刑。为了增加财物，必须客观地观察事实，对事物的运动和素材加以正确的认识，用科学的法则和合理的程序来制造机械，进行生产活动。但是，这常常是违背了《圣经》中所写的"神的教诲"。

例如，观测天体，转动的是地球而不是天体。这一客观事实一旦被发现,就意味着否定了《圣经》中记载的"大地不动"这一"神的教诲"。惯性的法则和万有引力的法则就是从这个事实中得以发现的。16 世纪以来,随着客观观察和科学研究的进步,把"神的教诲"绝对视为正义感淡薄了,已经被科学的客观性所取代。也就是说,近代合理主义作为代替"神"的绝对正义,指出了科学的客观性。

欧洲社会为了接受这种近代的合理精神,首先必须克服中世纪的宗教思想,也就是"神",去获得"从神那里获得解放的自由"。因此,欧洲的理性持续了长达 300 年沾满鲜血的战斗。

接受科学的客观性以代替"神"的存在,容许把财物的丰富作为感到幸福的价值观,并不仅仅是一个形而上的问题。如果认为财物的丰富才是幸福的话,就必须接受把追求财物的行为也认为是"美"的审美观,同时,还必须认同让整个社会的财物增多的行为是"正义"的伦理观。也就是说,必须承认自由的想法以及自由竞争和自由消费。

竞争必然会产生不平等结果的。即使大家都以财物的丰富为目标而努力,也会出现成功者与失败者之差。如果把增加整个社会的财富当成是"正义"的话,就应该赞赏实现这一"正义"的发明家和经营者等等。而且,这是认可这些人拥有并消费更多的财物。这是因为对于怀有近代合理主义精神的人来说,财物的丰富是最大的幸福。

引进由近代合理主义精神产生的近代技术,也就是允许自由竞争以及由它而导致的差别。在中国,围绕引进近代技术的是非的论争中,成为最大问题的也就是这一点。系统地考虑文化的中国人,嗅到了在新技术不断产生、瞬间加以普及的近代社会中,会产生竞争和等级差别的"下克上"的危险。

从攘夷转向门户开放的"维新志士"

在没有习惯于系统考虑文化的日本,根本就没有考虑过近代技术的背后有什么样的思想。这一点在推动日本近代化的维新志士的经历中也如实地表现了出来。

被称为"维新志士"的人们,最初一个个都是尊皇攘夷论者。他们是一群驱逐外国人,逼迫幕府要在国内外显示国威的家伙。但是,同样这一批人,仅仅在数年以后就成为明治政府的核心,推动文明进步。这是一个多么极端的"转变"啊。然而,尽管是这样的"转变",可是,后来成为"明治元勋"的志士们,似乎没有一个人感到了伦理上的苛责。无论是西乡隆盛①、大久保利通②还是桂小五郎③,都没有将他们有关从攘夷到开放门户的转变这一良心的苦恼和内心的纠葛加以片言只语的论述。他们的说明仅仅是"觉悟到了近代文明的力量"而已。

总之,他们从一开始并没有觉悟的思想。至少没有把日本的传统文化和西欧近代文明作为思想放在对立位置的想法。他们在看到作为近代文明象征而出现的"黑船"时,首先想到的是"不想被外国蔑视"这种民族的感情。因此,他们胁迫幕府"用武力驱逐外国人(攘夷),以此展示国威"。

但是,对外国情况相当了解的幕府的官僚,已经明白不可能用武力攘夷,所以闪烁其词不予以执行。因此,志士们认为"幕府不足以依靠",而搬出了天皇。这样一来,攘夷同尊皇就密切联系在一起了。

然而,那些要执行"志士"们所提出的幼稚攘夷论的大名们,在马关战争和萨英战争中经历了惨败,所以志士们的认识发生了改变。他们意识到:要驱逐外国人,过去的刀剑弓箭是不行了。首先必须备齐大量的大炮和军舰等等。因此,各大名都急忙奔走于大炮军舰的进口上。但是,军火的价格太贵了。至此,志士们终于渐渐地醒悟到:要强化军备,建设一个不被外国蔑视的国家,首先就要引进技术,扶植产业,赚取外币。

---

① 西乡隆盛(1827—1877):幕府末年维新时期的政治家、萨摩藩士。为萨摩藩的领导,推翻了幕府。在戊辰战役中实现了兵不血刃就打开了江户城的战绩。新政府成立之后,任陆军大将参谋长,后因征韩论政变而下野。返乡后设立了私立学校。1877 年在私立学校党的拥戴下举兵发动了西南战争,失败后在城山自杀。——译者注

② 大久保利通(1830—1878):幕府末年维新时期的政治家、萨摩藩士。与西乡隆盛一起为萨摩藩的领导,推翻了幕府。维新政府成立后担当要职。西南战争之后,遭刺杀身亡。——译者注

③ 桂小五郎(1833—1877):幕府末年维新时期的政治家、长州藩士。后改名为木户孝允。是长州藩的领导,同萨摩藩的领导一起推翻了幕府。维新后他任参谋长等要职,是政府内进步势力的核心,一生为归还领土和户籍,废藩设县做出了巨大贡献。——译者注

总之，"维新志士"们的目的，自始至终都是"建立不被外国蔑视的国家"，无论是"尊皇攘夷"还是"文明进步"都只不过是为达到此目的的一种手段。他们之所以进行了 180 度的大转弯而没有感觉到良心的苦痛，就是因为目的始终不变，只是手段变化了而已。

"维新志士"们在试行错误之后最终得出的结论是：只要是务实的就是绝对正确的。而且作为务实的方法，从应该称为日本传统的"完全拷贝"开始也是非常有效的。幸亏这样做，日本才能够迅速地推进现代化。但是，因为这里既没有思想觉悟也没有系统理解，最终遇到了一个很大的矛盾。

掩饰由国家集团主义产生的矛盾

无论日本人意识到还是没有意识到，进入日本的近代技术最终把其思想背景加以现实化了。

由把物质丰富作为幸福的近代合理主义思想所培育的现代技术，在日本也实现了自由竞争和进化论的"适者生存"，造就出了一个贫富差距很大的社会。而完全没有想到这些、只憧憬着富国强兵这一近代文明的成果而仿造技术和制度的日本人，面对这一结果而感到惊慌失措。

似乎近代文明中包含着容许竞争的个人主义，以及肯定作为其结果而出现的贫富差距的自由竞争的思想，一旦擅长近代技术和制度，就连思想（灵魂）也会西化的吧。日本人实现了中国人在引进技术之前就感到的疑问。之后，这疑问也终于成为问题。

为此，近代化推进论者一方想出的辩解是"和魂洋才"。也就是说，即使学习和掌握了西方人的知识和技术，日本人本来的灵魂（思想）也是不变的。

这里所说的"和魂"（日本人本来的思想）就是日本的集团主义。正如前面一章所述，日本人不喜欢支配与被支配的关系，不喜欢强烈的独裁者或个性很强的领导者。总是听大家的意见、与大家一样行动，是平等主义者，是集团主义者。自德川时代后半期特别重视的是"结果的平等"，尤其是"纵向的平等"。也就是说，同样的身份财产状态的人永远处于相同状态,这才是平等意义上的平等。

在某一阶段,人类之间出现差别。这种不平等(横向的不平等)的确让人感到很生气,但是以前和自己处于相同状态的人,现在上升为上位。这种"纵向的不平等"是再也无法忍受的。没有比这个更扰乱集团内部的和谐了。如果伙伴中有谁稍微变得了不起了,集团主义者就会强烈地嫉妒他。这就是所谓的"邻居盖房我胀气"、"邻居的不幸就是我的幸福"。

但是,近代文明思想是"适者生存"、肯定贫富差距的。如果日本人在幕府末期知道这一点的话,说不定日本也会拒绝近代化的。但是,在没有这方面考虑的情况下,日本就已经吸取了近代技术和制度。所以,在贫富差距扩大的同时,整个社会嫉妒成灾,揭露或暗杀不断发生。为了抑制这些,最早接受欧洲文化、已成为富裕的高官财阀们把自己称之为"和魂洋才"。

但是,经历了甲午中日战争、日俄战争之后,近代产业渐渐地开始庞大起来。"和魂洋才"这种幼稚的口号已经不奏效了。因为大家都明白近代文明的适者兴旺异常显著,同农民、平民之间产生了巨大的差距。

至此,寻求回归"过去而良好的日本"这一日本主义运动开始了。在其后的日本思想界,怎样使近代化和日本主义并存成了一个重要的问题。这也是如何让人们理解国民寻求所拥有物质丰富的欲求和拒绝纵向不平等的嫉妒这两个方面。其结果所产生的就是可以被叫做国家集团主义的想法。它不久发展成主张把天皇作为家长、日本全体国民像家人一样生活、这种"家长制的全体主义国家",并产生了怪诞的集团主义的近代工业社会。

建立最适合工业化社会的调和思想

日本人是抱着"择优"的意图引进现代文明。他们只是憧憬近代技术和近代制度的成果而进行了模仿。这同 1 500 年以前引进佛教极为相似。当时,佛教同古代文明一道传入日本。因为日本人憧憬它的便利技术的成果和宏大仪式的表现美而引进佛教的。但是,当得知具有严格宗教性的佛教必然会导致神道、神话的否定和政治变革之后，很多日本人都感到一筹莫展。与此相同，当得知近代文明也包含着否定日本自古以来的集团主义的竞争和承认等级差别的自由竞争思想的时候，明治时期的人们也感到了惊惶失措。于是，提出解决它的办法是这样一种概念：即建立一个强行将新旧思想结合在一起的、集团主义式的近代工业社会。

这与圣德太子曾经提出的调和新（佛教）旧（神道）思想的做法十分相像。但是，无论是在思想的成熟度，还是对周边环境的适应性上，这都是非常不成熟的。20世纪的日本，已经没有像圣德太子那样的天才了。

昭和初期的领导者们，一边作为思想方针在嘴上提倡以天皇为中心的家长制国家，一边在现实政策上以实现官僚主导的近代工业社会为目标，形成了一个规格化大量生产的体制。使昭和初期的政局产生动摇的，就是想要在现实社会中实现作为思想方针的家长集团国家主义的皇道派和追求更彻底的规格化大量生产社会的统治派之间的对立。前者由实战部队的军人、国粹思想家构成，后者以经济官僚、军部中央的军事官僚们为中心。因近代化而繁荣的产业界支持后者，当然，被甩掉的农民阶层则寄期望于前者。

这两派尽管相对抗，但是在扫除议会势力这一现实的目标上达成了共识。但是，自从因为争论金钱疑惑在使议会的权威和权利丧失方面取得了成功以后，而两派形成了决定性的对立。结果，在1936年因"二·二六事件"①皇道派被镇压下去，统治派取得了胜利。统治派之所以能获胜也是因为当时日本的集团主义已经在各自的军人、官僚组织内部扎下了根，对整个国家的家长化的吸引力消失了。也就是说，陆、海军以及各省官僚组织由于各自进行了共同体化，满足了组织内部

---

① 所谓"二·二六事件"是指1936年2月26日由陆军皇道派青年将校们制造的一起旨在改造国家、打倒统治派的军事政变。他们率领1500多名官兵袭击了首相官邸，杀死了内务大臣斋藤实、大藏大臣高桥是清、教育总管渡边锭太郎等人，占领了永田町一带，翌日便发布了戒严令。29日军部便和平镇压了叛乱。——译者注

的集团主义的欲望。

由于战败，以天皇为中心的家长制国家主义彻底被否定了。日本人对此所进行的反抗极少，就连强行要求日本人否定家长制国家主义的美国占领军都感到十分吃惊。这是因为"日本式的相对的正义感"充分发挥作用的缘故。所谓"日本式的相对的正义感"就是把当时、当场最有力的集团视为正义，而这个正义就成了整体的正义。

但是，即使消灭了家长制的国家主义，日本集团主义的传统也并没有丧失。最终，它以更加强有力的形式、在官僚组织和企业组织中得以再生，以规格化大量生产为目标的官僚主导型业界协调体制幸存下来、并成为强劲的支柱，建构了一个强大的最合适工业化的社会。

圣德太子长久以来一直是日本最高金额纸币的"头像"。无论是一百元面值的钞票，一千元面值的钞票，还是一万元面值的钞票，当作为最高金额纸币发行的时候，都是印着他的肖像。如果日本的近代化是因为太子开创的折中调和思想，也就是文化的"择优"而迅速实现的话，那么就可以说他确实是一个非常合适的人选了。他遗留下来的精神、国风的影响，至今也相当大。

第四章 产生"令外官"和本色文化的信息相通环境

日本人共同体

被统治的天才——日本人

把现在的日本看作是繁荣的社会、安定的国家,其中一个很大的重要因素就是日本人的统管力好,也就是具有很高的被统治力吧。低犯罪率就不用说了,从严守政府规则到贯彻行政指导,在日本,统治状况的良好程度简直让人瞠目结舌。日本之所以能够同时实现目前的经济繁荣和社会安定,有不少都是同这种强大的统治渗透力有关。

实际上,在近年的日本,尤其是在战后的日本,发生了很多与经济学原理以及海外各国先例完全不同的"奇迹"。

虽然经济高度增长了,但是收入的差别却明显减小了。如果企业的规模扩大了,从业人员的忠诚心会越来越强。在日本,工资的差距很小。即使靠终身雇佣制来加以维护,企业内部的升职竞争也长久不衰。虽然因学历导致的收入和出人头地的差异比任何国家都小,但是考试竞争却非常激烈。即使收入水平提高了,也不会失去勤奋、努力。尽管都市化的建设发达了,但是犯罪率却很低。而且,虽然经济的软件正在进行,但是隐形经济并没有扩大。即使最近的银行、证券公司出现了丑闻事件,也是官民勾结的集团主义所引起的问题,而不应该算作隐形经济。现在日本的问题不是坏人背着政府的横行,而是在政府保持缄默和过分保护下发生的对法规和社会一般理念的践踏。

108

很多日本人都把这些事情看作是极其自然、甚至是理所当然的事。但是,从世界范围的角度来看,这些都是极为罕见的"奇迹"般的现象了。

其中,最后的两项——尽管都市化建设发达了但是犯罪率却很低,以及经济的软件化发展了但隐形经济却并没有扩大,再加上在日本没有发生过"反税斗争",这就表明日本人的统管力很强,由此引起了世界范围的关注,使海外各国感到了威胁。

日本人具有这么强的统管力,与在第二章所述的日本风土,特别是"半孤岛性"有着很大的关系。也就是说,日本的国土,被"宽阔的海洋"同其他各国隔开了,形成这种国土的主要地区极其统一。因此,日本自古以来就一直是"一个国家"。日本国土内部非常均匀统一。同时,"日本和外国"、"日本人和外国人"之间有着很大的差距。即使在物质、金钱、信息等穿越国境迅速且大规模移动的今天,日本人心中的"日本和外国"、"日本人和外国人"之间的差距,是难以逾越的。

这种深刻的感情,是各民族混同、国境经常变动的大陆和邻近的各个国家,即除日本以外的所有国家——都无法容易理解的吧。

不逃亡海外的日本战犯

二战结束后不久,有一位在缅甸的日本人俘虏收容所里工作的英国文学青年。他曾在牛津大学学习过东方学,很想了解日本的精神等等,于是就与收容的原日本军人进行了频繁的接触。其中,引起这位青年最大兴趣的是东京大学毕业的会计大尉 A。因为他精通英语并且专门研究过佛教思想。

但是,几个月以后他了解到:这个 A 去缅甸之前在内地工作,曾经当过美军俘虏收容所的监督官,因为有"虐待俘虏"的嫌疑而被指定为 C 级战犯。虐待的详情被指控为他给副食里放入了牛蒡,这一行为就是"强迫人吃树根"。这实在是微不足道的,但是在当时是不了解这些的。

说到"战犯",有可能是一个被判处死刑的罪名。据说在此前就很尊敬 A 的这位英国文学青年,对于应不应该把这个实情告诉 A 而感到十分苦恼。因为他想，如果告诉了 A，他肯定会逃跑的。

但是，得知这一消息的 A 毅然地回答"即使被指定为战犯，我也想早一天回到祖国，站在审判庭上"。

这位英国的青年感叹道："这就是不畏惧死亡的日本武士道！"从此更加尊敬 A 了。后来这位青年当了一名记者，被告知这不是只有 A 才这样做的特别事例，"日本战犯没有一人尝试要逃亡国外"，对此感到十分惊奇，并感叹道："日本人真是一个不可思议的民族！"这位英国人多年来从事研究日本人所得出的结论就只是这个。

事实上，纳粹德国的"战犯"有相当一批数量的人逃亡到了国外。至今仍有很多人逃避犹太人机构等的追究而一直住在南美、中东等地区。不仅是纳粹，而且连法国的纳粹协同者、伊朗的君主派，以及以前被称为白系俄罗斯的反共俄罗斯人，一旦因为政变，生命和财产受到危险的话，就都会逃亡国外（或者在国外避难）。最近，甚至一些并非居于重要地位的人们也大量地从越南、柬埔寨等国家逃亡国外。

但是在日本，无论是明治维新的时候还是太平洋战争战败的时候，可以说没有一个人逃亡海外的。其实，这是因为日本人本身就没有"逃亡海外"之类的想法。以欧洲的思维方式接触日本人 A 的英国青年到最后也不明白这一点。不，即使他现在已经到了 70 岁了，也还是一直搞不明白。

"日本的战犯不逃亡国外。"这就意味着对于日本人来说，除日本以外根本没有选择其他居住地的余地。

离开了日本，就不会是"日本人"了

日本这个国家的特色之一在于日本国家的主权、日本民族、日语以及日本文化，几乎是恰好一致的。

在日本主权所管辖的日本国土中居住的约 98％的人口都是日本籍的。其中 97％左右的人口都是自德川时代起就居住在日本的那些人的子孙。如果把这个称为日本民族的话，那么几乎所有的日本国民都是日本民族。而且，在日本居住的人们，以超出上面的高比率经常使用日语，具有日本的习惯，信奉着日本的审美观和伦理观。

总之，日本这个国家，国家主权、人权、语言、习惯、审美观和伦理观都完全一致。在很多是多民族国家、多语言国家的世界范围里，这种形态是很稀少的。

　　同时，日本民族 97％的人口都居住在日本主权所管辖的土地上。也就是说，德川时代以前居住在日本的那些人的子孙中，在国外居住的人，即是包括派驻海外的人员和留学生等长期逗留者，也不超过 3％。从世界范围来看，这种情况就更加稀奇。在那些属于日本人种、以前一直惯用日语的人当中，也存在着明治以后移民到美国和巴西等国家的人。但是，其数量现在仅占日本人口的 1％左右。

　　一个国家绝大多数的国民都是同一民族。在这一方面，韩国也是非常纯粹的。但是，作为朝鲜民族而居住国外的人却相当多。即使不考虑作为同一民族的国家——北朝鲜（朝鲜民主主义人民共和国），也有很多朝鲜人自古以来就居住在中国的东北地区；进入 20 世纪以后，还有很多朝鲜人或被迫、或自发移居到日本的。移居北美的人数也超过了日本人。像日本这样，国家的主权范围和构成国家的民族的居住地恰好一致的国家，也许在世界上也不会有第二个了吧。

　　日本人，不仅在日本国内很少受到异族的影响，而且由居住在国外的同胞所传递来的异质文化也很少。这样一来，就不会对这个国家成为缺少对异文化的理解和应对能力的、均允统一的社会而感到不可思议了吧。

　　另一方面，移居到美国、巴西等国家的日本人的子孙，很快就会忘记日语而失去日本人的审美情趣和伦理观等。也就是说，他们不会是日本人了。

　　旧金山周边的美籍华裔人，大多都是 19 世纪后半叶远渡美国的中国劳工者的子孙，现在中年以下的已经是第三代或者第四代了，但是大多数现在仍然会说广东话。与此相比，住在美国的美籍日裔人的第三代，大多数几乎都不会讲日语了。据说在移居美国的各个民族当中，最早丧失祖先语言的民族之一就是美籍日裔人了。因此，在日本国土以外，常使用日语的人极少。可以说只有像海外驻留人员那样长期驻留在海外的、具有日本国籍的人在使用日语吧。

失去语言与失去文化是相通的。移居美洲大陆的日本人的子孙，到了第三代几乎完全不再持有日本的价值观。日本人，一旦离开了日本国土，一旦脱离了日本的统治，转眼就会丢失日语，失去日本的审美情趣和伦理观等，就变得不是"日本人"了。

对此，被日本的官僚机构和企业组织编入的日本人，对自己所属组织的习惯和利益十分忠诚，根本不想轻易地融入当地社会。这种倾向，在日本经济发展、移居海外人口增多的今天完全都没有改变。而且，这不仅关系到属于该组织的本人，甚至还波及到自己的妻子和孩子。派驻海外人员的社会，哪里谈得上什么"在外国的日本人社会"啊，简直就是"日本显露在外国的一部分"。

另一方面，居住在日本国土上的外国人日本化也很早。今天，我们认为是"日本文化"的演歌①和相扑等等，也受到了昭和初期来到日本的外国人第二代、第三代的支持。这方面有不少。我们应当看到：在均等的日本社会里，具有一股相当强的同化力量。

总而言之，除日本以外，大规模的日本人的社会——经常使用日语、恪守日本的习惯、日本的审美意识和伦理观贯穿在日常生活中的社会集团——只幸存着极少数的日本主义的移民。而且，在日本国土上，除了更少数的外国驻留人员以外，几乎不存在非日本式的社会。

对于日本人来说，离开日本国土和组织移居到海外，就意味着放弃了作一个"日本人"，而作为外国人生存在外国的社会中。而且，这对日本人来说，没有比这再恐惧的事情了。比起作为战犯而投入监狱，甚至有的时候比被判以死刑都要可怕。

A"从容地"说过"想早一点回到"审判庭等待他的日本，绝非是"不怕死的武士道"的体现者。他反倒是一个极为胆怯、具有日本人式的思维的囚徒吧。

---

① 演歌：民间流行歌曲，多流行于明治·大正时代，也是现代歌谣的一种。其旋律带有一种哀调，其唱法具有一种花腔。——译者注

顺从"上面"的民众、顺从民众的"上面"

为了永远做一个日本人,就没有余地去选择除日本国土以外的居住地。而且,正如第二章所述,日本这个国土的形成,被狭小土地划为生产效率很高的稻作平地和险峻的山地。前者一旦离开了密集的村落共同体就无法生存下去,后者因为生产效率低能够养活的人很少。总之,对于日本人来说,除了在日本国内的日本人共同体以外,要生存下去是不可能的。

如果是这样的话,日本人当然期望在作为自己唯一能够生存的领域——稻作型村落共同体中,愉快地生活。他们害怕与村落共同体产生对立,进而害怕同整个日本政府="上面"之间出现摩擦也是极其自然的事情。

但是,日本人是害怕同"上面"之间产生摩擦的、顺从的民族。这绝不是说"上面(政府)"的权力强大而实行了专制政治。日本的政府在整个历史的大多阶段都是非常"顺从民众"的。"上面"也害怕从日本社会中游离出去,是希望被"民众"所亲近的。乍一看,这一事实就连外观看来非常不民主的德川幕府也不例外。

元禄①15 年 12 月 14 日(公历 1703 年 1 月),赤穗②浅野家的 46 名浪人,强行闯入幕府大将军的本营、原首席高家吉良上野介③的住宅,发生了一起暴力流血事件:杀死了包括上野介在内的 16 个人,其他 23 人身受重伤。大家都知道的故事——《忠臣藏》④里的高潮就是闯入吉良官邸。

---

① 元禄:江户中期,东山天皇朝代的年号,即 1688—1704 年。——译者注

② 赤穗:即赤穗城,是位于兵库县西南部的一座城市。——译者注

③ 吉良上野介(1641—1702):通称吉良义央,是江户中期掌管朝务的高家(职务名)。1701 年他让钦差接待,使浅野长矩蒙耻,在江户城将军府被刀剑刺伤,当时虽然幸免于难,但是后来遭到长矩遗臣们的杀害。——译者注

④ 《忠臣藏》:是以为赤穗四十七士报仇为主题的净琉璃、歌舞伎、狂言的总称。——译者注

但是,幕府对于怎样处理这一事件非常伤脑筋。当时的将军纲吉①和身居要职大老②、侧用人③柳泽吉保④,听取了林大学头以及荻生徂徕⑤和细井广泽⑥等官民学者的意见,甚至调查了街谈巷议和涂鸦,对舆论的动向予以充分的关注。

　　从有关事实来说,这是一起武装暴乱事件,是一起集团内部杀伤事件。吉良上野介和浅野家的前户主、内匠头⑦长矩⑧"打起了架"。在江户城内引发流血事件的浅野内匠头被处以剖腹自杀,即使有这样一个事情,也是根据经过正当的手续的裁决来解决这一事件的。幕府是经过老中⑨、若年寄⑩、奉命执行官的审议而下裁决的。结果,虽然认为吉良上野介没有罪,但是罢免了他首席高家的职务。因此,闯入吉良官府本身是前一件事了结之后发生的武装暴乱杀人伤害事件,46 名浪人应该作为"罪人"受到制裁。如果是这样,依照当时的法令逃不过"死刑"。

　　当然,无论是幕府内部还是民间学者,这一主张都很强烈。但是在

何
谓
日
本

●

---

　　① 纲吉:即德川纲吉(1646—1709),德川第 5 代大将军(在职 1680—1709)。他是德川家光的第四个儿子。——译者注

　　② 大老:江户幕府时期、辅佐大将军的最高职务名称。负责统辖整个幕府。——译者注

　　③ 侧用人:江户幕府时期的职务名,由德川纲吉创设。该职位的人负责监督侧众(职务名),并将大将军的命令传达给老中(职务名),再将老中、若年寄(职务名)的呈报通报给大将军。——译者注

　　④ 柳泽吉保(1658—1714):江户中期的幕府老中,经德川纲吉的侧用人,列入老中,当上了甲府(位于山梨县中部)藩主。纲吉死后,便辞官还乡。——译者注

　　⑤ 荻生徂徕(1666—1728):江户中期的儒学家。本姓为物部氏,江户人(现东京)。对朱子学、古文辞学很有研究,创办过家塾学园。——译者注

　　⑥ 细井广泽(1658—1735):江户中期的儒学家、书法家。先后学习并研究了程朱学、王阳明学和文征明书法,并侍奉柳泽吉保。——译者注

　　⑦ 内匠头:内匠寮长官,属于现在宫内省的一个官职。——译者注

　　⑧ 长矩:即浅野长矩(1667—1701),江户中期播州赤穗城主。1701 年 3 月 14 日作为钦差接待使,在江户城将军府内把吉良上野介刺伤,即日被处以剖腹自杀。——译者注

　　⑨ 老中:江户幕府时期的职务名,直属大将军,总管幕政,负责朝廷、大名的事宜,直接管辖远离京城的官员。——译者注

　　⑩ 若年寄:江户幕府时期的职务名,职位仅次于老中,直属大将军,统管老中负责以外的其他官员,特别负责统辖大将军本营里的佣人。——译者注

街巷中赞扬浪人们"为旧主昭雪"的呼声却很高。所谓的"舆论"压倒性的把他们的行为看作是"义举"。

因此，幕府夹在"法和秩序"和"街巷舆论"中间左右为难，苦思冥想了两个月。寻求各种各样的协调，一度向日光东照宫轮王寺的法亲王（出家的天皇的皇子）提出了赦免请求，甚至以此为由策划了释放。但是，也许是不愿意牵扯到麻烦事当中吧，法亲王没有行使赦免，这个计策吹了。结果，幕府以尽到礼节的形式，一方面将46名浪人处以剖腹自杀；另一方面灭绝了本是受害者的吉良家，把上野介的养子流放到了信浓①，终身幽禁。作为执行，确实遵守了"法和秩序"，但是这种作法的确给介意舆论进行了粉饰。

当时的将军纲吉，以"犬公方"②而闻名、是一位个性很强的独裁者，也是一位文化的振兴者。在纲吉的周围，聚集着可以被称为整个德川时代最好的儒学家、数学家、天文学家、围棋和象棋的名人。在这个时期，日本建立了雄伟的寺院，开拓了航海路线，进行了河川的改造。无论是在文化方面还是在经济方面，元禄都是德川260年间最繁华的时代。而且，导演这些的正是喜欢华美、爱好学问、过于自信的独裁者——将军纲吉。

但是，正因为如此，这位将军在历史上的评价非常糟糕。作为日本的最高层，他的领导力过剩了。就连这样的纲吉也如此顾忌"舆论"。

为了战争胜利而不可缺少的独裁权利

几乎在同一时期，法国的路易十四，在铸造的大炮上雕刻了"国王最后的话"。国王的意思是为了表明最终依靠军事力量坚持到底的决心。

建造凡尔赛宫殿的"太阳王"路易十四，虽然是一位大肆宣扬王权神授说的独裁者，但是他的强权非将军德川纲吉能比。尽管如此，在法国，他与拿破仑一样，至今都有很好的声誉。

---

① 信浓：旧国名，现在的长野县。——译者注
② 犬公方：德川纲吉的绰号。——译者注

为什么这两个人的评价有这么大的差别呢。答案只有一个,那就是因为日本人非常厌恶执政者的独裁和强权政治。

日本人厌恶独裁的执政者和强权政治的最大的理由恐怕就是第二章里也提及到的日本的"和平国家性"吧。

在人类历史上,不幸的是战争所具有的重要性确实很大。而且,当在战争失败的情况下,民众所蒙受的不幸是无限深重的。战争虽然不一定能给胜利的人带来幸福,但是一定会给失败者带去不幸。特别是在古代的移民战争中,这种表现更为极端。

在古代的西洋和中东,不仅有把战败的民族全部杀掉的事例,而且还有幸存下来的人大多数沦为奴隶一般的处境。即使不是这样也会失去大量的人的生命,对文明的破坏一直持续到近代。几千年来反复经历这些的大陆民族,当然会最重视不在战争中失败的体制。而且,为此最重要的是当机立断的决断力和统率全体人员的领导力。

在战争中,即使有时要将一部分部队置于死地,也要换取整体的胜利。而且,这个必须在敌人不知道的情况下秘密迅速地执行。为此,有必要给予一个人或者极少数的人以绝对的决定权。如果很多人讨论的话不仅难以保守秘密,而且也无法迅速地进行决断。因为希望拼死行动的人并非总会出现,所以必须严格遵守命令,而且也有必要对这个命令的目的和结果的预测予以隐瞒。能够做到这些的领导力就是独裁权力。

反复经历异族战争的大陆各个国家,充分理解将独裁权力授予有能力领导者的必要性。同时,也完全知道独裁的恐怖。因此,他们期望明确执政者的选择方法和牵制执政者的范围。而且,回避这种独裁权力的命令和统治,这种个人行动也多起来了。之所以民众多倾向于不想让政府知道自己也是出于这个原因。

自我牺牲比成就获得更高评价

在异族战争频繁的大陆各个国家,作为执政者的最高条件是,不在战争中失败的判断力和统率力。

与此相反,与其他国家之间隔着"宽阔海洋"的日本,因为没有异族

116

的激烈战争,所以除了极少一部分时期,战争中的领导力没有成为执政者的一个必要条件。即使在 16 世纪的战国时代,日本的战争也只是围绕支配土地和居民的上层阶级的权利斗争,失败的君主和几个重臣剖腹自杀就一切都结束了,几乎没有全部杀死居民的事例。这是因为如果那样做的话,作为胜利的目的——支配对象(收取地租的对象),就不复存在了。

总之,在日本,至少在一般居民看来,执政者不是军队司令官,也没有那个必要。一般居民要求执政者和其政府的机能是作为民主政治的协调者能够圆满地运营和平的社会。

和平的民主政治如果在日本能成为期盼以稻作为中心比较安定的、收获的民主政治,那么就会极少要求当机立断,也几乎不需要严守秘密。另一方面,作为这个国家的主要产业的稻作农业,需要勤奋的劳动和管理水源的全体统一行动。在此构成人员的和睦和协调、协商和理解是非常重要的。

这样一来,对执政者来说重要的是,做到不被任何人怀疑的公平、倾听大家的意见、有让大家理解的耐心以及首先身先士卒辛勤劳动的这种自我牺牲的姿态吧。这种性格是与独裁者完全相反的缺乏自我的凡人的性格,也就是"善于做事前工作的调节者"的性格。

在日本历史上,大众评价很好的人物有两种类型。第一种是源义经和真田幸村、大石内藏助等悲壮牺牲的人物。菅原道真、楠正成、坂本龙马、西乡隆盛、山本五十六等也都属于这一系列。第二种是水户光圀(黄门)、第八代将军德川吉宗、松平定信、二宫尊德等"认真的人物"。加藤清正、乃木希典等也属于这一部分吧。前者是最大的自我牺牲。也就是实际表现悲剧性死亡的人们。后者被认为是一些勤奋、忠诚老实、质朴节俭的实践者。

相反,臭名昭著的平清盛、第五代将军德川纲吉、田沼意次等所共通的一点是,在发挥个性化的领导力的同时,自己还是非常奢侈的人。但是,作为历史事实,他们的治世培育了瑰丽的文化,发展了经济,使平民的生活也比较好。

在纲吉为大将军的元禄时期,是整个德川时代瑰丽文化繁荣昌盛、经济增长的时代。然而,吉宗所在的享保①年代,最悲惨的饥荒接连不断、是所有文化都衰退的时代。尽管如此,之所以纲吉臭名昭著而吉宗被视为"明君",就是因为日本人期待的当权者的理想形象,不是良好政策的执行者和文化的振兴者,而是勤奋、忠诚老实、不怕自我牺牲的劳作者,也就是这样一种概念:在稻作农业村落共同体中其本人是一个良好的构成人员之一。

没有城墙的都市

并不是"无用之物"的万里长城

1986 年,在某个座谈会上谈到青函隧道②的时候,有一个评论家发言道:"青函隧道现在已经成为继金字塔和万里长城之后的巨大浪费。"

这是因为,投入了将近 30 年的岁月和巨额资金挖掘的世界最长的海底隧道,尽管完成了,但是如果让列车行使在上面的话,即使不计算隧道建设费用,也会产生相当高的赤字。如今,大多数从本州到北海道的旅客都乘飞机,它已经失去了策划当时所预测的必要性。

把青函隧道视为"巨大浪费",还是"本世纪最大的事业",虽然因想法和立场的不同有所差异,但是不得不承认,它不是一项有效率的投资。问题在于这个评论家把它和金字塔与万里长城一起列举为"巨大浪费"这一点。这表现出日本人特有的、对宗教心和防卫思想的欠缺,很有意思。

金字塔在今天已经完全只是一种观光资源。但是在建造时的古埃及的古王朝初期,它是巨大的宗教设施,人们为建造它不顾劳苦和危险而为国效力。以前,一般认为金字塔是奴隶和农奴在强大王权的驱使下建造的。但是,现在它已经被准确地视为是由自由民众在宗教热情

① 享保:是江户中期中御门天皇、樱町天皇时代的年号。1716 年 6 月 22 日改元。——译者注

② 青函隧道:横穿津轻海峡海底铁路隧道,1988 年竣工,全长 53.85 公里,为世界上最长的隧道。其海底部最长度为世界第二。——译者注

的驱使下自发地效力建造而成的。与宗教热情无缘的现代日本人也许很难相信这一点。但是,在当时建造金字塔应该是具有其自身存在的意义的。

再更为重要的是万里长城。现在姑且不谈,自它建造的时代开始,万里长城并非是一个"无用之物"。不,甚至可以说万里长城对于中国社会和中国人民来说,没有比其更有用、更有意义的了。

也许因为秦始皇造长城的传说在日本广为人知,所以一说到万里长城,就会有不少人认为是秦始皇这个骇人听闻的独裁君主靠着权利和疯狂强行进行了这项没用的事业。但是,今天大家所能够看到的长城,绝大部分都是明朝时期建设的,秦始皇的长城只在遥远的北方留有很少的残骸。最初,在秦始皇统一中国大陆以前,战国时代的北方各国就已经建造了数百公里的长城,秦始皇是把它们修建、连接起来了。

而且,在秦始皇之后,汉、唐、明都反复地修建或新建长城。如果它是无用的东西,那么为什么要这样多次改换地方加以建造呢?

众所周知,万里长城东为山海关面临大海,西为玉门关隐没于沙漠,全长2 800多公里,是历史上最长的建筑物。最近,有确凿的说法说甚至往东延伸了几百公里到达了辽东半岛。建造被称为"从月球上唯一可见到的人工建筑"——长城的费用和劳力,不是金字塔可以比拟的。之所以不止一次而三番五次反复建造长城,其原因就是仅仅为了捍卫国土。长城虽然并非高到士兵无法翻越的程度,但是对防止马匹和家畜的进攻却相当奏效。而且,这是防止游牧民非法移居和军事侵略的最好方法。

省去防卫设施的平城京

日本人不仅对万里长城,而且对大陆民众所尽到的防卫努力完全不理解。这个国家原本就没有军事防卫的习惯和构想。

自古以来日本就是学习中国文化的热心者,但并不是全部模仿了中国文化,而是表现出了对若干东西进行严加拒绝的选择。其中,拒绝最甚的可以说就是防卫思想。

例如，奈良时代的日本人，仿照唐朝的长安都建立了平城京①。这也是日本人特有的完全翻版。也许是考虑到了日本和大唐帝国之间存在着国力的差距，因此，把一切都缩小为 1/2。就这样建造了一个完全一模一样的"微型长安"。

用地差不多是南北长的长方形，道路为"九条九径"（东西和南北各九条大路成直角交叉的城市规划），正北面是王宫、南面配置了相当于正门的朱雀门，贯穿其中的是 74 米的中央大道——"朱雀大路"。其宽幅也是长安大道标准的 1/2。

但是，虽然至此日本很认真地进行了模仿，但是单单省去了环绕长安都的坚固的城墙，取而代之的是建筑围墙。由于日本人的想法是：如果能够管理盗贼的入侵和市民的出入就已经足够了，因此省去了军事防卫设施。

不仅仅是这个时候。此后在日本的城市里也没有城墙。日本人是世界上唯一建造了"没有都市城墙的城市"的民族。在大炮普及、城墙失去军事意义之前，世界上所有的城市都是被城墙包围着的。雅典、罗马、巴黎、巴格达、德里、北京，全都被坚固的都市城墙所包围。其实，被城墙环绕的地方才被称为都市（POLIS/CITY）。汉语把都市叫做"城市"，也表明了这个含义。

但是，只有日本的城市没有城墙。日本有的是"城下町"（城池旁边的城区），而不是"城内町"（被城池包围的城区）。

总之，在日本，一般市民自古以来就没有住在军事防卫设施里的习惯，也没有那个必要。正因为如此，日本人也没有养成依军事来判断事物的想法。

这种倾向由于经历了德川 260 年的非武装国家的经验而变得更加强烈了。即使现在，"非武装中立论"这种在世界上也史无前例的说法只有日本才存在，恐怕这是回归德川时代的思想吧。

---

① 平城京：公元 710—784 年间对日本古都奈良的称呼。——译者注

"军队"是具有自我完备性的武装集团

在读者中,也许有人认为:"德川时代是由武士统治的时代,为什么是非武装国家呢?"的确,德川时代有过武士(侍从)。他们是战国时代的军人的子孙,至少是那个阶级的继承者。但是,在大阪夏季战役①结束后,武士们就很快失去了作为军人的机能、习惯和心理准备。

不用说,军人是构成"军队"的人。而且,这个军队必须是具备作为战争集团的机能和形态的组织。它需要满足以下两个重要条件。

第一,必须是一个"有组织地操纵无与伦比的强大武器的集团"。如果所有的人都不携带武器的话,就不会进行战争。即使单单拥有武器也不够。警察也持有武器,暴力团伙等犯罪组织有时也拥有很多的武器。因此,持有武器是军队的必要条件,但不是充分条件。与警察和民间组织持的武器相比,必须持有更强大的武器,而且必须具备有组织地操纵它的指挥命令系统和技能训练。

但是,如果问及具有强大的武器,有组织地操纵它就成为军队了吗?也并非如此。在独裁政权的发展中国家和过去的社会主义国家里,有被称为国家警察或内务省②军队的,都拥有相当强大的武器。前苏联国家警察竟备有战斗机、坦克。特别是在斯大林时代的末期,国家警察似乎是一个不逊于陆军的强大武装集团。但是,这是警察,并没有被视为军队。

相反,美国的州兵,在一个很小的州里,充其量只备有步枪和机关枪,但那也是军队。只是在博登湖活动的瑞士海军,虽然只有比日本海上保安厅还小的舰艇,但他们却是一支非常出色的军队。

这个区别在于军队的第二个重要条件,也就是在于是否具有自我完备性。也就是说,一个武装集团为了成为军队,在这个组织内部一切

---

① 大阪夏季战役:1615年夏季,德川家康打败丰臣秀赖的战役。德川一方没有遵守冬季战役的和谈条约,竟填平了大阪城的护城河,对此大阪的将士们都感到十分愤慨,于是拥戴丰臣秀赖再次举兵,结果被德川家康、秀忠的大军所败。自秀赖、淀君以下全部自刎。——译者注

② 内务省:负责管辖警察、地方行政、选举等其他内务行政的中央政府。1873年设置,1947年废除。——译者注

都必须具备可以行使的各种机能。

在军队中，运送物资原则上是辎重兵的职责。委托搬运公司则是例外。架桥、铺路、建兵营都是工兵的工作。如果出现了伤员、病人等，由军医治疗。一旦不幸出现死亡人员，则由从军的僧侣办丧事。而且，如果发生了行为不端的事情，就会交付军事法庭，而不是送往检察厅诉讼于法院。也就是说，在军队的组织内部，在一定期间，什么都可以办得到的。

事实上，这一点正是军队与警察等之间存在的决定性的差别。为什么呢？军队本来的目的是在战场上进行战斗，在此可以设想企业和行政机关等处于无法活动的状况。在处于战斗状态下的地区，无论是建筑公司、搬运公司，还是医院、法院全部被封闭起来，而且通常是居民也在避难。这时，为了有效地进行工作，军队自身至少有必要全部备齐这些最基本的机能。

因此，军队被赋予了以防紧急状况进行自我完备的组织和权限。而且，能够调动这些机能的仅限于战争状态宣言或者紧急事态宣言（戒严令）公布的情况下。

但是，警察是一个在平时维持市民生活、企业活动和行政机能的武装集团。因此，建筑公司、搬运公司、法院都应该在此进行活动，所以警察里既没有工兵、辎重兵，也没有军事法庭。虽然有警察医院，但是那是警察官的福利卫生设施，并非为了以防紧急情况。

同时，由于军队执行其本来的目的是在运输机构和行政机构都有很大可能停止的紧急情况下的，因此有必要集体居住在无论发生任何事态都能够紧急出动的兵营里，与武器和车辆共同生活在一起。即便在这一点上，也与那些在社会机能正常运作的状态下活动的警察回到自己的家里，根据需要再出动，有着很大的差异。

所谓的军队，指的就是满足以上两个条件的组织。这在把黎巴嫩的民兵组织以及内战中的反政府势力的军事组织与恐怖集团相区分这一点上也很重要。

在讨论今天日本的自卫队是否是军队的时候，也有必要根据上述的定义加以考虑。在日本，自卫队显然是一个"有组织地操纵无与伦比的强大武器的集团"。但是,它是否具备自我完备性,还不能说没有疑问。既没有军事法庭的明确规定,也没有在紧急情况下防备有事的权限。按照接受美国等国的要求实施交际费的构想,组织和装备的日本自卫队,至今没有足够具备作为军队应有自我完备性和应付紧急事态的法规。

1990 年到 1991 年,当日本向波斯湾派遣自卫队成为话题的时候,武官就提到了这一点,它已经成了一个"隐藏的重大问题"。之后,在国会上当对 PKO(联合国维持和平活动)进行协助成为问题时,这一点并没有得以充分讨论。说不定日本具有把没有作为军队的充分机能和权限的人类集团送往战场的危险。

德川时代的武士不是军人

那么,德川时代的侍从(武士)是怎样的呢?首先作为第一个定义"有组织地操纵超群的兵器"这一点就很有问题。武士把枪装饰在壁龛里,腰里插着刀,那种东西连流氓地痞都有。武士的枪和农民的竹枪相比,也算不上是什么"超群的武器"。

当时最强大的武器——步枪,在大阪夏季战役后急速退化。到了宽永①以后,在大多数的大名家里能够实际射击的步枪已经变得极少了。

在司马辽太郎的小说《喔!大炮》中,有这样一个故事。

德川家康把大阪夏季战役中使用过的六门大炮赐给了大和、高取城主——植村家。植村家把那些大炮作为"东照神君下赐的大炮"视为家传宝贝,除了掌管历代大炮以外,都把它们擦得锃亮锃亮的。

但是,到了幕府末期,"天诛组"来攻打高取城。当然就把那些可依靠的"大炮"请了出来,把它们排列好,进行轰击。但是,自从大阪夏季战役以来已经有 240 年没用来射击了。设法用"秘传的炮术"进行发射,可是能够弹出炮弹的只有一门。即使这样,据说"天诛组"听到了炮

---

① 宽永:后水尾·明正·后光明天皇朝的年号,即 1624—1644 年。——译者注

声而惊慌逃走了，因此，这大炮自然就成了"真不愧是东照神君下赐的大炮"。

这并不仅仅限于幕府末期的大和植村家。在《忠臣藏》有名的播州的浅野家，浅野内匠头长矩在世的时候，曾被幕府命令接管备中·松山城的任务。这是因为城主水谷家没有后嗣就死掉了。可以料想到一旦接收城堡就会遇到对方的抵抗，所以就出动了数百名武士。但是，浅野家好像既没有可攻击的步枪也没有可使用的火药。于是，匆忙从广岛的浅野本家借来了火药，在堺市又新定制了6支步枪。

退化的不仅仅是武器。在元禄时代，作为军队既没有军事行动的技术也没有组织和习惯。就连当时的浅野家，首先也成了一个大问题。虽然作为部队组织的遗迹，自战国时代以来就存在的"组"，但是因为三代以前就没有重新改组过，所以一旦召集的话，就会不断地有人说："现在我已经是某某地方的地方官了，走不开"、"我是盐官，很难离开"等等。其中既有78岁的老人，也有7岁的小主人。完全不是能够作为部队加以行动的。

因此，仅仅是部队的重组就花了2个月。即使好不容易重组好了，却又不知道行进的方法了。所以，作为先锋的大石内藏助给京都一位叫近藤什么的武艺高手写了一封信，向他询问有关"兵法的秘传"。得到的回答是这样的：所谓的"兵法的秘传"就是"在行进的时候应当先出左脚，这是秘传之一"、"在野营的时候应该对着东南方向搭帐篷，这是秘传之二"之类的。当时的武士连这种程度的事情也不明白，所以恐怕他们没有考虑过有组织的军事行动吧。因此，很难把他们称作是"有组织地操纵超群武器的集团"。

关于第二个定义就更离谱了。首先，德川时代的武士并不是住在兵营里。大多数都是上下班回自己家，多半是和妻子一起住在被称为是"武士大杂院"的"公务员宿舍"里。

另外，德川时代也没有工兵和辎重兵。日本出现工兵和辎重兵等专门部队只是自织田信长时代到大阪夏季战役这段时期。这期间出现了被称为"黑锹者"的工兵队，还出现了叫"驮货者"的专门运输队。但是，大阪夏季战役结束以后，这些全部都解散了。

德川幕府不仅抑制了大名的军备,而且还尽量不让其拥有步枪,尤其顽固地排斥"驮货者"(辎重兵)。即使为了维持领地的治安允许武士挥舞刀枪,也没有必要在自己的领地内活动时大量地运输士兵、粮食等。因此,要说有"驮货者"就会被视为有侵犯他人的企图。

还有"黑锹者"(工兵)好像因军事工程设施的限制和武士的懒惰而自然而然地消失了。德川幕府初期到 1630 年左右,城池的改造、修路等也都是由武士来做。可是,此后这些事情都变成了民间承包。武士中已经没有土木建设的技能者了。

总之,德川时代的日本不存在军队。这个时代的武士,虽然是军人的子孙和那个阶级的继承者,但是在宽永时代以后就完全丧失了军事能力。他们只具备警察的职能和行政的职能了。

德川时代的 260 年间——至少从宽永到嘉永①的 200 年间——的日本,在严格意义上说是一个非武装国家。德川幕府攻陷大阪城在全国称霸后,首先强行要求各大名缩减军事力量。而且,当各大名失去军事力量以后,幕府自己也进行了大规模的裁军。幕府一方面始终保持着相对的优越性,一方面实现了完全非武装的国家。

在世界史上,像这样完全成功裁军的事例是罕见的。现在,随着冷战的结束,大家都呼吁着世界性的裁军。那么,德川初期日本的经验对于目前实现裁军也有参考价值的吧。裁军很少是因为对立的多方势力经过谈判而成功的。它是通过处于压倒性优势的势力的强制和自制来实现的。

靠"官民融为一体"得以维持德川时代的秩序

德川时代的日本,令人不可思议的是:尽管军队完全不存在,但是在 200 多年期间,却完整地保持了国家的统一和治安的维护。这可以说是世界历史上绝无仅有的一个"奇迹"。这个时代的日本人所开创的独特的统治策略在此发挥了卓越的成效。

---

① 嘉永:江户后期孝明天皇朝的年号,即 1848—1854 年。——译者注

最能很好地反映出这一点的恐怕就是对各地农民武装起义所采取的对策吧。历史教科书上写的是"镇压了"农民武装起义。面对农民起义，几乎没有大批武士胡乱开枪进行大量屠杀的事例。他们不仅没有那样的军事力量，而且幕府对此也是禁止的。大多是由奉行命令者和家臣管家进行交涉，倾听起义一方的要求，寻求妥协的途径。

结果，多数的情况是在某种程度上接受了农民的要求，引起问题的家臣管家和地方官被迫剖腹自杀。也就是说"错的不是大老爷，而是当时的家臣管家和管事的地方官"。即通过"切掉蜥蜴尾巴"，从体制中揪出责任者进行处罚，以表示妥协的姿态来瓦解农民的团结，解散起义。而且，之后只会抓捕起义的主谋以"打架的双方都要处罚"为理由来判处死刑。

有关因相信执政者一方的道歉、花言巧语而被冤枉处以死刑的起义领导者的悲惨故事在全国有很多。但是，追求现实的日本人几乎不会以此为理由再次发动叛乱。没有绝对正义感的日本人，如果其经济要求得到了满足，就会消除武装起义的。

一旦这样的事情反复出现，起义就不那么容易发生了。特别是会成为起义主谋的村长和村里的老人，反过来会阻止百姓，成为与"上面"一体化的统治机构中的一部分。

一方面，家臣管家和地方官也因为一旦发生起义就要被迫剖腹自杀，所以会倾听农民的要求。他们虽然是统治机构中的一部分，同时，也与百姓一体化，热心地向上级官僚倾诉"民声"。不存在军队的德川时代的秩序，就这样依靠"上面"和民众之间形成的一种"融合"而得以维持的。

在日本，"上面"和民众之间的关系与明确分开统治和被统治、对立的其他国家是完全不同的。

结果，日本的租税变得非常低了。如前所述，在德川时代之前日本的租税是以地租单一税作为原则，作为正式的租税被征收的只是与土地有关的地租。这个地租在德川时代 200 多年期间几乎没有提高。因此，正如前面说到的那样，在德川时代初期，全国平均 40％左右的地租，到了后半期降低到了 20％左右。

126

话虽如此,当德川时代进入元禄以后,幕府和各个藩都财政匮乏,课以各种名目的杂税,实施特产品的专卖制,但是其利率极低,收入很不稳定。另外,虽然对一般工商业强制命令其缴纳"营业税"等进行其他捐助,但是其金额也很少,大多是以商讨来决定的。

　　看看商家的记录的话,幕府命令捐助 10 000 两的营业税,有很多都是提出"因为生意衰败(赤字)捐 500 两可否"的申请,最后"只交出了1 000 两"。就好像现在的民间企业出资那样靠理解进行的捐款。

　　因此,应该是统治阶层的武士慢慢地贫困下来。不管怎么说,在大部分的藩内,整个德川时代总的俸禄是一样的。武士的俸禄也几乎没有提高。虽然是以大米进行实物支付,但是,公务员的津贴二百几十年期间一直都没有提高,所以他们很糟糕。随着生活水平的提高,武士们的工资自然就一直持续不断地"自然减薪"。可以说这是失去军事职能的统治阶级的一个宿命吧。

　　正因为此,武士们被强制过着禁欲的生活,并逃避地把其认为是一种"善"的伦理观。像将军吉宗和老中松平定信那样把天下搞得萧条而自己也不生活奢侈、这种自我牺牲型的高层领导之所以被视为"明君"、"贤者"也是这个原因。

　　到了享保以后,甚至"武士就是穷人"这种观点已经固定化,收入和地位悬殊的日本阶级观形成了。而且,它影响了日本人的人物观和职业观,最终产生了不追求报酬的勤勉的精神。

真心话与原则话分离的体制

伦理和审美意识相同的社会

　　因"宽阔的海洋"与外国隔离而形成内部统一的岛国、由虽然狭小但生产率高的平地和险峻的山地构成的国土、自古以来就十分发达的水稻种植的共同体、不系统地思考文化的实用主义以及执政者和被统治者都是同一民族的均等统一社会——日本的这些特殊条件不仅仅构造了官民合为一体的和平国家,更重要的是形成了无论在地域还是阶级都具有共同的伦理和审美的信息相同社会。

日本人一方面在狭窄的平地上密集地居住、在村落共同体中建立了相互紧密接触的人际关系；另一方面又几乎没有机会接触具有不同文化的人。他们准是早就从长期连续的观察中养成了一种理解对方的习惯。也就是说，他们具有这样的习惯：比起当时、当场的言语行动来，更信赖从日常行为中了解对方的人品和性格。

　　这一习惯很快就在地域性扩大，后普及到全国。在这一过程中，也有几个历史要素起了影响。圣德太子开创的"神佛儒融合思想"就是其中之一。在不系统地理解宗教、"择优"的这一思想里，圣经和教典也不得不成了"信手拈来"。"圣经中是这样写的，不过置之不理也可以。重要的是这一部分，按照这个精神的话……""释迦牟尼虽然也这么说了，但并没有必要执行，只要报以一颗阿弥陀佛的心……"。如果不这样的话，一个人恐怕是不可能同时信奉多个宗教的吧。也就是说，把圣经、佛典中所记载的"原则话"和实际执行的"真心话"加以灵活运用，这在融合思想里是得以肯定的。

　　自圣德太子之后大约 100 年，模仿唐代制度颁布律令制，也给予了相同的影响。当时的日本在经济、文化、技术方面远落后于中国，即使模仿了唐代的制度也一定有一些无法实行的部分。因此，不得不默认现实与律令所规定的"原则话"之间存在着很大的差别。即使这样，这个国家也没有引起大的混乱。之所以如此，是因为很多人怀有共同的生活样式和相同的伦理观、审美意识，有着可以用共同的语言进行交谈的信息相同性。

　　进而到了平安时代，从外国引进的文化减少了，这就更严重了。在飞鸟奈良时代，为了吸收从隋、唐流入的不同文化，还算有必要进行正确的、具体的信息交换。但是，到了连信息交换也断绝的平安时代，越发暧昧的"作为一种气氛的信息"就顶用了。结果，灵活使用"原则话"和"真心话"更加普遍，最后，回避明确的表达以气氛来表现的独特的信息技术在日本发展起来，并扎下了根。

形式在京都，实权在镰仓

由于人是一种社会性的动物，所以自从呱呱坠地的一瞬间就生活在复杂的信息之中。在这个过程中，可以获得作为理解一切事物前提的知识和感觉。这就是广义的常识。

在不同信息环境的人类之间，所有的事情都必须明确地加以规定。在异文化、异民族进行交流的罗马帝国，产生了详细的条文章法也就是因为这个原因。在当今的欧美社会，重视文字书写的契约，相信它的实行也是因为同样的信息环境的产物吧。但是，在很早就形成了共同的信息环境的日本，不仅没有那个必要，就连在语言上都喜欢避开极端的表达。

如果不按照语言所表现的那样实行的话，就会不断说出让对方感到讨厌的话，这是非常愚蠢的。说出的话既简短又漂亮，所做的行为符合实际情况就是好的。自从日本的独特文化十分成熟的平安朝的末期开始，作为政治行政体制，武家政治中的"令外官"也一直是被公认、被公式化的。把"令外官"全面地、甚至扩展到整个日本国家核心组织的就是源赖朝这个天才。

众所周知，源赖朝赶跑了平家夺取了政权，在镰仓建立了幕府。但是，作为这个幕府的首领——源赖朝的职位，既不是律令制规定的太政大臣①，也不是代理天皇的摄政②、关白③，而是征夷大将军。

征夷大将军这个官职，原先是与镇西④大将军并列的军官的称号。后者是西部方面军队的司令，前者相当于东部方面军队的司令。自开基创业者、坂上田村麻吕⑤以来、源赖朝以前的征夷大将军是名副其实的东方面军队的司令。他的命令只能波及到所指挥的军人。

---

① 太政大臣：在律令制中，是太政官（统管全国各地、负责国家政务的最高机关）最高位的官职。没有具体职务，只是一种名誉官职。——译者注

② 摄政：是日本古代因天皇年幼或出现女皇时，由皇族中推出的代行政务的人。866年清和天皇登基，因其年幼，非皇族的外戚摄政，乃臣子摄政之始。——译者注

③ 关白：在平安时代以后，为辅佐天皇、执行政务的要职。属于令外官职。884年始于光孝天皇时期，要求对于一切奏文，在请皇上御览之前，要听取藤原基经的意见（关），向他报告（白）。——译者注

④ 镇西：743—745年对九州的称呼。——译者注

⑤ 坂上田村麻吕（758—811）：平安初期的武士，后当上征夷大将军，成功地征服了虾夷（现指北海道），升为正三位大纳言（仅次于太政官）。——译者注

但是，源赖朝知道平清盛在京都当太政大臣掌管政权时，苦于法皇、天皇以及围绕他们的平安贵族的麻烦的人际关系，痛切地感到有必要远离京城的传统权利来实施政治。他想出的对策是有效地利用征夷大将军这个地位。

自己作为大将军对武士拥有命令权。因此，就找借口说全国的武士都必须听从征夷大将军的命令。按照现在来说，就是日本所有的军人、包括预备役和后备役都编制为东部方面军，由司令官征夷大将军掌握相关他们的薪金、财产、行动以及地位的命令权限。镰仓幕府在形式上就是带军队司令部的司法官、会计局、事务局之类的地方。

但是，这个时期由于全国的土地和各个村落的大部分地方都已经由武士控制着，所以如果该武士有命令权，实际上就可以支配全部领土。这是一个非常奇妙的整体。想出这一理论构成的源赖朝，其政治性的构想确实具有独创性。

在当时的日本，也有不被武士统治的集团。他们就是天皇以下的朝廷、寺院和神社。源赖朝将这一部分保持原样不动，在形式上从幕府统治的对象中抹去了。与后来的德川幕府不同，镰仓幕府中缺少掌管寺院和神社的官员。这方面的工作是在京都探题①的监视下，由朝廷来执行。这样，尽管统治不彻底，但在丝毫没有触犯原先存在的律令制度的情况下，建立了幕府，并掌握了全国政治行政的实权。

因此，自摄政、关白以下，从太政大臣、左大臣②、右大臣③、大纳言④、中纳言⑤到近卫少将，所有一切都和原来一样呆在了京都。只是

————————————

① 探题：在镰仓室町幕府时期，对掌管一定领域的政务、诉讼和军事要职的统称。——译者注
② 左大臣：律令制太政官的长官，仅次于太政大臣，位于右大臣之上，是统管各项政务的官职。——译者注
③ 右大臣：在律令制的太政官中，位于左大臣之后，负责管理政务，同左大臣一起为实际意义上的长官。——译者注
④ 大纳言：根据律令制，属于太政官的次官，为仅次于右大臣的高官。作为朝廷一员审议国政，掌管奏文是否上奏、传达圣旨。——译者注
⑤ 中纳言：属于太政官的次官，为令外官职，仅次于大纳言，职务同大纳言一样参与政务的密划。——译者注

他们所支配的对象几乎都不在。尽管如此,只要征夷大将军是被天皇任命的军队司令,就必须接受历代天皇的"将军任命"。在这方面,京都的朝廷总算能够保存脸面和地位。

如果是日本以外的国家,如果是用武力夺取了政权,那么也许会废除京都的朝廷机构,由源氏自己建立源王朝吧。即使能够在宗教上和礼仪上还能够保留天皇,其下面的统治机构也一定会被废除。太政大臣、左大臣、右大臣都可以留在幕府里。

但是,源赖朝却没有进行那种过激的变革。相反在镰仓幕府里,设立了不依据律令体制的官职,即所谓的"令外官"。由他实施政治。可以说他创立了"原则话的官职"以外的"真心话的官职"。

信息环境的共同性使真心话和原则话并存

这种事情在日本这个国家之所以成为可能,就是因为信息环境是共同的,即使太政大臣以下都在京都,真正的权利也在镰仓的将军手中。这很容易被整个国家的人所理解。

如果是欧洲和中国的话,信息混乱,也许会出现很多地方不知道该听谁的命令,外国使节也会感到困惑吧。而且,还会出现利用信息混乱,企图叛乱和搞阴谋的势力。事实上,到了 19 世纪,来日本的欧美使节,不明白京都的朝廷和江户的幕府之间的关系而混乱,倒幕运动趁机兴起。源赖朝之所以无忧无虑地留下了"原则话的官职",就是因为他没有料想在与外国隔离的、有秩序的这个岛国里,会出现那种信息的混乱。

但是,一旦真心话和原则话的分离成功以后,马上下一个登场的就是真心话了。在镰仓幕府时期,三代一过也就把将军架空起来,北条时政(1138—1215)坐上了"执政掌权"的位子。这是因为当时"即使有将军,大家真正跟随的也是掌权者啊"这一信息已经传遍了整个国家。

所谓幕府的掌权者就是令外官的令外官,说起来只不过是征夷大将军的一个私人权限代理人而已。掌权者被世袭化以后,到了孙子北条泰时(1183—1242)甚至已经成了一个彻底的独裁者。北条时政的正式地位(原则话)只是一个相模①守,而泰时只不过是一个武藏②守。按现在来说,就是神奈川县知事和埼玉县知事。这个武藏守作为幕府的掌权者行使着征夷大将军的权利,并向全国的武士下达命令。

照现在来说,就是埼玉县知事兼东部方面军队的副司令,无视总理大臣以下,向全国下达命令。如果说"不管内阁的意向,埼玉县知事命令如下——副官代笔",那么全国的警察就立即出动,行政官按照指使行动起来。

在信息环境相同的日本,一切进展得都很顺利。因此,没有必要特意引起风波来废除太政大臣和右大臣以下的人。只要不碍事,不管他们就行了。源赖朝和北条时政就是这样考虑、这样行动的。他们是体现了日本精神的现实主义者。

由于这种体制持续了好几百年,因此在这个国家里没有人相信原则话。无论是契约里写着的还是法律上规定的,每次都被临机应变地加以解释,有时被过度利用,有时被公然无视。如果符合在这个国家共同的信息环境中孕育的"常识"和现实状况就可以了。在具有共同的伦理和审美情趣的国家中,无论是"上面(执权者)"还是民众(被统治者)期待着在这种暧昧的灵活性里实现正义。

即使在今天的日本,也到处都存在着"令外官"。据说颇有权威的政治家、渡边美智雄先生曾对某个外国首脑说:"在自民党里,比总理大臣伟大的人有十人以上"。这就是最厉害的"令外官"。自民党内的派阀虽然是一个不被公认的和睦团体,但是其头目却比总理大臣有影响力。听说最近该头目正在同派阀的事务局长进行会谈,决定重要政策。这真是很荒唐。之所以世上没有因此出现混乱,还相互认可,就是因为日本这个国家的信息流通极其相通吧。

"令外官"不仅仅存在于日本的政治界。政府机关和企业里都有"令外官"。在大型企业中,既有连代表权都没有的顾问操控董事会的事例,也有副部长阶层的人物掌握实权的。有时甚至还有局外女性左

---

① 相模:日本神奈川县的旧称。——译者注
② 武藏:日本埼玉县的古称。——译者注

何
谓
日
本

●

右公司人事的事情。而且，这在人际关系十分复杂、并渗透到整个日本职场的社会中，能得以准确无误地分辨出来。

原则话规定契约、真心话制定协议

1986 年，在日本的外汇比率暴涨时，签订以美元支付工资契约的外国人，实质上他们的工资就变少了。特别是那些住在日本、在日本工作的人们，其生活费和开销都是用日元支付的，所以损失惨重。其中典型的是职业棒球的外籍选手。但是，当时在近 30 人的外国选手中，没有一个人以外汇比率的变更为由要求重新调整工资。虽说是外籍选手，但并不是所有人都是高收入，其中也有生活困难的人，但是大家都只是说"因为已经是按美元支付工资的形式签订了契约"，这并非是因为棒球选手都是一些富有尊重契约精神的人。而是因为这在美国是一件理所当然的事。

但是，日本是把法规和发言当作"真心话"，并依照实际情况实施行动的。因此，罗列文字的契约并不那么受重视。例如，1973 年因石油危机导致石油产品和建材飞涨时，大多数建设公司都要求对建筑价格再次进行谈判。

无论是契约的用语还是法令的条款，在实际问题发生的时候，都会对照"常识"和实情不予重视。这样一来，就没有必要制定太详细的规定。在日本的契约书中，一定会加上这样的文字："如对本契约产生疑义时，则由甲乙双方协商决定"。因此，契约书里常常因这一条目而省略细节。不仅如此，甚至连契约书和法令所明确的事情，常常都会成为协议的对象。例如，在承包建筑工程的契约里，一定会加入推迟完工时的违约扣钱条款。但是，只要没什么大不了的事，就不会执行的。日本人一边制定原则话的契约书，一边以真心话做着其他的事情。这种习惯同按照原则话（契约）执行的欧美社会完全不同。

在大陆国家，会有各种各样的民族和思想涌入。统治者和被统治者的习惯、人种、言语都不相同；宗教也相异。伦理观和审美情趣都是多种多样的，信息环境也不一样。在这样的社会里，不可能是什么都不说就会明白的。因此，不培养"令外官"，获取政权的人会明确表示自己是最高权力者,这在制度上也是加以明确了的。

即使在中国的王朝末期,也发生过把皇帝架空的实力派人物垄断政治的事情。《三国志》里出现的魏国的曹操就是其中一例。但是,这种状态绝对不会持续长久。最终,会由他本人或是其孩子一辈篡夺帝位,创建新王朝。如果不是这样的话,是不可能三代以上都握有实权的。

欧美近代社会对契约的态度更加明确。在欧美国家,宗教是同上帝订立契约为开端的。因此,在欧美自古以来就有绝对契约的思想。到了近代以后,它从政治行政被贯彻到商业社会。所谓外国人认为的"契约"是一种必须执行的约定。所以,欧美人制定非常详细的契约书,中国人则尽量不制定那么危险的文件。

但是,对于日本人来说,所谓的契约只是记录原则话的文件,可以说只不过是在开始工作时记载相互的感情或者是努力目标的文件。所以,如果状况发生了改变,应该执行的内容也要随之变化,这是理所当然的。如果条件改变了,却仍然按照契约执行的话,就变成"没有情理的官"了。

例如,有一个雇佣合同。如果公司员工相信和公司订立的雇佣合同,那么他肯定从明天开始就会担心得睡不安稳。这是因为,哪里也没有写着终身雇佣等等。当然,公务员也不例外。

但是,如果说合同就是这样的,按照合同在三个月的试用期间,就一个一个地把从业人员给开除了的话,恐怕会遭到一片责难声吧。

这种事在外国人雇佣日本人的时候经常会成为一个现实问题。我熟知的一位外国神父,是地方教会的牧师。他与教会的勤杂工签订了雇佣合同。内容是依照日本习惯签订的普通雇佣合同,雇佣期限为两年。

两年过去以后,这个神父极为理所当然地说"您辛苦啦",然后就把勤杂工给解聘了。因为,工作人员一方也没有提出希望延长雇佣。但是,周围的日本人谴责他说"身为神父却极为无情无义"。对此,神父十分吃惊。因为他怎么都弄不明白被责备的理由。

但是,在日本人的认知里,虽然雇佣合同写的是两年,但是只要没什么大不了的事就会自动延续。比起遵守契约来"心与心的接触"才是重要的。即使工作人员没有说雇佣延期什么的，只要看他的态度和家庭状况就会明白对方要延期的意思。这才是真心话。

不明确表现是日本文化

如果连明文规定的契约也不能遵守的话，那么在日常的会话和会谈会上所进行的发言什么的，就不那么重要了。其价值比起内容更在于制造气氛的音响效果。因此，使当场气氛变坏的那种发言，即使内容是正确的也会令人生厌。也就是说，在日本社会，如果把事情讲得太清楚了，是很不上路子的。因此，在这个国家里，即使不用明确的语言表达，用态度和表情互相沟通意思的交流技术、所谓"心与心的交流"方法也相当发达。而且，这种方法进而发展就变成了言词是原则话，不可以相信的。

例如，有一个"京都茶泡饭"的故事。京都人说"哎呀，快进屋吃碗茶泡饭什么的吧"。但是，如果认为既然自己受到了邀请，就说"您既然这么说了，那我就不客气了"进屋吃饭的话，立刻就被说成"怎么这么不懂规矩，厚脸皮"。就算一个劲地邀请，那也是一种原则话，必须把它解读为真心意思是希望你早点回去。

相反，根据种种情形，当客人进屋说"哎呀，只要一碗茶泡饭就行……"的时候，千万不能拿出"一碗茶泡饭"来。如果这样做的话，就会变成"连待客的礼节都不懂"。这是因为在客人判断"可以进屋吃一顿"的时候，所期待的是最好的招待。

这样的说法好像从很久以前就已经在京都人当中扎下了根。吉田兼好（1283—1350）在《徒然草》里也写下了这样趣旨的话："东方地区的人不习惯京都的风俗而清楚地表达自己的思想。但是，因为他们是远方的野人，所以没有办法，不得不予以宽容。"因为不用语言清楚地表达出来就是"京都的文化"。

大家要注意，作者写《徒然草》的时候是 14 世纪前半叶，是作为"令外官"的镰仓幕府成立之后 150 年，是其体制渐渐开始混乱的南北朝时期。不明确说明事物，这一风潮是在整个社会已经固定灵活使用原则话和真心话当中发展起来的。

留有酌情处理余地的法令规则

"心与心的信息传递"也被吸收到国家统治方面。在第二章讲述的德川时代地租的征收就是一个典型。虽说原则上是"六公四民",但事实上因"宽容"只征收"三公七民"左右的地租。

那么,不做那么难以理解的事,如果在法令上明确记录"地租是三成"就显得更好了,可是,日本人就不那么做。原则话始终很高而实际上相当低,并给当官的留有酌情处理的余地,这才是"日本的公共秩序和良好风俗"。

同样的事甚至在刑法领域也很多。例如,在德川时代武士和农民、手工艺者的身份截然不同。当农民和手工艺者作出"失礼"的行为时,大家都认为应该是"格杀勿论"。的确,原则话是这样的。随便斩杀百姓的武士,作为原则被迫剖腹自杀了。更甚的是,武士一旦拔刀就必须砍杀对方,只拔刀威胁对方是绝对禁止的。因此,如果没有做好"拔刀的决心",是不能拔刀的。

因此,武士反而特别害怕被农民和手工艺者纠缠,甚至让地痞流氓和无赖横行猖獗。

这种政治行政上的原则话和真心话的差异,到现在都很多。前面已经提到过,固定资产税根据不动产评价值的高低,原则上是16‰,实质上变成1/3以下。同样的例子其他还有很多。规定汽油加油站开业只要"注册"一下就可以了。可实际上根据政府"没有受理注册"就可以获取与许可制相同的效果。相反,尽管宪法禁止对私立学校进行财政补助,但仍在公然进行。国家一旦往私立学校振兴会寄钱,就根据国家的规定分配到各个学校。对怀疑违反现行宪法的,不只是自卫队问题。

在日本,不改变法律(原则话),根据实际方面的运用来变更实际内容(真心话)是相当多的。因此,即使看很多的法律和规则也不知道真相的情况很多。而且,正因为如此,本来应该改革的法令就这么不变地一直生效着。结果,法令的修改就变得越来越难了。

随着镰仓幕府的成立而失去实体的律令体制,竟然一直持续到了

600 年后的明治维新。德川幕府的很多法规作为"东照神君钦定的祖法"一直延续到幕府末期。明治宪法到战败为止一直都没有修改。这样一想,在很多方面与现实脱离的日本宪法一直完全没有被修改,这么持续下来也并非是什么不可思议的事。

战败后 40 多年,一次都没有修改宪法而得以维持至今的国家是罕见的。日本能够做到这一点,是因为有认可宪法(原则话)和实质(真心话)的习惯。也许自卫队和补助私立学校都可以称作是"20 世纪的令外官"吧。

这种事情之所以能行得通,难道不是因为"上面"和民众,官员和国民之间的信息环境是完全一致的么?

排斥"不自然"的本色文化

作为体系的本色文化

1992 年 4 月开始,在西班牙的赛维利亚召开了世界博览会。自从1970 年在大阪举行了日本世界博览会以来,实际上它是继 22 年之后召开的基于国际条约的普通世界博览会。正因为这个,西班牙把国家的所有力量都倾注到了这个世界博览会上。我当时担任这个博览会的日本馆的总负责。

为了纪念哥伦布发现美洲大陆 500 周年和 EC(欧洲共同体)完成联合而召开的这次世界博览会的主题是"发现"。与此相配的日本馆的主题是什么呢?通产省①设立的"出展委员会"也进行了各种各样的讨论,结果就定为"日本的发现"了。这也并不是要展示日本的文化和产业,而是想要挖掘并介绍为什么今天的日本被称作是"没有颜面的经济大国"的原因、理由。此前也对日本文化的介绍和日本人的生活指南有很多,但是对日本的由来和未来都一直没有加以明确,所以反而有时招致误解的地方。所以要进行宣传介绍。

---

① 通产省:是"通商产业省"的略称,负责并主管通商贸易、度量衡、资源、工业所有权等方面的行政机关。2001 年"通产省(通商产业省)"更名为"经济产业省"。——译者注

那么,在整个日本历史中能称得上日本文化特色的是什么呢? 这绝不是一个简单的问题。正如以往所写的那样,日本的文化和社会存在着复杂的多层性。原始时代就有崇拜原始的自然和先祖的信仰,到了古代佛教传入之后产生了光辉灿烂的巨大文化。平安时代有王朝文化,镰仓、室町时期孕育了武家文化。战国时代有璀璨夺目的安土、桃山文化。德川时代普及了公式化的"定型文化"。"浓缩意向"是室町时代和德川时代的特色,这在奈良朝时期和战国时代是看不到的。与神道并存的是佛教,皇室文化和武家文化、市井文化都各自不同。即使按道理可以说明,但是用"眼睛看得见的形式"向在短时间里观看的欧洲民众展示日本历史也是很难的。

　　这其中能够作为整个日本文化的特色列举出来的一个就是"本色文化"。"本色"就是"保持本来面目"或者"保持原样"、"保持纯自然"。以前常在重视日本原色木料的建筑和素材美的工艺中可以看到。但是,关于这一方面的研究,只停留在此,没有进展到体系的扩大和原因的探究上。我决定不把它仅仅限于建筑和工艺等领域,而把它作为横跨所有领域的日本文化的特色提了出来。

　　例如,日本的舞蹈是由日常生活中可以看到的、连续的"自然的动作"而构成的。除了极少一部分接受了中国舞蹈的影响外,既没有把脚后跟抬到肩以上,也没有急速旋转的动作。绝对看不到像芭蕾舞那样用脚尖站立,以及像京剧那样在空中翻腾的技法。日本的舞蹈可以说是由自然体的连续动作构成的"本色舞蹈"。

　　日本的和歌和俳句也是不押韵的自然体的诗歌。从文字到题材,虽然日本的文学受中国的影响很大,但是捕捉不到汉诗中特意构思的韵律和字数的限制。从这个意义上,可以说日本的和歌、俳句是"本色诗歌"。

　　菜肴中也有吃的时候保持材料自然的生鱼片、寿司等。音乐也不使用沉下喉咙的发声法和假嗓子。就按照日常生活那样的发声法唱歌就是日本自古以来音乐的特色。

　　总之,本色文化不单单存在于建筑、工艺等方面。它是贯穿整个日本文化的、基本的、体系的特色。

不喜欢极端表现的共同信息社会

那么，为什么本色文化会在日本，仅仅是在日本这个国家，全面产生并发展起来呢？其原因也就在于信息的共同性。

正如前面所述，在信息共同性很强的日本，比起当时、当场的言行来，更重视作为从长期的日常观察中所得到的气氛的信息，产生了"不把事情说清楚的文化"。这不仅限于对话方面，在所有方面都产生了避开极端表现的习惯，扩大了把强烈的色彩和戏剧性的造型、不自然的姿势看成是"不雅"的审美情趣。

在中国文化大规模涌入的奈良时代，兴建了列有涂满中国式红漆柱子的巨大寺院，建造了贴着金箔的佛像。那大概是古代的日本人为那种艳丽、那种先进文化的震撼所倾倒吧。根据长屋王①的遗址发掘也可以发现，当时的贵族憧憬着喝酸奶、吃瘦肉等充满能量的饮食生活。

但是，这样寺院和佛像也任由它陈旧，渐渐失去其原有的色彩和镀的金箔，不会重新对它涂抹并重新加以贴补。这是因为平安以后的日本人，和中国文化之间已经开始隔离了，提出了这样一种审美观：他们认为"把古老的东西重新涂抹得像新的东西一样，是不自然、不高雅的"，主张保持"本色"。

众所周知，日本的法隆寺是世界上现存的最古老的木制建筑，其次现存的木制古建筑在中国的山西省。但是，中国的这个建筑物同显示着古木谐调感的法隆寺不一样，现在仍被涂抹着鲜艳的红色。中国人把这个建筑重新涂抹了数 10 遍，让它总是保持着建造时的造型和色彩。对于喜欢明确表达的中国人来说，如果寺院里的建筑不使用寺院里应有的红色，也许就没有价值了。

佛像也同样。在奈良大佛建成的时候，其巨大的身体完全都用金箔装饰着，当时应该是闪闪发光的。可是，现在所有的一切都脱落了，

---

① 长屋王(684—729)：天武天皇的孙子、高市皇子之子。724 年升为正二位左大臣，与藤原氏不和，被迫自杀。——译者注

而且还被常年的香火所散发的烟气熏得漆黑。就是因为这样，日本人才自然而然地感到了一种令人肃然起敬的幽邃之美。1990 年，奈良博物馆的馆员在飞鸟大佛的头部仿制品上贴了一下和建造时一模一样的金箔，贴好之后的佛像甚至觉得有点滑稽。

日本人进入中国的古刹，一定会对那里摆放的金光闪闪的佛像感到不禁哑然。好几百年前建造的佛像群，经过反复修补闪耀着金色光芒的样子，对于日本人的审美来说几乎是难以忍受的。日本人之所以认为古建筑和佛像保持古旧的样子美丽、庄严，就是因为他们共同拥有着告知天下"古老"的信息吧。

日本人在共同的信息环境中生存，把重点放在通过长期观察来了解对方的人品、理解他人的立场。他们十分谨慎并忌讳在会话和议论中表现出坦率而大胆的言行。这是因为，会让人感到一种想要在短时间内获得本应通过长期观察所形成的某种认识的急躁劲。

这也表现在日常的礼节上。在中国，在熟人的葬礼上，号啕大哭给人看是一种礼仪。在欧洲，表示欢迎的意思时，要相互拥抱擦碰面颊。在俄罗斯和中东，男性之间甚至有时会亲嘴。与具有不同文化的人进行交流的时候，恐怕是需要这种极端的表现。

但是，在日本自古以来就没有这种习惯。这是因为他们认为，如果彼此了解双方的人品和立场，即使不用大声哭泣也应该会明白对方对朋友之死感到悲伤的心情，即使不相互拥抱也能够传达欢迎对方的意思。日本的礼节，是重视更加自然（日常）言行的"本色礼节"。

所谓"自然"是"随世间潮流"的意思

我在此写的是"更加自然地"。但是，那并不是英语的 NATURE①的意思，而是语言本来意思的"自然"，也就是"随波逐流"的意思。之所以特别强调这个，就是因为担心大家武断地认为日本人是热爱大自然的国民。

---

① NATURE：大自然。——译者注

大家都经常说"日本人是热爱自然的国民"。但是如果把自然理解成不加以人工的山野湖泊之意，主张"因此如果凭借日本的文化和日本人的心境，就能保护地球环境"等等的话，也许会招来世界人民的反感。现在的日本是这样一个国家：不停地采伐世界的热带雨林，反对禁止捕捞鲸鱼和海龟，比任何地方撒的农药都多，用钢筋水泥块坚固海岸线。

在个人生活中，如果孩子在沙子地上玩耍就会斥责道："脏、脏"；看到花蚊子和毛毛虫就会发出惊叫声；被虫子蛰咬的蔬菜全都扔掉。这些都露骨地表现了日本人彻底排除自然的一种审美观。有的家庭主妇在"原则话"上说"想无拘无束地生活在绿意昂然的大自然里"，当自己的丈夫工作调动到富有大自然的地方的时，就会不顾家人分离之苦和经济负担的加重，让他一个人去那里工作。与此相反，如果居住在富有自然恩惠地方的人调到大都市工作的话，家里人就会最先忙着搬过来。在地方上的知事和大学教授当中，也有相当多的人退休后居住在东京。其他地方是工作的地点，东京是生活的场所。

其实，日本人自古以来就不是喜欢大自然的民族。本来，在日语中相当于大自然的词汇是用汉字"野"来表示的。相对于我们人类种植的草，自然界生长的草叫"野草"，相对于人类饲养的鸟兽，自然界的鸟叫做"野鸟"，自然界的兽叫做"野兽"。没有受到人类教育礼仪的熏陶而自然行动言语的人称为"野人"。而且，带有"野"这个字的词，首先都无一例外地含有不好的意思。像"野卑"①、"野次"②、"野合"③、"野郎"④都不是给人什么很好的感觉。"野蛮人"的语感和英语的"Barbarian"有相当的区别。

即便是孩子们看的传奇故事，美好的结局也基本上都是"于是去了京城"，而去山里和孤岛的都是悲惨的结局。在这个国家，"都城"才是

---

① 野卑：是日语词汇，表示"下流"、"鄙俗"、"粗野"。——译者注
② 野次：是日语词汇，表示"哭落声"、"倒彩声"、"嘲笑声"。——译者注
③ 野合：是日语词汇，表示"男女之间私通、媾和"、"（在一起干坏事）勾结、串通一气、同流合污"。——译者注
④ 野郎：是日语词汇，表示"混蛋"、"臭小子"。——译者注

聚集财富、名誉和美丽公主的、令人向往的地方。

但是，在欧美，特别是在阿尔卑斯以北的地区大不一样。美好的结局多半是"消失在森林里"，像"威廉·泰尔制伏了村里的恶官，然后消失在森林里"这一类的。被城墙包围的都市规章森严，干涉激烈。它是一个彼此互相监视、令人感到郁闷的地方，而只在森林里才有"睡美人"和"天鹅骑士"的浪漫故事。

现在，在欧洲，也有很多人成功的时候都想居住在田园、山林、海岸等地方。特别是作家、学者、画家等这种倾向性更强。这与荣获"芥川奖"①就慌忙地搬到东京来住的日本知识分子完全不同。

之所以错认为这样的日本人是"喜欢大自然的"，就是因为"自然"这一词汇的意思非常广。原先英文的"Nature"这个词汇译词是"天然"，而不是"自然"。"天然资源"②、"天然色"等等，一直到大正时代都正确地区分使用。田中穗积也把曲名定为"天然的美"。在古文献中也有把"自然"当作"天然"之意使用的例子。大都发"jinen"③这个音。相反，所谓"自然"就是"随世间潮流"的意思。就像是说这些话时所使用的自然："那个人的生活方式很自然"、"那个人说的事实在是不自然啊"、"作为会议的自然流程就得出了这样的结论"。所以，当莫泊桑和左拉等带有人性化的写实主义文学涌进日本的时候，把它叫做"自然主义"。莫泊桑和左拉等写得绝不是有关大自然的东西，而是描写巴黎下层社会的人物形象。

如果是这个意思上的"自然"，日本人原本就非常喜欢。自古以来就在水稻种植的共同体中生活的日本人，就不喜欢并害怕自己的言行与大家（共同体内的大多数人）的潮流相悖。但是，到了昭和，"自然"这

---

① 芥川奖：是日本文坛最具权威、最有影响力的"纯文学奖"。它一直都被获奖作家视为跳龙门——走上职业作家的最高奖。该奖项是由《文艺春秋》社社长菊池宽为了纪念芥川龙之介，于1935年设立的。每年的春秋两季各评选一次。1945年中断，1949年恢复。——译者注

② 日语的"天然资源"相当于汉语的"自然资源"的意思。同样，"天然色"为"自然色"。——译者注

③ jinen：是日语假名「じねん」的罗马表音。——译者注

个词的意思就扩大了，包括了大自然的含义。因此，人们不会无缘由地认为日本人是"爱好自然"的。

虽说日本人"喜爱花鸟风月，享受四季变迁"，但真正热爱大自然只是镰仓、室町很短的一段时期。日本人所喜爱的是以日本庭院为代表的、彻底人工化的模拟自然。也就是再现日常情景的"本色文化"。

为保持原样而进行变形

把原色木料建造的建筑物、由日常动作产生的舞蹈、不押韵的诗歌以及古旧的寺院楼阁佛像认为是很美的"本色文化"，所追求的是素材美。如果避开着色雕刻，素材的选择就会变得十分严格，需要没有节的杉木和纯白的熟绢。

结果，与其说日本人使用原样素材的技术发达，倒不如说他们非常重视事物的抽象化和象征性。会话中的象征性的发言和语言的省略、能乐和茶道中所能看到的象征性的动作、演剧和建造庭园中抽象的造型就是如此。在具有共同的信息环境的日本人之间，通过丰厚的预备知识，连微妙的动作和表现，都能够充分地予以理解。

其典型就是可称得上日本独特的民间艺术折纸。在日本人的思维中，纸自然是正方形的，即使适合弯折，一会儿剪裁、一会儿粘贴，也是一种不自然的加工。因此，只要把正方形的纸张折叠一下就能做成动物和器皿等形状的折纸，深受欢迎。但是，这样一来由于无法制作出复杂的曲线和圆面，所以有必要把对象变形。幸运的是，在信息共同性很高的日本，即使是变形后的造型，也能够充分地传递它所表示的是什么东西。这正好从 17 个字的俳句到前后的动作和周围的情景能产生共同的想象一样。

这样的抽象化和象征化，与简单化、省略化相通，也成了日本的设计和绘画的特色。可以说从室町时代开始发展的家族徽章的设计和日本绘画独特的空白表现，是把这一特色提升到了艺术领域。

在赛维利亚世界博览会的日本馆中，通过对日本独特的"本色文化"的系统展现，表达了日本的由来和未来。因此，建筑物就是木质结构的原色木料，日本风土的展示采用的是折纸。过去憧憬西方近代文明的日本人，以住在"木头和纸制的房子"里为耻，把钢筋水泥的盒子视为"现代住宅"。但是，这样建造出来的公共住宅，只被欧美人看作是"兔窝"。重视细节、不善于整体调节的日本人，无论是过去还是现在，都是不适合极端的表现和戏剧性的造型的。

第五章　左右文明的资源与人口

资源不足的社会与资源过剩的社会

三个"文明的犯人"

人类的文化和文明,因地点和时代的不同而不同。这种地点引起的差异、时代产生的变化是因什么而出现的呢？也就是说决定文明形态的要素,比如说"文明的犯人"到底是什么呢？在拙著《智价革命》中,我详细地阐述了这个问题,认为有以下三点。

第一个要素是资源环境。在广义上可以说是"风土"。资源是丰富还是贫乏,土地是广阔还是狭小,气温是温暖还是寒冷,这些围绕着人类生存的物质环境及其变化,无疑是决定各个地域文明和每个时代文化的重要因素之一。

第二个要素是人口。人口是稀疏还是稠密,是处于增加趋势还是减少趋势,异民族的涌入是多还是少,这些人口的动态和构造在很大程度上也左右着文明的特征。

而第三个要素则是技术。技术的进步、或者构成其时代主流的技术思想会给人类的文明形态产生极其重要的影响。这一点约瑟夫·修帕特①也已经指出来了。这是因为技术的形态和水平不仅会变动资源

---

① 约瑟夫·修帕特(Joseph Alois Schumpeter, 1883—1950):理论经济学家。出生于奥地利。在伯恩大学任职中为逃脱纳粹的迫害来到美国,后任哈佛大学教授。主要著作有《经济发展的理论》、《景气循环论》。——译者注

的供给量和价格,而且还决定了人们的思维、思想、生产和生活的方式。

至少这三个要素是决定人类文化、文明结构的主要因素,并成为决定人类思想的基本要素。这是千真万确的。也就是说,以上三点很明显就是"文明的犯人"。

当然,除此之外,还有一些被认为是决定人类文化、文明要素的"嫌疑犯"。其中之一就是组织。

组织形式一旦发生变化,就会对人类的文化产生重大影响,这从世界历史上就能反映出来。然而,组织形态的变化是自发产生的呢?还是按照刚才所说的环境、人口、技术的变化而产生的呢?我至今没有得出结论。因为组织史的研究在历史学中是最新出现的领域,明确的史料和分析都极其缺乏。

当然,文化、文明在地理和历史方面相互影响。既有从相邻地区传入的文化,也有前时代思想根深蒂固的残留。如果附近存在着具有移动性很频繁的、攻击性的民族,那么防卫思想就会自然加强,无论是共同体的形态还是人们的思维方式都不得不变得严密起来。

异民族的战争很少,这对日本文化产生了很大影响。关于这一点,在第二章里已经强调过了。其主要原因被认为在于日本的风土和周边各个国家的风土,或许这些地区的技术以及人口的变化吧。

如果在日本的周围居住着古代的腓尼基人,像海盗一样具有海洋性、移动性的民族,那么即使日本的国土相同,日本的文化也会变成不同的样式了吧。因此,在考虑资源、人口、技术的情况下,也需要包含周边地域和前时代的视角。

因此,即使在思考日本和日本人的这本书里,也有必要暂时把世界史、特别是站在全世界视野上的人类文明史一同拉过来加以审视。

因农业的开始而产生了设计性和计划性

人类是自什么时候开始成为人类的呢?也就是说,人类从什么时候成为可称得上文明史上的人类状态的呢?这能够引出各种各样的观点。不过,按照文明历史的观点,我们甚至可以把人类开始农耕的时候纳入视野。

当然,在此之前的狩猎时代和游牧社会也有文明。但是,如果拿今天的文明来考虑的话,它具有多大程度的影响力,这还是一个问题。而且,如果追溯到远古时代,对历史事实的认定自然很不容易。首先,那个时候的文明距离现代人的想象力再现出来相差得太遥远了。因为开始农耕以后,生活和社会全都不一样了,发生了根本性的变化。

据说人类开始农耕距今有 6 000 年,有的观点认为是在 10 000 年以前。一般认为是始于美索布达米亚的底格里斯河沿岸和埃及尼罗河流域。可是,根据最近的研究,也有的学者认为,在印度西北的印度河周边和中国的黄河流域以及云南省也在早期开始了农业,而且并不逊色于它们。

这个暂且不论。因为农业的开始,人类的社会、生活和思想发生了巨大的变化。这是无疑的。由此人类开始定居在一定的土地上,开始进行有计划的生产和生活。

在农耕以前,也制造出石器和土器,使用火,画精巧的洞穴画。工具和火的使用是把人和其他动物加以区别的划时代的标志。但是,仅此并没有在生产和生活中出现空间的设计性和时间的计划性。

但是,自农业一开展,人类就开始设计空间,区别农用地,准备好定居的设施,计划整年的生产和生活的时间。这才是除了石器的使用和土器的制作以外将人类和其他动物加以区别的要点。

此前有很多历史学家,或许是因为站在工业社会的思维的缘故,只从物质方面来理解时代变化和社会进步的倾向相当强。因此,他们所持有的印象是农业一开展,人类的物质生活就突然发生了改变,开始了与以往不同的丰富的物质生活。但是,实际上并非如此。因为几千年前的原始农耕的土地生产率不仅非常低,而且以初期的技术来说,能开展农业的土地(可耕农田)也极其有限。

看一看现在的农业。其物质生产力很大,同狩猎和自然采摘相差甚远。因为农耕的技术进步了,人们也知道了施肥和除草的技法,所以播撒一粒种子能够获得几十倍甚至几百倍的收成。但是,数千年前的农业却做不到这些。就连中世纪的欧洲,13 世纪前后的法国的记录也只能获得播下种子的大约 3 倍的收成。河畔和绿洲土地富饶,即使这样，也是很难想象几千年以前的农业相对播种的收成的倍数会比13世纪的欧洲高得多。

而且，当时能用于农业的土地非常有限。降雨是不是适度，水会不会自己冒出来，播种前是不是会发生洪水被淹了，如果不是可以进行自然灌溉的场所是不行的。此外，用极其简单的石器或木器能够开垦的树木稀少、土质柔软也是一个必要的条件吧。

依附在这样有限的土地上，经营着收成极少的农业人口，在物质上是贫乏的。其中，要留下全部收成的1/3作为来年的种子，这需要很强的自制力。我们难以想象大家只靠自制力就能够做到这一切的。也就是说，需要共同体的计划性和强制力。正如前面所提到的那样，可以推测到这些种子的保存同早期王权的产生有着密切的关系。

总而言之，与其说农业的开始产生了丰富的物质，倒不如说它在使定居成为可能、使计划性的生活和生产活动成为必然、使集团安定这一方面才是更重要的。我把这种状态下的时代称为"初始时代"。

因此，这个时代（初始时代）的文明是"物质（资源）不足的文明"。在能用于农业的土地有限、农耕技术也很幼稚的情况下，一个人占有并消费很多的物质，就会减少其他人的消费量使其陷入生命危险之中。而且，这会在共同体内部产生严重的摩擦，阻碍整个共同体的安定。

在任何时代，使共同体不安、陷入危险的行为，都会受到伦理的谴责。在初始年代，对财物抱有兴趣，想多生产物品，多使用物品，都是一些不好的想法。而且，为此而勤奋工作也不予以肯定。那个时代的正义是祈祷在有限的土地上进行有限的农业耕作，仅此能够获得更多的收获。依靠当时极不发达的农业技术，人类的所作所为是不能抵抗神灵的安排的。

初始年代的文化比起财物，形而上的关心更强烈

今天发掘出的初始时代的遗物，在整个世界任何地方，都具有象征的抽象的形态。无论是石像、土人还是铜器，绝对不是写实性的。它们仿佛在这个世界上不存在似的，有的是长出了角、有好几个乳房的女性的象征；有的是长着怪异的角和翅膀的怪兽；有的是集中了各种动物的

特征的图腾。

这再往下发展就变成了抽象的纹样。中国的初始时代,从殷墟发掘出的被视为祭器的铜器上面有着十分复杂的抽象纹样,并且被认为是一般日用品的土器上面则描绘着漂亮的漩涡纹样。初期时代人类的空想愿望和造型能力,甚至可以说比今天的连环画作家和设计者都要高。

能够巧妙地平分、描绘这么精巧花纹的初始时代的人不会没有写实的能力。他们对现实中存在的东西照其原来的样子加以正确地临摹所产生的美感和价值都不予以认可。比起那些,他们更崇敬其背后或内部所存在的生命力和超自然性。

日本的初始时代文化在这一点与其他也一样。正如第二章所述,由于日本缺乏适合狩猎游牧的平地,所以农耕以前的文化不高,人口极少。但是,纪元前后,在河川下流流域狭小的平地上开始了稻米种植农业,从此村落共同体急速发展起来。但是,在其收获比起劳动更多依赖于自然现象这一点上,和其他各个国家都是相同的。因此,日本人也在事物的内部方面发挥了想象力,在万物中发现了生命,感受到众神的存在。日本土生土长的宗教——"神道"就是从这种思想中产生的。

只是在日本历史上,正因为没有真正的狩猎游牧的时代,所以人们才缺乏对动物的关心。另一方面,由于容易受天气控制的水稻种植在很早时期就发展起来,所以对降雨、流水等比其他民族具有纤细的兴味。而且,可以说这加深了对与水有关的草木、土石的生命感知。不久成为日本文化一大特色的、模拟自然的爱好,也从这里萌芽了吧。

给这样的日本文化产生重大变化的是从 4 世纪到 6 世纪经由朝鲜半岛流入日本的中国古代文明的技术和思想。被"宽阔的海洋"所遮蔽的"半孤岛"——日本,比中国晚起步一千年左右,盛开了在中国已经衰败的古代文明之花。

开拓古代文明的"农业革命"

我把给人类带来古代文明的现象叫做"农业革命"。大约在公元前 9 世纪初,人类就知道了土地改良技术。通过建造灌溉用的水稻,产生了把至今不适合农业的土地也改造成可耕作用地的技术。或许与此同时，农作物的品种选定和深耕法的技术也发展起来了吧。在人们意识到除杂草可以使收成得以增加，也一定是大约同一个时期。

当然，这样的技术，并不是什么人都可以发明的，哪个机关都可以普及的东西。而是在偶然的发现和反复实践摸索中逐渐确立、受到信赖而普及的。正因为这样，其确立和普及一定需要好几百年的时间。

在这种农业技术进步期间，有关金属冶炼的技术也获得了突飞猛进的发展。首先是青铜器，接着——即使说接着，也得有几百年的时差——铁器也被造出来了。金属的出现，使森林的采伐更容易了，同时也使开拓坚硬的土地和挖掘输水道更为方便了。特别是公元前6世纪初，被视为从小亚细亚或伊朗高原开始了铁的出现，可以说决定性地改变了土地开发和农耕的条件。

美索布达米亚平原大概从公元前9世纪中期开始，中国最迟大概从末期开始，随着这种农业技术的进步，可耕用地开始扩大了。之前只限于绿洲和河岸等自然条件良好地方的农耕地，逐渐向周边扩展。这就产生了更有计划性的劳作，扩大了组织，改变了人类的思想。农业技术的进步，不仅使生产行动发生了变化，而且还根本地改变了社会形态。这不是单纯的技术革新，而是产生了应该称之为"农业革命"的社会变化。

一旦明确了通过人类的共同努力会增加产量以后，那些拥有这方面的技能和知识、建立组织、发挥领导力的人就会受到尊敬，获得权利。也就是说，仔细观察存在于现实中的事物，了解其养成和变化的法则就成为了正义。

这种伦理使技术更加进步了，促进了土地开发。其结果，都市国家为了寻求可开发的土地，扩大成为领域国家，促使交换剩余产品的商业发达，确保其商业之路的顺畅而出现了装备具有攻击性的军事力量——骑士军团和舰队——的"帝国"。同遥远地区的通商繁盛了，货币普及了，保证交换公正的成文法令和司法制度也得以完善了。也就是说，确立了与初始时代完全不同的古代文明。

最重要的变化是奴隶制度的大规模的发展。因为技术的进步和可耕土地的扩大,假如一个人的作用能够生产出超出其本人生存所必需的物质,那么就出现了让他人劳动、夺取剩余产品的制度。有组织展开这一现象的是古代奴隶制度。在此,奴隶不是具有人格的人类,而被认为是家畜,也就是带有发动机的工具。

当古代文明在古代世界的发达地区美索布达米亚和中国黄河领域相当繁荣的时候,日本才刚刚开始农业,创造出初始时代的文化。水稻种植农业被传到日本的时候,是中国的战国末期或汉初,也就是古代文明的后半期。也许是因为带来这种农业的人数太少了,或者因为是来自古代文明的周边区域的外来人员的缘故,好像并没有甚至一下子把土地改良技术教给大家。土地改良技术传到日本是从公元二三世纪开始的。真正加以规范化是在 5 世纪以后。而且,在那个时候,当时的发达地区地中海沿岸、中东和中国等重视财物的古代文明已经完全衰退了。这是因为森林资源枯竭,能量的供给开始减少了的缘故。

汉尼拔①的大象是哪里来的

法国社会学家孔德了解到在第二次腓尼基战役之时,攻入罗马的迦太基猛将汉尼拔率大象穿越了阿尔卑斯山,产生了这样一个疑问:"汉尼拔的大象是从哪里来的?"

汉尼拔是迦太基、现在的突尼斯的一名将军。这个人在迦太基的殖民地——伊比利亚半岛养兵,不久便环行南法国,穿越了阿尔卑斯山,从北面入侵了意大利半岛,再三击垮罗马军队。据说当时,有几十头大象伴其左右。

但是,现在别说西班牙了,就连突尼斯、埃及都没有大象。因为那里没有大象能够群居的森林地带。那么,汉尼拔是从哪里调遣大象的呢?

可能是从印度把大象带过来的吧。如果是这样的话,就要千里迢迢地穿过波斯、经过埃及、来到突尼斯。但在波斯没有把大象用于军事

---

① 汉尼拔(Hannibal,公元前 247—前 183):北非古国迦太基名将,有着"西方战略之父"的美誉。——译者注

方面。据记录,在亚历山大大王死后,统治波斯的塞莱克斯和占领埃及的布多勒迈阿思打仗的时候,波斯军曾经对埃及的大象感到惊恐万状而败北。比埃及离印度更近的波斯没有大象,这可以说是否定这些大象来自印度的充分证据。

那么,是不是从撒哈拉的南方把非洲的大象带过来的呢? 从坦桑尼亚和肯尼亚横跨撒哈拉大沙漠把象带来绝对是不可能的。能吃能喝、食量很大的大象,是不可能穿越不毛地带的撒哈拉大沙漠的。而且,性情凶暴的非洲大象,是很难被驯养用于军事的。

讲起来,如果大象不在身边,不仅不会想出把它作为战斗力加以活用的主意,而且也不会产生使用大象的技术吧。应该也不会想到要特地穿越阿尔卑斯山把这种珍惜的动物带来。

孔德的结论是,在汉尼拔那个时期,突尼斯一定有大象。如果是这样,他推论当时在突尼斯周围一定有适合大象生长繁殖的森林的。

孔德为了证明这一点,探索了突尼斯,发现了埋有大量象牙的山谷。查明了曾有过应该叫做突尼斯象的较为小型的大象。不仅是突尼斯,现在已经沙漠化的地中海沿岸的很多土地,在纪元前被茂密的森林所覆盖,是适合大象群居的环境。这一环境自汉尼拔时代大约 3 世纪的时期内,丧失殆尽。

以前给从地中海到大西洋航海的腓尼基人提供坚固船只的黎巴嫩的杉树林,被称为众神居住的奥林卑斯山①的森林,被米索布达米亚丰富的水所滋润的伊拉克、土耳其的山林都消失了一大半。

不仅仅是中东地中海沿岸。即使是印度的西北部和黄河上游在同一时期,森林也都急速地枯竭了。现在的黄河流域秃山很多,好像在过去的春秋战国时期是一片茂密的森林地带。这在公元前二三世纪开始减少,到了公元前后彻底变成了现在所看到的样子了。

使整个世界范围内森林资源枯竭的原因是什么呢? 自古以来有很多说法。在希腊神话中,认为原因是有一个叫伊卡洛斯的冒失青年,擅

---

① 奥林卑斯山(Olympos):位于希腊北部、马其顿等地区的交界处,山高 2 917 米。——译者注

自借用了神的翅膀飞到了天上,因为太靠近太阳而烧焦坠落到了地上,引起了巨大的山林火灾。也许这个神话会使人想起烧山为田、农业开垦而引起的森林破坏吧。

另外,还有一种说法,认为其原因在于放牧羊群。人口增加了,就不断地砍伐森林,然后放牧羊群。因为羊和马、牛等动物不同,连发硬的树根都能全部啃掉,所以树木无法再生长。结果,很多土地就沙漠化了,就连气象条件也发生了彻底改变。

但是,在其他说法中也有一种观点认为是地球的气象变化造成的。因为公元前后森林的消失实在是太快、范围太广了。即使是这样,也一定与古代物质文明的发达和人口增加有着一些关系。因为森林破坏在古代文明的发达地区特别显著。

有关地球上人口的历史研究有几种。根据比尔兰等人的结论可以推断公元前约 1 000 年以前人口是比较安定的,之后转为增加,特别是在公元前 700 年左右,开始在地中海沿岸、印度、中国等古代文明的发达地区开始急速增长,公元前后已经达到了 5 亿人。

由于人口的增加和经济的扩大,使木材特别是用于燃料的薪炭需求急剧增加,加快了森林的砍伐。也许在这一期间既有烧山为田产生的破坏,也发生了气象的变化。这样一来,森林被大量采伐之后又放羊群,使森林的再生不再成为可能。森林消失的土地,土表开始流失,最终沙漠化。一旦它大规模地扩展,气象条件也出现变化,降水量减少,更加促使森林的破坏。不正是这种反反复复使得森林资源枯竭,给古代文明带来能源危机的吗?

由增加到减少的古代人口

在古代文明的末期,从公元前后到 3 世纪的另一个特征就是人口的减少。根据前面所提到的比尔兰等人的研究可知世界人口大概从 3 世纪到 8 世纪之间,竟减少了 3 成左右。从地域方面来看,古代文明发达的地区、地中海沿岸、印度西北部和中国的黄河流域,已经从公元前后开始,出生率显著下降,来自周边区域的人口流入显著起来。可是,在 3 世纪以后,就连周边地区也发生了人口减少,整个世界范围内的人口减少了。

重视物质财产丰富的思想，其目的在于寻求人均物质财富消费量的增加。当农耕土地扩大、资源增大的时候，人们都能坚信：如果大家一起干活，开阔土地、开发资源，就能够得到更多的物质财富，就能够幸福。所以，人口急剧增加。

但是，当由森林枯竭面临能源危机、感到物质财富的供给无法再往上增加的时候，就会关注平均每个人的分配。其结果，在福利要求增强的同时，抑制家庭人数的动作也加强了。如果所得无法得以增长，那么增加人均物质财富的最切实有效的方法就是计划生育。

这种现象从公元前 1 世纪前后开始在欧洲和中国都十分显著起来。特别是在罗马帝国，计划生育热潮显著。因此，罗马有很多著名人物都没有后嗣。就连那有名的五位圣贤皇帝中，除去最后一个（马尔库斯·奥列留斯）之外四个人都没有小孩。多亏这样，因为是养子不断地继承帝位所以才不断地出现贤能的皇帝。到了第五位马尔库斯·奥列留斯时，他生了自己的孩子。因为这个孩子是个大傻瓜，所以贤帝的时代也就结束了。不过，据说那个傻瓜儿子孔莫道斯皇帝并不是马尔库斯·奥列留斯的亲生儿子，而是皇后法乌斯蒂娜和剑斗士通奸生下来的。

就连不用操心孩子养育问题的皇帝都这样，所以在民间老百姓就更讨厌生育了。因此，罗马人口减少就理所当然了。但是，在受到罗马文明影响的周边地区，从公元前 2 世纪左右起，人口开始增加了。丰饶的意大利半岛的人口开始减少，贫穷北方的日耳曼民族开始增加。

人口和贫富的不均衡，当然就会引发人口移动。一开始，周边落后地区的剩余人口作为奴隶也给罗马的经济发展起了很大的作用。但是，自从帝国的军事力量下降以后，作为下级劳动者和手艺人流入罗马的也增加了。这其间还有很多是雇佣兵。由于廉价的奴隶劳动普及的结果，罗马市民比起在农田和工厂干那种"站着的工作"，更喜欢做同事务所、政治相关的"坐着的工作"，因此无法提供优秀的士兵。

这样进入罗马的野蛮人也很快有了家室。他们改变了罗马帝国的人种结构。而且，最终日耳曼人受到居住在罗马帝国内的同族的诱导，大举入侵,西罗马帝国灭亡了。

在中国也出现了同样的倾向。中国自古以来,就是一个家族制度森严、家族连带感很强的国家。但是,到了后汉时期,计划生育开始盛行,人口急剧下降,家族制度缓和。《三国志》出现的结拜兄弟刘备、关羽、张飞非常有名,但他们真正的兄弟怎么样呢？一无所知。虽说如此,也没有他们三个人都是独生子的证据。此时,在平民百姓当中,家族制度混乱到了连亲兄弟都搞不清楚的地步。

家族制度的混乱,意味着性的紊乱。罗马帝国时代的人们非常淫乱,离婚率也很高。特别是女性的淫乱令人不堪入目。自"五贤帝"时代以后,甚至据说"如果妻子的情人是两个人以内,那就是一个幸福的丈夫了"。搞不清楚《三国志》中盟兄们的亲兄弟,大概这也与性伦理的下降有关吧。

追求物质财富丰富的古代文明,虽然确实辉煌,但是其末路却是为增加人均财物而实施的计划生育,是性道德的颓废,是人口的减少。

这些与追求物质财物丰富的产业革命以后,近代工业社会所到达的当今的文明也有共同之处。

出现物质不足的中世纪

人类具有培养这样的"简单情智",即：把多多使用丰富物质认为是很气派的审美观和相信节约不足的东西是正确的伦理观。当切身感受到森林资源枯竭、能源不足持续不断、物质财富的生产力已经达到极限的时候,认为过多追求物质财富是卑鄙的,是一种反社会行为的思想就蔓延开来。因此,人们失去了对"物质"的兴趣,转向思考人类的内在性和超自然的神秘。也就是说,人们对物质财富的丰富感到幸福的古代文明的合理精神失去以后,就产生了强烈关心宗教的中世纪文化。

无论什么时代最早对人类思想产生反应的就是美术。在欧洲,自公元 4 世纪左右,古代获得很大发展的写实美术开始衰退。中国比欧洲还要早些,自公元 2 世纪以后就没有发现过写实美术了。

据说在此之前的美术史,认为写实美术起源于希腊,只有受到希腊文明影响的地方才有写实美术。大约 20 年以前,我曾经对这个"一般说法"抱有疑问,坚持认为在中国和印度等国家没有受到希腊的影响也不是曾经有过写实美术的吗?因为我考虑到:对物质财富的丰富感到幸福的古代文明要发达起来,其前提是对物质财富的观察,一定会培养出将其写实的精神和技术。但在当时,对我的这一主张,无论是美术史家还是"实证历史学家"都付之一笑。

然而,就在那之后,在中国不断发现了古代卓越的写实艺术,证明了我的推论是正确的。特别是在20世纪70年代从秦始皇陵墓发掘出的兵马俑,细致地摹出了一万数千人的将士和马匹,证明了在那个时代制作了大量的写实美术。在有限的时间内能够作出那么多的写实群像,告诉我们那种审美和技能已经完成了。

写实美术不只是希腊罗马的特征,而是对物质财物丰富感到幸福的古代文明所具有的共同现象。

但是,中国到了公元2世纪,西方到了公元4世纪以后,写实美术就衰落了。与写实相差很远的、公式化的造型绘画传播开来。

过去曾认为,希腊·罗马时期发达的写实艺术的技巧,由于民族大迁移之类的混乱而失传了。无论如何不能这么想。4世纪以后也有政治军事都很安定的地区。倒是公元前2世纪左右的希腊,虽然是反复经历政治混乱和军事惨败的时代,却留下了很多写实艺术的杰作。由个体艺术家所创造的美术,一方面很难受到战乱和政治的影响;另一方面又能最先获取社会思想变化的领域。

一旦因资源的缺乏而无法期待增加物质财富的生产量,人们的关注点就会转移到内在性,思索超自然的神秘性。在中国首先以"竹林七贤"为代表的逃避世俗的生活受到了赞赏,看到了清谈①的流行。这在后来成为从西域流入的佛教普及的基础。在西方,从东方传来的各种各样的宗教开始传播。不久,基督教成了罗马帝国的国教。

宗教是从人们相信靠感觉无法认识的"神"开始的。比起靠视觉听觉日常性认识的事物来,人们重视追求潜在其内部的神秘性。正因为

何谓日本

----

① 清谈:是中国魏晋时代流行的谈论。指一些知识分子反对儒家的礼教,谈论老庄的不切实际的理论,耽于弹琴饮酒、放荡不羁。——译者注

这样，在美术的世界中，比起常常看到的东西，更喜欢追求至高无上的东西所应有的形态，从写实中脱离出去。再发展下去，就形成了神圣东西的公式化和标准化的造型。

典型的事例就是在拜占庭的美术中，每一位圣者形象的创作手法都是决定好的，人物必须绘成九头身。把脱离现实的小脑袋放在甚至无法直立的长条的身体上。在当时，这就是"漂亮圣者"的姿态，描绘得比这个更写实更精巧的画家，被视为技法不成熟而受到驱逐。

同样的事也发生在科学领域。

在古代，正确观察事物，探究其原理的"科学精神"曾受到重视。但从4世纪左右开始，这一切就丧失了。比起现实的观察只思考"潜藏的内在"事物。其结果，完全不相信这个世界的存在，只依据宗教善恶的对立去考虑所有的东西。

如果看一下13世纪法国出版的植物图鉴，上面画的全都是现实中不存在的花花草草。例如，一种叫做曼陀铃草的，其茎部被画成了人的身体，叶子的前面部分被画成了耷拉着的狗的形状。还有一种叫做蒲草的，在相当于根部的地方附着一个四只脚的动物。在图鉴上，这一类植物竟描绘了好几千种，把他们全部都作为这个世界上存在的东西，精心地记述着它们的毒性或药效。

在这里面，实际存在于这个世界上的小麦和杉树等等却一个也没有。也许这些东西被认为只是映在眼帘的虚假的姿态而不是真正的样子吧。

这样一来，当然就坚信《圣经》里所写的天动说，不容不同意见存在的余地。《圣经》上就是这样写的，神就是这么说的，教会就是这样解释的等等，以这种权威的方式来解释所有的东西。

在中国，从东晋（4世纪末）开始，也出现了佛教文化的蔓延，美术的公式化和"科学精神"的明显衰退。而且，这个佛教并不是从先进国家印度传来的，而是从比中国本国落后很多的西域地区传入的、具有神秘主义的东西。在中国历史上政治最为混乱的时期——南北朝时期，兴建了敦煌、大同的石窟等，在各地修建了寺院，僧尼的人数增加了，皇帝都亲自保护它们。日本开始正式引进中国发达的高度文明，正是在这样一个时期。

然而，接受中国文明的日本所处的时期，正是终于结束了初始时代的局面、想要进入大范围的国家建构的时期，即古代初期阶段。

传入的文化思想和日本的现实之间所存在的时代性的偏差，又给日本人的思想和应对带来了巨大的影响。

在日本的"文明犯人"

取舍选择外国文化的习惯

追溯从初始时代到中世纪世界文明的形态不是别的，而是因为想在考虑日本文化和日本人性格的基础上，去整理这个国家的"文明犯人"、资源环境、人口和技术的关系。

正如已经多次指出的那样，日本是一个岛国。它是与周边区域相隔着"宽阔的海洋"的"半孤岛"。所以，虽然文化、文明、技术、信息以及少数人口自古以来就能流入，但是不仅没有大量运输资源，而且也没有大批人员的集团一举迁移。即使能把绢丝和陶器带进来，把铜、铁等带出去，也不可能在明治以前的日本进出口大量的燃料和粮食。也就是说，无论是资源环境还是人口动态，几乎都是在日本列岛的内部完成的。从这个意义上可以说日本是一种实验室的国家吧。

仅仅技术和思想就比其他国家更依赖于外国。因此，日本就要利用在资源环境和人口动态不同的地方所产生的技术和思想。这使得日本的发展成为了特殊。

大陆的先进技术和文化开始进入日本好像是在这个国家历史开始以前的事。但真正的传入可以看作是从 4 世纪前后开始的吧。灌溉、农耕、冶金、工艺、建筑等新技术，随着佛教和儒教等思想一同被归化人带了进来，土地和资源的开发急速发展，形成了古代国家。因此，日本晚些经历了从初始时代转到古代的农业革命。

此前的日本也有几个小地域性的"政权"。依据最近的发掘，认为"大和王朝"的形成可以追溯到 3 世纪，但是统治力所到达的只是河内平原和大和盆地，其周围可以说还是一个未开发的状态。而且，除此之外,好像在北九州和出云①等地也有小的势力,在越前②一带也似乎有过什么政治势力。在依靠自然的水流进行稻米耕作的水平下,无论是什么政权,其资源的数量有限,人口也很少吧。

这时,新技术不断地从中国经由朝鲜半岛传了过来。那些持有新技术的人作为归化人流入了进来。因此,从飞鸟时代后半期开始,土地开发得以进展,关东以西统一了。其结果,日本开始经历相对于人口来说物质财富比较丰富的时期。其达到顶点的时期恐怕是奈良时代的初期吧。

因此,在奈良时代,辉煌的大型文化迎来了黄金期。公元747年动工的世界上最大的熔敷铜像——奈良大佛,向今人传达着当时的成果。

大佛建立时,东大寺比我们现在看到的要大得多。据说大佛殿的容量大约是现在的两倍,在其左右还有超过90米的七重塔。在当时全国人口还不到500万人,创造出这了不起的东西。而且,它与日本自古以来的文化正好相反,建筑物涂上了红色,佛像贴有金箔,金光闪闪的。奈良时代的日本人确实具有炫耀古代文明的物质财富的爱好。

但是,这个时候已经是发达国家的中国,古代文明已经衰退很久,宗教社会的主观社会,即中世已经完成了。因此,对日本的技术流入也告一段落。并且,同技术一起传来的思想确实是中世纪的,对于憧憬古代文明的日本人来说很多都是难以接受的。尽管人们认为这些思想已经在了不起的先进国家普及了,应该不错,但是却怎么也无法接受。只有极少一部分崇洋的人对此觉得很好,一般民众却感到其格格不入。

由此,日本人养成了这样一种选择的习惯,即接受外国文化的某一部分、拒绝其他部分。古代的日本人是中国文化的热情模仿者,向中国学习了很多东西。但同时他们也是一个其他各国绝无仅有的顽固的拒绝者。

例如,"太监"是中国文化中重要的一部分,不用说朝鲜和西域了,甚至传播到了遥远的波斯和拜占庭等地。但是,只有日本最终没有接

---

① 出云:旧国名,现在日本的岛根县的东部。——译者注
② 越前:旧国名,现在日本的福井县的东部。——译者注

受这个制度。虽然也有说法认为这是因为没有经历过游牧社会的日本当时没有阉割的技术，但我认为不只是这个原因。日本人学习并掌握了铜的熔敷技术后的 40 年间就造出了世界最大的大佛。他们具有学习和掌握这样高超技术的能力，不可能只有阉割技术学习掌握不了。这是因为日本人拒绝了对这种习惯本身的仿效。

在日本拒绝的中国文化中，还有道教思想、改朝换代、同姓不婚、科举制度、北宋的画以及食肉的习惯等等。如果日本再早 500 年，在中国古代文明繁荣的汉代兴起农业革命的话，也许会从中国模仿更多的东西。

短暂的日本"古代"

日本在开展农业革命的时候，发达国家中国已经进入了中世。这一时期的偏差不仅使日本人养成了取舍选择外来文化的习惯，而且还规定了"外来文化"日本化的义务。这是因为对于飞鸟、奈良时代的日本人来说，由于他们站在以物质财富的丰富感到幸福的古代思维模式上，无法原封不动地接受完全浸透在神仙思想和佛教思想中的隋唐时代的中国思想。

因此，奈良时代到了末期，从中国文化中选择容易接受的东西，将其日本化的趋势加强，并逐渐把它升华为独自的日本文化。其表现之一就是日本人不满足于借用汉字来书写日语的发音，早早地就创造出了把汉字简略化、表音化的假名文字。

但是，另一方面，中国和日本在文化发展时期上的巨大偏差，使得日本的古代既急剧又短暂。因为日本应该学习的师父——中国已经停止了新技术的开发，所以一旦学完了所积蓄的多项技术，就再也没有新技术进来了。那时，在中国发达的是日本人难以理解的社会主观、即宗教思想的深化。

公元 894 年，根据菅原道真①的提议，日本废止了遣唐船。这个时

---

① 菅原道真（845—903）：平安前期的贵族、学者。——译者注

候,菅原道真说"即使去中国,也已经没有可买的东西了"。其意思就是说"应该学习的新文化不会出现了"。从那以后的 300 年时间里,从中国带来的主要文化是以禅宗为代表的非生产性的宗教思想。

但是,在这期间可以看到,日本人口激增,到了平安时代初期已经接近 800 万人。与奈良时代初期的 400 万人相比,差不多在一个世纪里翻了一倍。因此,一旦技术进步停止、可开发的土地和资源到达了极限,日本就成了资源不足的社会。平安朝的社会随着时代发展,文化变得小型化就是这个原因。

一般认为平安时期迎来了绚烂的王朝文化。其实,当时开展的是以极少的人际关系为中心的小型文化。平安贵族没有显示出对物质财富的兴趣,也没有采用扩大生产量而实施的政策。他们中的大多数人都是律令制政府机关的高官,其所关心的都倾注到了主观审美意识的世界里。

《源氏物语》的主人公光源氏就是这个时期典型的贵族形象吧。虽然身处右大臣的要职,却只沉浸在美感的世界里,光源氏的这种生活方式让人不禁想到了沉迷于清谈中的晋朝的司徒(首相)王衍。如果按文化的形态和人们的意识来划分"古代"和"中世"的话,那么可以说至少在平安时代的前半期就开始了日本的中世。

接着,这个国家资源变得丰富、实现物质富余的社会是在 16 世纪的战国时代。室町时代的中期,到了 15 世纪后半叶,又从中国传来了新技术。这都是一些在可被成为中国"亚近代"的宋代已经完成的技术。

首先是从沼泽地中抽出水变成水田的排水技术,或者向山地供水的高度灌溉技术。其次,就是新作物的涌入。红薯、棉花、油菜籽、扁豆等等。这两者相互结合,使以前被认为不适合作为农业用地的土地得到了有效地利用,可耕用地大幅度增加了。

以用这种新技术开发出来的土地的生产力为靠山,各地的地主(豪族)扩大了势力,作为自食其力的领主承担起了领地的经营。室町幕府的中世的统治就此瓦解了,有实力者扩大势力、以下犯上的时代开始了。而且,它还强化了组织、发掘了人才,使经济更加繁盛起来。

到了 16 世纪,各个地方的豪族们都竞相引进新技术,开发土地,建设水利设施。正好在这个时候,用坑木支撑到深层采挖矿石的矿业技术也传了进来。精炼和冶金的技术也得到了发展。到了 16 世纪后半叶,南蛮的技术也加入进来。其中最重要的一项是被称为"金银提炼术"的水银精炼法。依靠这项技术,日本金银铜的生产量大幅增加,货币用的金属得以充分地积蓄。这与增加土地开发的农业生产相结合,促进了商业的发展,推动了适宜的土地的合理生产。

织田信长撤除关卡,实行"乐市乐会"①。这是一种适应扩大商业需要的政策。畿内②的商人们一开始还唯恐这会破坏秩序,但几年后之所以转为热烈地支持信长,也是因为他们切实感受到统一市场的形成所产生的巨大利益吧。相反,将军足利义昭和本愿寺之所以反对信长,也是因为这个政策的革新性摧毁了整个旧势力的基础吧。

日本的"文艺复兴"——战国时代

说到"战国时代",一般总认为那是一个弱肉强食的战乱时代,容易产生这样一种印象:那是柔弱的民众在武士的雄心和贪欲下受折磨的悲惨时代。但绝非仅仅如此。引起以下犯上这种乱世社会的,是技术进步和开发进展所带来的经济力量的扩大,是生活的提高和人口的增加。

的确,战争频繁,而且每次也都出现许多家园被烧、田地被毁、遭到暴力杀害的百姓。尽管如此,也比先前时代受害于山贼、强盗、无赖来说还是好多了。当时虽说是平民百姓,但也绝对不是老实的受害者,有时他们会成为武士,有时他们是大胆、凶猛的集团,会追打那些落荒而逃的武士。只是因为得知织田信长在"本能寺之变"中被杀害了,各地

---

① 乐市乐会:日本战国安土时代,大名为了网络商人受其统治,在城下町和重要城市都废除了以往的垄断市场和同行会的特权,承认新商人拥有自由的营业权利。——译者注

② 畿内:在日本是指朝廷所在地周围四、五个地方的总称。当时,指山城(京都府)、大和(奈良县)、河内(大阪府)、和泉(大阪府)、摄津(大阪府和兵库县一部分)。——译者注

的地方武士和百姓立即行动,杀死了准备从堺市出发到伊势①的穴山梅雪②一行,而且,把在甲斐③的河尻秀隆连城一起给捣毁了。当时,武士和农民的区分还并不清楚。

经济的发展带来了人口的增加。从平安初期到室町中期,日本的人口没怎么增长。在"应仁之乱"④的时候,也还是 800 万人左右。但是,从那时候起,人口开始显著地增加起来。据说到 1600 年关原之战的时候已经达到了 1 600 万人。也就是在 100 多年的期间内,人口翻了约一倍。而且,生产力也提高了,国民生产总值在这一期间变为原来的 3 倍,人均国民收入增加到原来的 1.5 倍。

以这种增加人口和扩大物质生产为基础,出现了职业武士,工商业得到了发展,日本再次迎来了物质富余的时代。织田信长和丰臣秀吉等人那种甚至卑鄙的物欲,表现出了这个时代的日本人具有与光源氏相反的形而下的想法。

那些掠夺丰富的剩余产品的掌权者们,使灿烂的大型文化开花结果。建筑物突然变得巨大起来,绘画也成了耀眼的镀金作品,武器完全隐身在自我表现的装饰中。这一时期是被称为安土桃山文化的绚烂豪华的大型文化时代。

16 世纪,"文艺复兴"在欧洲被荣耀地描述成是古代的理性精神和写实艺术复兴的时期。但是,从政治上来看,无论是推崇写实美术的意大利,还是推进宗教革命的德国,都处于小国分裂的持续战争状态,残酷的迫害和毒辣的阴谋远比当时的日本更为激烈。战国时代的日本也处于这种相似的状态,但是日本这个国家比起经济发展、社会进步、文化革新更重视战乱,所以叫做"战国时代"。这也是因为这个国家很少有大场面的战争的缘故。

---

① 伊势:位于日本现在的三重县中部和志摩半岛北部。——译者注
② 穴山梅雪(1541—1582):战国时代甲斐武田氏孙信义的武将。——译者注
③ 甲斐:是日本现在的山梨县。——译者注
④ 应仁之乱:室町时代、应仁元年(1467)到文明 9 年(1477)以京都为中心持续了 11 年的内乱。——译者注

由发展志向支撑的丰臣家的组织

那些生活在这种战国时代的人们，对物质财富的丰富感到幸福，追求财富增长的意向很强。而且，意向很强的人物获得了成功，发展了强大的组织。其象征就是丰臣秀吉，就是他的组织——丰臣家。

恐怕在日本历史上再也没有像丰臣家那么快速发展的组织了。说起从前尾张①中村乡的一个贫民百姓小伙子"猿"，侍奉织田信长30多年，就得到了天下，这真是不得了。按照今天的话来说就好像是一个中学没毕业的学生，进入了中小企业，随着这个企业的发展而发迹，终于从子公司的负责人成为世界上少数几个大公司的创业者。

当然，这个组织不仅扩大了，而且组织的构成人员也发迹了。正因为如此，无论是秀吉本人还是其家臣们都满怀发展的志向。最初那些贫穷的小走卒，服侍其头目丰臣秀吉的人们，一个一个成了大将，当上了一城一国的领主。特别是在秀吉当上近江长滨②俸禄为50 000石③的大名以来，连战连胜，出人头地就像是唾手可得。这种情况下成长起来的年轻人们，怀有期望只要好好干、立下战功就一定会加官晋爵的发展也是理所当然的吧。在有关秀吉家臣的逸闻中，赞赏发展志向的故事就相当多。

例如石田三成。他在十五六岁的时候，为秀吉的侍童，20岁时当上了近江水口④俸禄为40 000石的大老爷。这个时候，秀吉期待着宠臣石田三成一定能够聚集有才干的家臣，过了一个月左右之后，他便询问道：

"佐吉啊，家臣快聚集齐了吧。"

佐吉是三成的小名。对此，三成回答道：

"托您的福，好不容易找到了一个……"

"我给了你40 000石俸禄，你只雇到一个人，这是怎么回事呢？那

---

① 尾张：位于日本现在的爱知县的西部。——译者注
② 长滨：是一座位于日本滋贺县的东北部、琵琶湖东北岸的城市。——译者注
③ 石：在日本，它是表示大名、武士等每月领取俸禄的单位。——译者注
④ 水口：位于滋贺县东南部的一个地名。——译者注

个人是谁啊?"

面对秀吉的问话,三成挺着胸膛说:

"是岛左近!"

岛左近原来是大和筒井顺庆①的家臣之长,在顺庆死后成为了浪人,是当时人尽皆知的名士,据说有许多大名想用 100 000 石来雇他都被他一一拒绝了,就是这样一个男子。而且,比石田三成要大上 20 岁。

"那么有名的人想要跟随你这个只有 40 000 石的小子呵。你给了他俸禄多少石呢?"

"20 000 石。"

40 000 石给了两万石的话,石田三成就只剩下 20 000 石了。就连秀吉也吃了一惊,说:

"自古以来还没有听说过老爷和家臣的俸禄一样高呵。"

三成回答道:

"不,接下来我要用左近建立战功,让您给我加到 100 000 石。这样就平衡了。"

这个故事被认为是石田三成非常重视人才,为了优秀的人才而不惜个人俸禄的佳话。但还有一点重要的是接下来以建立战功加官晋爵为前提的人事政策和发展志向的经营思想。

这种倾向,不仅仅是石田三成,也多见于丰臣秀吉和织田信长的很多家臣。秀吉的组织之所以强大的原因之一,也在于以接下来的发展为前提,集合了超出现存收入的人数。按照现在的话,就是对看涨的行情做了先行投资。

因"人事压力综合症"而向朝鲜出兵

但是,当秀吉得到天下,赶跑小田原城、平息了九户之乱,平定了九州、东北北部地区的时候,武士的世界就没有发展的余地了。以发展为前提进行管理的无论是各个大名及其家臣都突然犯起愁来。这与现在

---

① 筒井顺庆(1549—1584):安土桃山时代的武将。——译者注

的工薪阶层以每年都有定期的加薪为前提来进行贷款时却突然发展停止，无法再期盼加薪是一样的。作为整个企业，可以说依靠先行投资完成的设施在国内市场的范围内处于无法运转的情况。

那么，该怎么办呢？丰臣家的那些家臣们进行了各种各样的讨论，结果是"如果日本已经没有发展余地了，那就去朝鲜吧。"以现在的企业来说，就是"如果国内市场满了的话，就往国外出口"是一样的。

事实上，这是成长组织容易陷入的一种"人事压力症候群"现象。一开始出于内部的人事原因决定"必须做点什么新事情"之后，就选择似乎能做的事业，因此，连不好的事业都扑上去了。

1991年出现的"泡沫经济"也与此相似。习惯于高度增长的各个企业，把剩余资产和剩余人才集中到房地产和股票的投资上，在粗糙的开发计划上花费了很多钱。总之，如果不做点什么，企业的发展和人事位置的替换就运转不起来了。

这种现象在以后日本的企业中还会不断地出现吧。企业内部挤满了人，大学毕业的公司职工逐渐趋向高龄。无论是为了提供职位，还是为了不断地定期加薪，发展都是不可欠缺的。作为结果就会选择被认为"比较好的"事业计划。而且，这种计划多数情况下都是一些重复以前成功经验的传统做法。

丰臣秀吉所尝试的新事业——向朝鲜出兵，也是一种在军事上扩张领土的老做法。但是结果却失败了。以此为契机，一些家臣分裂了，丰臣家灭亡了。武士社会的发展时代，经历了百年之后就结束了。

德川家康打发具有发展欲望的大名

在零和①社会中一旦出现期待发展的人，就会丧失安定。了解这一点的德川家康，深刻地感受到有必要将不应该期待今后发展的事情彻底地灌输给武家社会。因此，家康将那些稍微有点发展欲望的大名都打发走了。

---

① 所谓"零和"是来自英语的"zero—sum"一词（意思为一方得利引起另一方失利的、得失相依。）。——译者注

首先被打发的就是福岛正则①。家康以说话措辞有毛病为由把关原之战最大的有功之臣、做了安艺②和备后③、俸禄为 47 万石大名的正则打发走了。而真正的理由是为了要告诉世人这个男人具有很强的发展志向，而这种人就会被打发的吧。

　　因关原之战到西面阵营去的大名，由于战败大都被打发走了。但当时即使俸禄减少了也存活下来的人，之后就没有再被打发。上杉、毛利、佐竹、立花等虽曾一度减少了俸禄，但以后却长久太平。到了锅岛和岛津他们，基本上都是确认原有领地的形式了。

　　家康和第二代将军秀忠在元和④以后打发的都是关原会战中忠诚效力的人们。

　　即使打发掉那些原先反抗德川家的大名，也只是被视为"以前的积怨"。但是，一旦打发了忠义之士，大家都会考虑其原因。因此，家康就具有发展志向是多么的危险，进行了直观教育。

　　即使现在，按照几个中小企业所破产的程度来看，谁也不会感到吃惊。当祈求泡沫经济垮台、土地神话消失的时候，那些认为"绝对没有问题"、"政府不会见死不救的"一流大企业，仅仅因为地产投机的原因而破产的话，社会就会受到强大的冲击，各个企业不会再出手进行土地投资了吧。家康就是有意识地做了这些。

　　福岛正则、加藤清正、加藤嘉明等人虽是承蒙丰臣恩典的大名，却在关原之战中一个一个捣毁了支持家康、为他而工作的那些人家。其中，最具有悲剧性的就是最上义光。这位大名对德川家十分忠诚，在关原之战中单枪匹马地对付上杉景胜的军队，英勇奋战，消灭了很多人。然而最上义光仅仅因为长子在丰臣秀吉的请求下留在大阪城与丰臣秀赖关系亲密这个理由，就把他杀了。尽管德川家康也杀死了被织田信

---

　　① 　福岛正则(1561—1624)：安土桃山时代的武将，自年少起就伺奉丰臣秀吉，后成为尾张清洲（位于现在爱知县西部、浓尾平原的中央部的一个地名）的城主。关原之战加入德川一方。——译者注

　　② 　安艺：现在的广岛县。——译者注

　　③ 　备后：现在的广岛县东部。——译者注

　　④ 　元和：江户初期，后水尾天皇朝的年号，即 1615—1624 年。——译者注

长怀疑与武田相勾结的长子信康极其妻子筑山殿,但是最上义光的做法更为极端。因为在受到嫌疑之前,他就让儿子剖腹自杀了。

家康竟然把那样尽忠尽职的最上义光家给彻底毁了。这是因为他看到了最上家具有战国时代的霸气、也就是有一种发展的欲望。

更甚的是,家康还不喜欢武士留胡子。胡子原本被认为是为了能够显得强大而蓄的东西,但是想要显得强壮这种想法本身,就是在战场上寻求战功的发展欲望的体现。

因此,大名们都把胡子剃了,而且还努力使胡子看上去很稀疏。甚至出现了像加贺①、俸禄为百万石的前田家第三代大老爷前田利常那样,把鼻毛留长然后在其前部饰有蜻蜓来走路的逸闻。

禁止发展欲望到这种地步,就产生了这样一个疑问:"武士为了什么而生存呢?"

最初给予解答的是铃木正三(江户前期假名小说的作者)。他提出了"武士应当舍去物欲而努力修养心性"的哲学。

也许铃木正三是从儒家思想中想到这个的吧。朱子学以后的儒家虽然奖励勤勉,但是这种勤勉绝对不是对物质生产的鼓励。它劝告大家要勤于学问,重视礼节等物质生产以外的东西。值得注意的是创立这一学说的朱熹(朱子的本名,1130—1200)所生活的年代是中国亚近代末期的南宋时期,是难以期待发展的时候。

铃木正三的观点对德川幕藩体制下武士阶层来说是一个解答。他们本来就不是进行生产的阶级。因此,甚至不去争取物质上的富足,只要剑术和儒家的教养得到肯定,在武士社会也能够得到应有的名誉。幕府为了适应这个,将物质财富的丰富(禄)、权限的大小(权)以及地位的高低(位)作为独立的东西,逐步建立了每一方面都分担一定程度上的满意和不满的制度。旁系大名的财富比较多,加入幕阁的将士权利比较大,而京都的朝廷地位比较高。作为统治阶级的武士社会已经做好了从物质财富丰富的时代到匮乏时代转变的准备。

---

① 加贺:位于日本现在的石川县的南部。——译者注

日本式的勤勉和软件文化

在商家商训中零和社会的生存方式

但是,在这个时期(幕府初期),经济还在持续急速增长。随着战乱的结束和社会的安定,原本投入到军事上的资金和人才现在投入到了土地开发和商业活动上。结果,经济是发展了,人口也增加了。可以看到,从 1600 年的关原之战到元禄中期这大约 100 年的期间,人口是原来的近 2 倍,国民生产总值是原来的 3 倍。

但是,这种发展在元禄中期到达顶峰后也很快地结束了。由于技术的停滞和资源供给的极限,失去了投资的对象。因此,在经济界即商人的世界里也出现了零和博弈的现象。

其结果,首先出现了钱财剩余的现象,利息下降了。德川时代虽然有很多高利贷,但是对于可信赖的投资对象所进行的借贷利息是相当低的。到了享保以后,当时可以被称为最优惠利率的大名贷款在 3% 以下。优惠最大的时候,甚至降到了 2%。因为效率高的开发项目已经没有了。也就是说,整个社会出现了人多物少的现象了。

第二,出现了严重的经济不景气。从元禄末期到宝永①,经济状况一路下滑,引人注目的乐观主义消失得无影无踪,悲观厌世的情绪荡漾开来。近松门左卫门②创作的反映一同自杀的作品流行开来也是在这个时代。接着就持续引发了享保时期的经济大萧条、大饥荒。

第三,在商业界也出现了对发展志向的扼杀。新兴暴发户纪国屋文左卫门③、奈良屋茂左卫门④不仅破产了,而且还吃了入狱的苦头。另外,战国以来的老店——淀屋辰五郎也受到了关所(没收财产、驱逐

---

① 宝永:江户时代,东山和中御门两个天皇朝代的年号。即 1704—1711 年。——译者注
② 近松门左卫门(1653—1742):江户中期,日本净琉璃、歌舞伎脚本作家。——译者注
③ 纪国屋文左卫门(? —1734):江户中期的大富豪、商人。——译者注
④ 茂左卫门(? —1714):江户中期,有名的深川木材商,奈良茂的第四代,名为神田胜丰。同纪国屋左卫门并称大富豪。——译者注

到大阪)的处罚。理由很暧昧，说是"过于奢侈"。

商人原本就是追求富裕的阶级，他们就是以财产的多少来决定评价的。尽管这样，一旦整个社会变得缺乏发展性，把积存资产享受生活当作坏事的话，就会面临严重的问题。不仅是经济经营的着眼点，而且还会引起人到底为了什么而劳动，商人为什么一定要勤奋工作这样的人生观的哲学问题。从元禄末期到享保大约 50 年的期间里，日本的商业界面临着这个问题经受了一次又一次的烦恼。

在这期间，很多商家都制定了家训。鸿池①家训、三井②家训等等是这个时代率先写下的东西。因此，这些家训主要是"遵守教训"，也就是在结算为零的社会中容易失去商人的道德和生存之策。其中强调的是忌奢侈、斥责懈怠、重视人际关系，也就是以防经济萧条、积攒财物货品、保持勤勉的习惯和确保忠诚心。

的确，作为个人或者一个商家就要这样吧。但是，如果大家都勤奋地工作、都很节约的话，就会失去经济的宏观平衡。这也是显而易见的。作为整个日本国家，只增加生产会出现严重的需要不足。也就是说会产生这样一种"综合的谬误"：即微观的正义导致宏观的不幸。

明智的是日本人很早就注意到了这个矛盾。他们为该如何解决这一问题而苦恼。其实，这是古代末期，从公历 3 世纪到 5 世纪，地中海地区和中国人所遭遇过的问题。结果，他们趋向于比起物质上的富裕，更追求内心充实的宗教。日本也出现了这种动向。其典型就是伊藤身禄提倡的富士讲③。

---

① 鸿池：是指鸿池善右卫门(1667—1736)，大阪市的富商。——译者注
② 三井：是指江户前期的商人、财阀三井家的创始者三井高利(1622—1694)的长男三井高平(1653—1737)制定了家法，巩固和发展了三井家的基业。——译者注
③ 富士讲：是一种信仰富士山的宗教团体。信徒夏天穿白衣，手里摇着铃铛，边念着"六根清净"边攀登富士山。江户时代因出现了角行身禄而盛行。明治以后，该教变成扶桑教。——译者注

解答勤俭与节约这一矛盾的石门心学①

伊藤身禄与三井家一样出身于伊势的松坂②,到江户兴建商业,获得了巨大成功。他好像是一位非常勤奋、节俭的伊势商人。唯一和别人不同的一点是,他注意到了如果大家都拼命干活、勤俭节约的话,宏观平衡就会被打破。于是,他便探索解决这一问题的办法。他得出的结论是:提倡六根清净、攀登富士山。因此,他成为名符其实的富士讲的鼻祖。

正如它所说"金钱乃渡尘世之船筏"那样,富士讲是极其肯定现世金钱的思想。但另一方面,它也是边说六根清净边登富士山的一个"徒劳劝诫"。为了不使勤奋节俭产生生产过剩,只能重复着"徒劳",由此便可以了解到当时的商人们有多么大的苦恼了吧。

尽管如此,富士讲的共鸣者很多,一时形成了相当大的势力。但是,它也受到了批判。因为过于露骨的"徒劳"是不能够积极地解决问题的。

最终给予解决这个问题的是石田梅岩③。他出身于丹波④,到了京都以后当了一名绸缎庄的学徒,但这个绸缎庄倒闭了。但是,关于这件事,梅岩连父母都没有告诉。他不要工钱继续当学徒。恐怕这是受到极为严厉的父亲的影响吧。

石田梅岩的父亲虽然是平民百姓,但是据说在梅岩小的时候,拾了栗子带到家里,父亲就问他那个栗子是落在山的边界线的右边还是左边的?梅岩回答说是落在左边的,结果其父亲就说"那不是我们山上的,你给送回去吧",半夜就让梅岩上山去了。

---

① 石门心学:江户时代由石田梅岩创导的一门心学。所谓的心学就是在中国明代王阳明的学说中将神道·佛教的趣旨加以调和而成的一种实践道德的教义。——译者注

② 松坂:是位于三重县中央部的地名。在伊势平原的南部,面临伊势湾,商业发达。——译者注

③ 石田梅岩(1685—1744):是江户中期的思想家,是石门心学的鼻祖。他曾在京都开设讲习所,肯定商人的作用,教化民众。其主要代表作有《都鄙问答》、《齐家论》、《石田梅岩语录》等。——译者注

④ 丹波:一部分位于现在的京都府,一部分位于现在的兵库县。——译者注

这个父亲在梅岩当伙计的时候还嘱咐他,"要把雇主当作是自己的父母,既然是父母,就不能做丢老板丑的事。"梅岩遵守这个教诲,即使老板破产了也没有告诉父亲。结果,过了几年,父母来看望他,店关闭了,生活赤贫,真是太凄惨了,才把梅岩带回了家。之后,梅岩在丹波当了一阵子的平民。过了 20 岁以后,他又一次去了京都,在一家叫做黑柳的绸缎庄当学徒。

一般来说,学徒从 12、3 岁开始,到了 20 岁左右成为二掌柜,30 岁左右就会飞黄腾达当上掌柜。石田梅岩则是以二掌柜的年纪作为新来的学徒进入黑柳的。用现在的话来说,就是 30 岁被当作初中毕业生,进入公司后远远落在后面。

即使这样,他也继续努力做学徒,终于在 40 岁左右当上了掌柜。一般的人这个时候正是干完了掌柜就退职,自立门户娶妻成家的年龄。当时的商家,即使是掌柜住在店里,这期间也是不能结婚的。

在人生只有短短 50 年的时代里,到了近 40 岁才开始娶妻成家,这说明德川时代的商人是非常禁欲的。在物质缺乏的零和社会里要以安定作为目标,就必须这样做吧。

这样一来,流行光顾妓院也不是不可思议的了。江户妓院主要的客人是单身赴任的武士,而大阪妓院则是商家的掌柜、二掌柜。大阪南面的道顿堀有戏院子,北面的花街柳巷有妓院。如果把红灯区建在市中心的话,二掌柜和掌柜一有点空就会去玩。因此,为了防止这个,故意设在了要花时间的南北两头。可以说是考虑到了软件的城市规划。

石田梅岩很长一段青春时光都在这种禁欲的世界里渡过的,到了40 岁终于当上了掌柜。这时他退了职,办起了私塾,但从那段时光中受到了种种启发,可以说悟到了石门心学的根本。

石门心学成为日本人的劳动观、勤勉观的根基

石门心学的根本尽在"诸业即修业"这句话里。努力从事所有的行业——农业、商业等等——就是对人格的修炼。石门心学认为在生产活动以前工作是对人格的一种修炼。

因此,人首先必须勤奋。如果不勤奋,就无法磨炼优秀的人格。同

时，既然工作是对人格的修炼，所以就没有必要拘泥于生产效率。也就是说把勤俭和节约的并存转化为人格培养这种教育哲学，由此说明要无视经济生产率。

在概括石田梅岩想法的语句中，有这样一句话。"别人工作三刻（六个小时）得到三石①的米。我工作四刻（八个小时）得到三石外加一升。真是好极了。"这是说如果工作三刻得到三石，那么一刻的生产率就是一石；而工作四刻得到三石加一升，最后一刻的生产率为百分之一。但是，既然工作四刻是对人格的修炼，那么即使只增加一升也是很好的。

由于这种思维方式给当时的日本人提供了一个解释苦恼的合适答案，所以它迅速传播开来。石田梅岩辞掉了掌柜的工作在京都开起了私塾，最初是面向大马路只对一个人讲解。梅岩自己写道：当时的听众只有一个提着萝卜的平民百姓。

但是，后来他的思想立即得到了共鸣，3年以后甚至成立了大阪分校。它瞬间传遍了全国，最终发展为被称作"石门心学"的思想体系。

洋洋洒洒地写下战国时代以来的历史和社会风潮不是别的，因为这个"石门心学"至今仍给日本人产生了独特的劳动观和勤勉观、直至现在还对日本的商品和服务市场发挥着重大的影响。

马克思·韦伯（1864—1920）指出：欧洲的资本主义精神产生了新教。

支配中世纪欧洲的天主教的思想，是在中世纪物质匮乏的时代完成的，因此始终贯穿着这样一种"清贫的哲学"：不可以对物质财富的丰富产生兴趣。新教徒在马丁·路德（16世纪宗教改革者）刚开始点燃宗教革命的战火的时候单纯、朴素，倒还批判借助天主教会的权威进行聚敛钱财的主张。但是，因为正好是文艺复兴时期，在意大利和西班牙等国正值对物质财富十分关心，写实美术和地理发现得到进展的时期，

---

① 石：在此是计算容量、谷物等的单位，相当于"斗"的10倍。——译者注

所以出现了关注物质财富生产的卡尔邦主义①(16世纪的宗教改革)，首先肯定了"勤勉"。这与中世以来的清贫结合在一起，就产生了勤勉而又节约的清教徒(Puritan)思想。

但是，如果勤勉、节约的话，宏观平衡就会被打破，这在日本和欧洲都是一样的。因此，具有一时在意大利引发清教徒革命这股势力的清教徒，结果也无法居住在欧洲，不得不移居到美洲大陆。倡导勤勉、节约的清教徒们的安身之地，只有资源丰富、土地辽阔的美洲大陆了。

与此相反，既不能移居到新大陆，也不能扩大出口的日本商人们，经过痛苦的思考之后，在"石门心学"中发现了救星。在欧洲提倡勤奋、节约的人们到达美洲与原始森林斗争的时候，日本的商人们认识到勤奋对于人格修养的作用，在资源稀少和面积狭窄的土地上"拼命"努力着。

但是，即便是同样的新教徒，曾经被称为胡格诺派(16—17世纪法国的宗教改革者们)的人们一方面肯定了勤奋，另一方面也否定了清贫。他们认为，如果勤奋地工作积累了财产，用它来好好地享受人生不是很好吗？拥有这种思想的人也受到了清教徒的强烈镇压，被驱逐出法国转移到了比利时和荷兰等国。这才是与马克思·韦伯所说的同资本主义精神相关联的新教。基于这种精神，16世纪的荷兰在开展生产、发展海运的同时，也展开了满足需求的市民文化。

日本的石门心学，在重视勤勉的同时也认为节约＝清贫是好事。在这一点上，它与韦伯的新教有很大的不同。而且，由于它与人格修养结合到了一起，所以产生了一种在国外见不到的独特的劳动观，也制定出了对人的评价。例如，在禅宗的修行中，首先每天要进行清扫。如果勤奋地做好这样的工作，就能够了解禅宗的精神。但是，这不是禅宗本来的思想，而是吸取了石田梅岩思想的结果。

与其说作为禅宗的石田梅岩通过倡导石门心学大大地改变了日本

---

① 卡尔邦主义：基于法国宗教改革者简·卡尔邦(Jean Calvin，1509—1564)教义倡导的新教主义。把圣经视为最高的权威，树立组织的神学，进行教会的建设，为近代社会的成立起了很大的作用。——译者注

的禅宗思想,倒不如说,这时的禅宗已经变得与镰仓时代的禅宗完全不一样了。

在中世的中国产生、镰仓时代被传入日本的禅宗,其本来的思想是极其禁欲、形而上学的。像达磨①大师那样面壁九年努力思索和自我反省才被认为是伟大的。中世思想之一是:不面壁而忙于农耕,就不受到尊敬,轻视勤奋而重视清贫。

在欧美,有的研究团体会使人误解现在的日本,其中之一就有禅宗的研究家们。他们的研究对象主要是镰仓时期的禅宗,是讨厌生产活动只追求精神修养的中世思想。因此,在禅学的研究学者中,有些人误解了日本人的劳动观,主张把今天的日本人在公司长时间的工作只看作是政府和企业的强制。

但是,今天日本人所了解的禅宗是与镰仓时期的禅宗完全不同。它是在德川时代中期以后加入了石田梅岩的思想而创造出来的禅宗。即使它传承了同样的名称,继承了相同的组织,也因时代不同,内容也改变了。

认真游玩的日本人

"石门心学"的"诸业即修业"的思想,在物质不足、人力剩余的德川时代向各个方面扩展,并产生了很大的影响。例如,过去的农民只要一有空就去田里。今天有空,就要拔拔草。今天没有什么事,就要踩踩麦苗。就这样,他们报以"玩乐的话就太浪费了"的想法,不考虑生产率而进行工作。因为如果不这样干,作为农民的人格就会受到怀疑。

至今仍有水果店等其他店铺都没有休息日,每天营业到很晚。我到这些店去问了问,据说晚上 9 点以后来买东西的客人最多也就两三个人,营业额只不过是五六千日元。如果除去照明费什么的,赚不了什么钱。尽管如此,还要营业。据说这是因为"反正回到里屋和看店都没有什么差别"。否定无为的时间、认为什么都不干是"浪费"时间乃是日

---

① 达磨:梵语,Bodhidharma,菩提达摩,禅宗的始祖。——译者注

本人的一种价值观的体现。

　　日本人不承认"无为的时间"里的价值。这也可以说体现在休闲和假期。本来所谓的"假期"就是"大大的空白"的意思。按照欧美人的观点，如果不是空白的话就不是假期。但是，日本人说到假期，就会认为这是或运动、或旅行、或看剧、或欣赏音乐等做点什么的时间。报纸上的论调也是叹气地写着"虽然休息日增加了，但是睡囫囵觉的人依然很多"。囫囵觉才是真正的假期。他们想都没有想过为了渡过"无为的时间"而去别墅、海边和山野等地。

　　因此，日本人想在短暂的假期中认真地游玩。根据夏威夷观光局的调查，日本人如果呆上四天三夜，会花费与美国本国人呆上两周一样数额的钱。美国人在海边无所事事地呆上两周，而日本人会雇个出租车到处观光，忙着购物，毫无目的地去打高尔夫球，所以平均每天的消费金额就是几倍。

　　这在现在的年轻人身上更是明显。不管自己喜欢不喜欢，"如果不去滑雪的话就会被人讨厌"，"不会背着氧气瓶潜水，就会感到难为情"。因此，他们拼命地练习。通过流行信息杂志来探询什么流行，大家都在干什么。他们的"玩乐"是为了让人看起来很酷、聚集朋友的一种"修养"。

重视细节、不擅长总体

　　在资源有限的社会里，如果厌恶无为的时间而勤奋地工作，那么就会在少量的资源和狭窄的土地上进行大量的劳动。其结果产生了这样一种审美观：就是拘泥于细节，在有限的材料中注入更多的劳动力。按照字义，"拼命"正是生产者勤劳的证明，也就是人格高尚的证明。

　　这样一来，细心的观察和不引人觉察的关怀就变得很重要了。这到达极至后，就会自然而然地产生专注于脱离产品自身的功能和外观那一部分的现象。这与国外的工匠不同，由此产生了一种日本式的"工匠技能"或"工匠性格"：指出无关紧要的地方来证明自己的勤奋。和服背面的针脚、器皿底部的木纹、焊接的背面等等，在这个国家的市场上至今仍很重要。没有充分考虑到这一点的外国产品在日本是卖不掉的。

　　以前有一家电视公司通过电视画面介绍了一种美国家庭用具——锅，并接受订货把它们销售出去了。但是，商品一发出去，投诉就纷至沓来了。那个锅的周边涂抹了油漆，接触火的底部当然没有涂抹。而买了这种锅的消费者，投诉说涂抹的地方和没有涂抹的交界处不是彻底的圆形，有油漆的余沥和渗出现象。

　　负责销售的电视公司要求美国的生产公司将油漆流下来的部分修复一下。对此，美国的公司感到很震惊。因为锅里面盛有热东西，所以把它举到头顶去看底部是很危险的。美国那边的答复是：因为锅底是看不到的，所以也就无所谓了。但是，日本人就是拘泥于这些本来看不到的地方。

　　日本工匠的特质是：连看不到的地方都去关注，由此主张自己的勤奋甚至人格的高尚。而且，他们深信不疑地认为这才是内行（专家）。结果，日本行家过于重视细节、轻视整体的倾向变强了。

　　就连建筑物也是如此。日本人对细微部分的施工是非常完美的。例如嵌板的贴法等等非常仔细，地板上瓷砖也是从中间向两侧贴开去，使到两边墙角留下的都一样。在国外都是从一边按顺序往下贴，在一边留下半块的情况很多。即使这样在无法同时看到两侧的大屋子里，既看不出区别，也没有什么影响。但是，日本的专家们是绝对不会放过这种"不认真的做法"的。

　　另一方面，如果看一下整个建筑，倒是国外建造得好看。特别是整个街道，国外的街道真是看起来很漂亮。这是因为在重视细节的日本，按照抑制细节负责人的意向进行整体调整是很困难的。

　　这也影响到了组织本身。日本的组织，上层的控制是弱小的，部门科长和股长的权限是很大的。负责细节的下属才有权限。在资源不足的情况下，重视勤勉、一个劲地投入劳动力的德川时代，特别是享保以后的日本人的思想，在这里也得到了体现。

　　今天，日本的工业产品具有强大的出口竞争力的秘密，就在于这种细微部分的精湛。从国外引进总体设计，用日本人的勤勉来制作细节，就能够生产出品质优秀的产品。相反，外国产品在日本卖不出去的理由之一就在于细节粗糙，小故障很多。今后日本要想成为世界性的大市场，必须要告诉大家日本市场的这种特殊性。而且，有必要告诉大家这种特征并不是最近才出现的，而是扎根于日本的历史和文化的。

日本所面临的经济摩擦，不仅仅是因集团主义和发展志向给供给者方面带来的问题，而且这个国家消费者的独特的审美观也是一个很重要的因素。

资源不足所产生的软件文化

长时间的物资不足、人力过剩的时代还遗留了一个很重大的影响。这就是比起需要资源的硬件，更重视通过人力提高其利用价值的软件。

可以说世界上有而日本没有的则是"都市的城墙和手铐"。就前者我已经说过好多次了，后者欠缺手铐，其重要性也不次于前者。

在人类社会中，一定存在着犯罪者和战争俘虏等必须对其身体进行束缚的人。正因为如此，手铐、脚镣、枷锁等等束缚身体的器具在很早的时候哪个国家都产生了。但是，只有日本，好像在模仿西方文明的战国时代制造了极少数以外，直到明治时期完全都没有。不，到了昭和初期都很少，大部分警察都在腰间挂着"警绳"。

在日本并非没有应该束缚身体的犯罪者。日本人用绳子这个泛用材料来对付犯人，而没有制造手铐、枷锁那样的专用器具。为了不伤害拘捕者的身体，还不能让他逃跑，这样绑起人来可不容易。如果对方是职业的盗贼或者间谍，学会"脱绳术"之类的话就更麻烦了。

因此，在日本甚至想到了"捆绑术"这个东西。到了德川时代中期以后，它变得规范起来，根据对方的职业（身份）、姓别、年龄分为13种之多。有用于武士的、用于商人的、用于僧侣、女性等等，对不同的人规定了不同的形式。为了掌握这些，也需要3年的修炼。尽管如此，在日本这个国家终究没有出现这种想法，即要制作手铐这种便利的专用器具。因为依赖硬件，作为行家认为是很羞耻的事情。

关于这一点，在所有的方面都能看得到。外国的住宅按照功能分为餐厅、起居室、卧室。而日本的住宅排列的都是相同形式的房间，根据软件（利用技术）既用作餐厅，也用作客厅，也用作卧室。拿掉隔扇，就是一个大厅，便利到连举行婚庆葬礼都可以在自己家里进行。

在日本，吃饭时使用的餐具也就是筷子一种。与摆放着从刀子、叉子、汤匙到食用蜗牛专用夹子的西餐相比大为不同。相反的是，像茶道那种软件很发达。这是因为在物资不足、人力剩余的德川时代，人们不依赖专用器具而用软件来解决一切，这才被视为是专业知识和人格高尚的一种证明。

"模式文化"所产生的教育大国

在依赖专用器具的欧美，如果特定的专家生产并供给器具，其他人可以不用那么辛苦就能够使用。但是，在软件文化的日本，消费者必须学会每一种使用技术。当然，就需要对这些进行相应的传授和教育。因此，首先需要大量培养可以传授的教师。为了使其成为可能，从德川时代中期开始，确立了软件的规范化，也就是"模式文化"。无论武道、茶道、花道、围棋、象棋，还是对读写算的教育，都制定了"模式"、确定了"棋谱"。只要记住了"模式"，首先就能掌握基础、基本，所以即使只能教授"模式"的人也可以担任初级教育的教师。在德川时代后半期，之所以在全国的农村都广泛开办了私塾和武术道场，就是因为这个原因。

另一方面，就连一般的老百姓比起物质财富也更重视软件，与其给子孙留下金银财宝倒不如热心于投入教育。在幕府末期，日本之所以已经成为"教育大国"也是因为这个原因。

这在提高日本人的平等性和信息共同性的同时，也有助于使"本色文化"更为纯粹。因此，如果是能授予万人的"模式"，那么需要特殊技术、不自然的行为思想就不好办了。

另一方面，它也遏制了个性和创造力。首先被灌输的是前人规定的"模式"，"打破模式"是禁止的，"自成一派"是遭人蔑视的。其实，"自成一派"才是个性，才是创造。

这些也与明治以后的近代化、特别是战后的规格化大量生产型工业社会的确立有着很大的关系。因为这个国家已经大量地培养出了"按照模式"模仿从欧美发达国家引进的技术和知识的骨干技术人员。

第六章　最适合工业社会的繁荣与极限

通往最适合工业社会的道路

迈向"富裕"的机构

此前用了五个章节的篇幅论述了"何谓日本"的问题。

我在前面讲述了日本有着世界上无以伦比的种种特色,并从风土和历史方面叙述了它们的由来。这是因为我想说就是这些特色在构筑今天的"富裕的日本"上发挥了巨大作用。

但是,仅仅如此并不能成为对日本已经富裕的一种解释。日本的风土自史前就有的,日本人具有实用主义的特质始于1400年以前。在这个国家里,产生对共同体强烈归属意识的集团主义的秉性,以及所形成的信息共同性,都是很久以前的事。甚至在确立比较新的石门心学关于勤劳观和重视细节的审美观之后,竟然经历了200年以上。尽管如此,日本在很长一段时间都是很贫穷的。这个国家以其在世界上最富裕而开始感到自豪,是在20世纪的后半叶,特别是从20世纪70年代开始。

因此,很显然日本的风土和历史文化即便是使这个国家富裕的潜在要素,但也不是直接的原因。20世纪70年代以后的日本能够成为相当富裕的国家,是因为日本具有把这些诸多要素结合起来而产生的"能够富裕的机构"。在这最后一章,我决定论述一下这个机构,并总结它和风土以及历史文化之间的关系。

不过,在此之前,还是有必要再一次回到日本的现状中事先明确一下日本社会的构造、素质以及风气、秉性。这是因为如果没有正确的认识现状，就无法得出正确的结论。

生产者的天堂、消费者的地狱

现在，也许大家都认为日本是一个非常富裕的国家。正如第一章所述，人均国民收入已达到了世界最高水平，人均资产已成为世界绝对首位，国际收支一直持续大幅盈余。如果对外国的投资也是世界第一的话，那么经济协作金额也是世界第一（1989 年，不过在 1990 年仅次于美国位居第二）。而且，物价稳定，失业者少，犯罪件数和事件发生率都很低。如果用一句话来说，是什么创造出了这般富裕，那就是"最适合工业社会"。也就是说，这个国家成功地创造出了最适于近代工业特色——规格化大量生产的社会。

但是，如果说作为一个日本人的切实感受，能相信自己是世界第一富裕吗？那就未必了。的确，谁都承认自己比战前、战后富裕多了。也许有很多人认为自己即使与 10 年前相比也富裕了。但是，他们一定会被称为"世界第一"而感到怀疑。

即使被说成"日本人的收入超过了美国"，日本人也没有真切感受。即使被说成"你们是世界上少有的资产拥有者"，日本人也会感到情绪低落。如果被说成"日本的住房宽敞是世界之最"，那么日本人就会对此报以怀疑。这是因为我们的生活，充满了同"富裕"毫无关系的不安与焦躁。

为什么日本人尽管其富裕状况处于世界第一，却一直忙于不那么富余和安心的生活呢？如果用一句话来说，原因就是"最适合工业社会"，即每一个人都必须靠毫无选择余地的规格化产品来生活的社会。

人是生产者，也是消费者。作为生产者（劳动者）来看，今天的日本人确实是幸福。不仅工资高，而且也很少担心失业。企业的经营和商店的经营都受到了保护。生产车间既安全又清洁，劳动秩序也很严格，再加之有相当多的人用公司的交际费甚至能够享受很多的娱乐。日本的交际费一年大约有 5 兆日元，按照 GNP 比率来看，是美国、英国的 6 倍，是前西德的 8 倍，远远地超过股份有限公司总红利额。

而另一面，作为消费者的日本人是相当不幸的。不仅物价高，而且房租也高。电车、机场都满员，就连预约病床也需要有门路。政府机关的手续相当复杂，文件的数量很多。最大的不幸是缺少选择的自由，小学、初中被束缚在严格的学区内，根据居住地，即便是自己不喜欢的学校，也要强制性地被迫入学。不仅医院种类少，而且商店种类也不多。游戏场所也受到安全标准和各种规定的限制，为了购买有点别致的物品、游玩什么的而不得不花上几十万日元去海外。即使有钱也无法满足自己喜欢的事，这就是日本的现实。

总之，这个国家是"生产者的天堂，消费者的地狱"。之所以会成为这样也是因为最适合工业社会的缘故。

那么，为什么日本成了一个最适合工业社会的呢？在世界一百几十个国家中，只有日本能建立最严格、最适合工业的社会吗？当今在日本、在世界所论及的日本论、日本人论归根结底都归结在这个问题上。

正因为如此，此前所论及的所有的日本特色同解答这一问题密切相关。这个国家的风土、缺乏畜牧和都市国家经验的历史、不把文化作为一个体系来考虑的实际主义、出自水稻种植农业悠久传统的集团主义、为扩大初等教育而推行的便利的"模式文化"，这所有的一切肯定给今天最适合工业社会的形成产生了重大影响。

但是，日本自古以来并非就是最适合工业的社会，这也是事实。这个国家在规格化大量生产型工业方面拥有巨大的生产力和高技术能力，在汽车、电器产品领域中表现出欲席卷全球的气势，是始于20世纪70年代，充其量是从大约20年以前开始的。想到这，显然光是日本的风土和传统、日本人的集团性和实际性对此发挥作用是不够的。

这里面还应该有一个决定性的要素——让在漫长的历史中所形成的日本社会传统风气和秉性在最适合工业社会的现实中发挥作用。而且，那必须是这个国家实现产业飞跃发展的时期，即必须是在这20世纪发生的事情。

假如探寻这样的事情，也许就会迎面碰到还是在昭和16年（1941）确立的政策体系，所谓的"官僚主导型同业界协调体制（官导体制）"的阻碍吧。

产业革命的本质

众所周知,近代工业始于产业革命。而且,这所谓的产业革命是指 18 世纪后半叶始于英国、19 世纪前半叶遍及到西欧、美国的产业经济改革现象。这种现象波及到日本是在 19 世纪末 20 世纪初,欧美的近代工业技术和近代制度通过明治维新流入过来,日本人开始完全模仿学习它们之后,经历了 30 年左右。

如前所述,在欧美人发明、利用近代工业技术,并建立起适于其制度和组织以前,经历了 300 年的精神阅历和社会斗争。日本只用了 30 年就接受了这一成果,所以其速度是很惊异的。不过,正因为如此,日本的"近代"接受法是非常表面化的。就是这个日本,在 70 年代后建成了一个比哪个国家都完全接近近代工业社会(最适合工业社会),要说不可思议那可真是不可思议。

但是,其中还有一个不仅仅是不可思议的理由。由于日本是一个后进工业国家,所以在很多方面能够建立起一个纯粹的近代社会,而没有其他国家所经历的困惑、妥协。

从现象上来看,可以说产业革命是使用蒸汽机运转的大型机械群的工业生产作为社会主要生产形态而确立的一种现象,即是一系列技术革新现象。

但是,单纯的技术革新,不仅在此之前有过,而且在此之后也出现了。其中,之所以只把"在 18 世纪后半叶始于英国、19 世纪前半叶遍及到西欧、美国、日本的、使用蒸汽机运转的大型机械群的导入现象"作为"产业革命"加以大书特书,是因为不仅产业,整个经济社会以此为契机发生了变革。也就是说,通过这时期的一系列技术革新,出现了近代工业社会。

一旦出现具有使用蒸汽机运转的大型机械群的工业,每一个个体者(工人)就不可能拥有大型机械生产设备。而且靠一个人(或一个家族)也不可能操纵那样的生产设备。因此,就自然分成了拥有生产设备(生产手段)的"资本家"和没有生产手段而只能提供(出卖)劳动力的"工人"。

在产业革命以前的社会里,劳动者每人都拥有生产手段。农民拥有耕种土地的权利,拥有铁锹和锄头。铁匠拥有工具,具备工作车间。马夫有车,饲养马。商人拥有商品、货摊和经商的权利。可是,开始了工厂制工业生产,就大量涌现出没有生产手段的工人。由于他们没有任何生产手段,所以不仅能在任何地方干活,而且还能在任何一个地方居住。这一群体就是卡尔·马克思所称作的"自由工人"。所谓近代工业社会就是这样一个由"自由工人"占多数的社会。

另一方面,机械发达了,有利于机械代替人。机械比人有力量得多,运作准确。可是,机械运动单一,且没有判断能力。因此,为了把人的劳动调换成机械,必须将产品定型化以便靠单一运作就能生产,必须将材料和成品规格化以便不需要判断。

总而言之,规格化大量生产是不可欠缺的。如果把所有的产品分解成单一形态的零部件进行规格化大量生产,并按照一定的顺序装配它的话,那么机械化适用的范围就会广泛,人类劳动的需求量就会减少。也就是说,劳动生产率提高了,产品的质量和同一性就会提高。因此,就是这种适于规格化大量生产的社会才能说是适于近代工业社会的。而且,使之最为彻底的就是最适合工业社会。

说日本建成了最适合工业社会就是"已经成为一个最适于规格化大量生产的社会"。现在,日本所拥有的世界上引以自豪的国际竞争力的领域仅限于能够进行规格化大量生产的领域。在工业里也无法进行规格化大量生产的传统工艺品和生产天下第一的大型飞机、原子弹机械方面,日本的生产量和竞争力根本不强。即便是计算机,在人们意向难以适应规格化大量生产的大型机械时期,日本的竞争力也很弱。但是,进入 80 年代以后,小型量生产机器普及了,日本立刻占据了主导场面。之所以在农业、服务业、智价创造领域等方面有劣势也是因为不能进行规格化和大量生产化。

明治以来,日本就想建立一个不亚于欧美列强的近代工业国家。那就是建成一个适于规格化大量生产的社会。日本在产品的质和量上都获得了成功是在战后,尤其是在 20 世纪 70 年代以后。战后的日本不仅为此发布了所有的政策,而且还根据情报机构、教育和生活规章,创造出了人们相信这是理应如此的社会环境。

从"安定"到"效率"——正义的转换

如前所述,产生近代工业社会的精神是合理主义,也就是感到财富巨多为幸福的审美观和相信效率为正义的伦理观。它在日本扎下根来绝非是很久的事。

德川时代的日本,最大的正义是"安定",而不是"效率"。由压制发展志向的德川家康所构筑的政权——德川幕府无论怎么牺牲"效率",也在不停地追求"安定"。之所以在大井川①不架设桥梁、之所以禁止建造复数桅杆船舶、禁止航行都是因为人和物容易移动(效率高)而害怕人口失衡、地域市场瓦解、安定遭到破坏。

石田梅岩的石门心学提倡一方面强调勤勉和节约,使宏观的均衡和微观的安定并存;另一方面把劳动视为人格修养的手段,无视劳动效率。它之所以得到人们的共鸣也是因为有视安定为第一的社会观念。

但是,来自美国的"黑船"②向日本呈现了比"安定"更重视"效率"的近代思想。这足以使日本社会为之一变。据此,在此以前为最大正义的"安定"被否定了,变革一切的追求效率则成了正义。这是一种从所谓的"遵皇攘夷"到"文明开化"的转换。

这种变化的剧烈程度在世界史上也是前所未有的。这么说也是因为视当时大多数意见为正义的相对正义感已经在日本人身上扎下了根,所以日本传统的风气和秉性在明治维新时期自然彻底得以发挥。

另一方面,对此所进行的抵抗已经十分薄弱。在"黑船"出现以前,应该拥有绝对权威和权力的德川将军和应该对其赤胆忠诚的各个大名都仅仅在 10 年期间主动放弃了权力。"三河以来 300 年"一统天下的

---

① 大井川:是一条流经静冈县中部、骏河、远江交界的河流,全长 160 公里。——译者注

② 黑船:为区别中国唐代的船只,而把中世纪末期到江户末期来日本的、通体为黑色的欧美船只统称为"黑船"。后来随着西方各国含蒸汽船在内的船舰频繁来日,则成为"西洋船"的代名词。——译者注

旗下将士也不想拥护幕府了。此时始终想忠实于德川家和德川幕府的仅仅是会津①、桑名②等地的大名和极少数的旗下家臣以及像新挑选组合的临时雇佣保镖。之所以这样也是因为这个国家具有一种害怕与众不同的集团主义性格。

被大家排斥在外比死还恐怖

作为人谁都希望自己受到别人喜欢。可是,其程度没有比日本人更强烈的民族了。日本人特别害怕自己在所属的集团里遭受到嫌弃是很过火的。日本人害怕得超出了怕死的程度。外国人(有时连日本人本身也)相信日本人是一个不怕死的民族,可是没有比这更大的误解了。倒不如说,日本人比其他任何民族更怕死。

例如,当诊断为癌症的时候,是否应该告诉患者本人,在日本医学界常常会成为一个问题。在日本很多场合不告知患者,而在外国当患者是成人时,医生基本上是告诉本人的。

医生会说:"您患的是癌症。也许只能活 3 个月了。趁现在写下遗书,叫牧师来祈祷吧。"基督教给人涂油的圣礼是在人临终前举行的仪式,口里说"你就要死去了",往其额头画十字涂油。

然而,日本佛教超度亡魂诵经是人死后在其棺前进行的。如果僧人在其活着的时候来了,患者会非常吃惊的。不治之症的癌症也同样,在日本基本上规定不告诉患者本人。因此,患者连遗言都没有留下,使继承问题复杂化的事例不在少数。但是,这里面也有合理的根据。一旦告诉对方是癌症,结果是更加糟糕。

根据外国的统计,告诉患者和不告诉患者是不治之症的癌症时,其生存都大致相当。也就是说,即使被告知确实会死亡,也好像很少因此会忧虑减少寿命的。不过,根据在日本的统计,当告知病情时,显然就会加速死期的来临。还有这样一个事例,有一位有名的和尚说:"自己自年轻时起就修行侍佛,一直在修身养性。即使被告知患了癌症,也决

---

① 会津:位于福岛县西部的地名。——译者注
② 桑名:位于三重县东北部的城市。——译者注

不会惊讶。所以，你就告诉我实情吧。"于是，医生就说："其实，您患的是癌症。你也许还有半年左右的寿命了。"结果，从第二天起他连饭也不吃了，两周之内就死去了。据说比起医生根据病情所判断的期间，要是日本人的话，被告知的人会在告知以前预想残年的平均 1/3 的期间内死去。

总之，日本人是怕死的，是一个对生命执著、现世欲望很强的民族。

那么，为什么会从如此怕死的日本人当中出现相当多志愿加入敢死队的年轻人呢？由于剖腹自杀和敢死队在外国加以宣传，所以人们很容易认为日本人是不怕死的民族。其实非也。看一下对那些志愿加入敢死队、幸运地在出击前活到战争结束后的人的采访记录，将志愿加入的理由回答成"想为国家而献身"的人不到一成。其余的人是这么说的："原本不想去，可是大家都嚷着说去吧去吧，也就不好回绝了。是没有办法的呀。"

对日本人来说，与大家的意向，也就是被视为自己所属集团的意见相悖是比可怕的死亡更恐怖。这是因为亲近依靠水利的水田农业、离开村落共同体不能生存的日本传统已经把不可违抗集团的性格和习惯灌输给了全体日本人。

这种集团主义的性格与同时祭祀神道和佛教这种相对正义感的特性互相结合起来，常常使日本社会的气氛和日本人的伦理观一下子发生急剧变化。从幕府到明治维新这 10 多年期间也发生了这个骤变。

从文明开化到官僚主义

在美国的黑船开始出现时，几乎全体国民提倡攘夷，主张继续维护安定社会。不过，这里面也许比起要维护德川幕藩体制这种积极的理由来，不想屈从外国的要求这种民族意识要强烈。但是，当通过马关战争和萨英战争①明白了它所带来的重大损失,社会气氛便立刻发生了变化。

　　而且,这样一来,以往的体制全部被否定了,谁也难以抗拒这个洪流的正是日本。横跨250年以绝对的权威和实力而自豪的德川幕府不仅仅是毫无抵抗地垮台了,就连各地的大名和武士阶级都无法主张其地位和特权了。寺院和神社都按照欧式构想不得不再次改编。土地所有和职业团体也一下子用近代资本主义的概念来决定了。甚至连历史和国语教科书也依据欧美的近代理论加以重新改写。

　　"文明开化"成了一个流行语,"脱亚入欧"的呼声一片。不单单说"入欧"(亲近欧洲近代文明)甚至还说"脱亚"(舍弃此前的东洋学识和习惯)十分猛烈。明治时代的人们比一边推崇佛教一边拿着"敬神诏书"的圣德太子还性急。

　　其结果,明治维新以来不到20年,日本就出现了模仿欧美的概念、制度和组织等,开始建成了吸收近代技术的工厂、铁路等。但是,真正要把日本社会改造成近代工业社会不能光靠氛围和模仿。为此,必须要积蓄只建造很多近代工厂的资本,必须备好有效投资运用资本的大型组织,大量贩卖在工厂生产出同一规格商品的统一大市场和适合在大规模生产车间工作的人才。

　　作为社会氛围肯定近代精神的日本,以扶植实现这一目的的大企业、形成统一市场、培养大量的人才为目标而向前迈进。虽然这里面也有各个方面的抵抗,但是在比较短的期间内能获得成功,还是日本传统的作用。在此尤其重要的是,重视专家上达群众意见的组织传统和产生"令外官"的信息共同性。

　　近代文明的特色之一就是细分化、专业化。特别是在规格化大量生产的地方,这一点是贯彻始终的。也就是说,一个概念形成后,就要是这样一个机构:按不同部门、不同零件加以分解,分别做成相适合的

---

①　萨英战争:是指江户时代,1863年7月在鹿儿岛海面上由萨摩藩和英国东洋舰队之间展开的一场海战。"生麦事件"是海战的原因。双方都损失惨重,同年11月,双方在横滨达成和谈。——译者注

东西,要是把它们组装的话,能制造出最适合的产品。

在规格化大生产方面,尽管决定整体概念的提出者很少,但是遵从其方案、相当于制造部门的负责人却很多。如果这也尽量进行细分化成部分的话,那么就容易尽最大努力深入探究各个部分,由此就能够降低成本提高质量。

因此,为了巧妙地进行规格化大生产,需要产生整体概念的少数天才和相当数量不同部门的改良者(骨干技师)以及许多忠实、勤奋地实施这一意图的现场劳动者。假设日本的集团主义已经成为一个产生庞大数量的忠实、勤奋的现场劳动者的条件,那么重视细节的下意上达习惯和"模式文化"的传统就成了培养相当数量的骨干管理者的根基。

在日本,虽然创造整体概念的天才不多,但庆幸的是他们已经从外国流入过来。由于这一点,能够拥有相当数量的骨干管理者和许多现场勤奋劳动者的日本是能够迅速进行工业化的。

曾经是外出挣钱产业的战前制造业

在亚洲各国当中,只有日本已经迅速进行了工业化。但是,在昭和初期、20 世纪 30 年代之前,日本的工业化还处在一个幼稚阶段。虽然缫丝业和纺织业在质和量上都达到了世界水平,但是其他产业特别是在近代工业社会上应该成为核心的重化学工业,不仅规模小,而且技术方面也很差。最重要的是,无论是在社会制造业还是在人生设计中,都没有想到过近代工业是一个可信赖的就业市场。

虽然在终身雇佣普及化的今天难以置信,但是在 20 世纪 30 年代以前的日本,在世界上已经是劳动者横转率(劳动者改变工作单位公司的比率)最高的国家。不仅解雇多,而且还没有抑制解雇的法规。岂止如此,甚至在日本还出现了这样一个理论——不需要解雇的限制和事先通告等。即所谓的"外出挣钱劳动理论"。其内容是:

"日本的工厂和商店里的劳动者在精神上和经济上都和老家的亲属有着密切的关系,因为他们在农家主要是次子、三子和女孩儿们。所以,即使在工作单位被解雇了,回到了家乡,父母及弟妹都会热情地前来迎接。如果在家乡里帮助干农活的话,生活既不会困苦,也不会饿死。

过几天,如果经济恢复景气,找到了工作单位的话,他们就又会去城里工作,几年期间就会有存款。在下一次不景气的时候,又回到家乡,用所积蓄的钱买下约 991.7 平方米的田地,帮助父母弟妹干农活度日,等到经济复苏之后又去工作。在这个时候,把自己买的田地借给父母家人,当作经济不景气时期承蒙父母关照的礼物。就这样,女性将会度过自高级小学毕业以后到结婚这大约 10 年期间,男性要度过 40 岁前后的 20 多年,以后当听到不惑之年的声音时(40 岁前后),就在家乡奠定生活的根基回到农业上来。这也许就是健全的国民理想的人生了。

在欧美各国,因为没有这样温暖的大家庭制度,所以劳动者一旦被解雇失去工作,父母和子女生活就会没有着落。因此,解雇的限制和劳动者团结斗争都是需要的。与此相反,说得大一些,以天皇陛下为家长,整个国家形成一个家庭;说得小一些,在以各个家族本家为核心的、具有大家族美德的日本,像欧美各国那样的解雇制度和团结斗争都不需要。"

战前,同一味坚持合理主义的欧美相比,作为日本的优点加以强调的日本传统就是依靠这个大家族制度的家庭福利而存在。

当然,劳动者一方对此也有不满。不过,可以说一大半的劳动者总觉得能够理解。很少有人希望自己一辈子作为工厂或商店里的从业人员来生活,所以在平均寿命很短的当时,自中年起能够回家务农的可能性也就很大。也有长子因肺结核而英年早逝的,因此增加养子的人口也不足为奇。

总之,在 20 世纪 30 年代以前,制造工业不仅还没有成为社会经济的中心,而且也没有被认为它是人们一生中置身的安定的工作岗位。民间企业的工薪人员即便是一个大学毕业的管理工作也被称作是"漂泊不定的行业"。总之,在当时日本还是停留在近代工业社会的大门口,处于一个极低的阶段。

这其中有三个理由。第一个理由是资本积累十分缺乏。自明治以后,日本尽管学习了欧美的制度和技术,并推进了强行发展振兴产业政策,但是用 50 年的时间是无法赶上拥有 300 年来的准备时间和 150 年实际成效的欧美。第二个理由是工业产品的市场不成熟。明治政府同时推进军备近代化和产业发展的政策一方面产生了军需和公共需要;另一方面压制了国民大众的生活水平,使耐用消费财等工业产品的国内市场变得狭窄起来。在昭和初期(1926 年),日本这个国家所拥有的汽车只不过为 4 万辆,收音机为 338 000 部(与 NHK 的合同部数),电话为 628 000 门。

第三个理由是,这个国家缺乏应为工业用原材料的天然资源,而且 20 世纪 30 年代在世界上还是一个资源不足的时代。由于日本国土狭窄平原缺乏,因此,不适合工业用原材料的农业生产。羊毛、皮革等动物性产品自不待言,就连在德川时代闭关自守体制下非常兴盛的棉花栽培都不再具有国际竞争力了。虽然矿物资源种类多,但是生产量很低,开采需要人手。提起战前在这个国家具有国际竞争力的工业用原材料,仅仅是集约劳动的缫丝和比较富有的铜资源。可以说必须依靠不利进口的原材料,已经妨碍了产业发展和资本积累。

为此,第一次世界大战后的日本政府寻求市场和原材料向亚洲大陆发展。然而,这却加深了同亚洲其他各国和欧美的紧张关系。军事官僚(所谓的军部)以此为杠杆进一步推动扩军,可是仅仅如此又压制了生活场所的需要。在这种状况下,排除种种反抗所建立起来的则是"官僚主导型行业界协调体制"或"昭和 16 年体制"。

把今天的日本发展成最适合工业社会的地步就是这一体制的成果。

官僚主导体制的确立和推进

为工业化而实施的规格统一

以规格化大量生产社会为目标的政策,遭到了很多代表地区保守分权论者的帝国议会的抵制,不容易推进。为此,进入昭和年代,官僚和军人们就开始努力使议会的权威降低。

想要破坏议会制民主主义者的阴谋自古希腊以来就没有改变。那就是大肆宣传金钱疑惑。明治时代的政治家们住入豪宅,家里配置十多个佣人。看一下山县有朋①的椿山庄就会明白,明治时代元勋们的豪华生活怎么也不是依靠陆军大将的工资和爵位奖励等来维持得了的。但是,他们的金钱问题还没有发展到重大的政治问题。

然而,到了昭和时代,像"珍品三品②事件"等琐事已经成为重大问题,也常常用作政治斗争的手段。这一时代的政治家竟被称为"井壁"耗尽个人财产从事选举和国政。可是追求媒体宣传的金钱疑惑加大了。其背后是想降低议会权威的官僚军人的组织企图在起作用。

也可称为其集大成的就是昭和9年(1934)的捏造疑惑的"帝人事件"。事件的大致情况是这样的:昭和3年(1928)由于金融不景气而倒闭的铃木商店设立了帝国人造丝(现为帝人)股份,它作为日本银行融资的担保流动受到政府的保有。围绕它的出售,发生了一起把政官界卷入在内的大贪污事件。

开端是时事报纸的特别消息,可是以后的6个月,各个报纸都详细地加以报道,甚至具体地写上聚会的人员和场所等。因此,大部分人都把它当作事实加以深信不疑。以这样的"舆论"为背景,包括现职大臣在内10多位政治家、官僚、年轻的经济界人士被起诉逮捕了,为此,当时的斋藤实③内阁集体辞职。其后,出现了海军大将冈田启介④内阁。

经历了长达3年多的审理,其结果是查清了这一事件是"无凭无据

---

① 山县有朋(1838—1922):明治时代的军人、政治家,山口县人。向吉田松阴学习组织骑兵队,活跃在幕府末年的动乱时期。明治维新后,他作为陆军大校实施了征兵令,为军制的确立不遗余力,曾就任参谋本部第一任参谋部部长,参加企划发布对军人下的告谕,历任伊藤内阁内务大臣等职,在伊藤博文死后,握有军事、政治的绝对权力,实行元老政治。——译者注

② 三品:在交易市场主要是指棉花、棉线和蚕丝(或棉布或人造丝)的总称。——译者注

③ 斋藤实(1858—1936):军人、政治家、海军大将,历任海军大臣、朝鲜总督、首相河内大臣。二·二六事件被杀。——译者注

④ 冈田启介(1868—1952):军人、政治家、海军大将,历任联合舰队司令、海军大臣和首相。——译者注

的捏造"，全体被告无罪。但是，在这期间发生了"二·二六事件"，成立了国家总动员法，恢复了军务大臣（陆军大臣、海军大臣）现役制。因此，议会政治一直到战败都没有恢复其权威和机能。裁判维护了被告们的个人名誉，却没能够维护住民主政治。在这一点上，同纳粹捏造的"国家纵火事件"也是一脉相承的。

这样一来，控制住议会势力的军人官僚们以昭和13年（1938）成立国家总动员法为契机，不断地修正、强化法规，炮制了"官僚主导体制"。官僚主导体制的完成是在昭和16年（1941）前后。因此，也可以把它称为"昭和16年体制"。

这其中有三个支柱。其一就是为使规格化大量生产彻底进行而实行的规格化标准化。

关于工业产品，制定了"日本工业品规格"，从螺丝、螺钉到收音机、家具等都制定了标准规格。从此，规格化标准化成为商工省（现在的通产省）重要政策之一。在农产物方面也进行了规定，大米实施了一等米到五等米的等级制。根据酒税法的修订，酒被限定为三类：特级、一级和二级。在实施方面也规定了标准法规和安全标准等。不仅严格地制定了建筑标准、电气建造物标准等，而且在全国还一律规定了铁道实施标准。到1940年为止，各地的火车站已经有很多发挥地区个性的建筑物。从此以后，其建筑物在全国一律只是表现为规模上的差异。

对于医疗也制定了医疗标准。规格主义的终极就是统一整个国民服装的"国民着装令"（昭和16年）。就是要把成年男子的服装限定为甲、乙两种国民服。然而，模仿了纳粹制服的设计不适合日本人，以极不受欢迎而告终。

这种规格化标准化直到战后越发得以强化。在战争结束后美军的占领下，它曾一时得以缓和，可是在恢复独立的同时，它又很快地被强化了。日本工业产品规格更名为JIS符号，企业可以自由采用。然而，由于将公共事业、官厅消费等限定为JIS符号产品，事实上它受到了强制。

关于农产物,不但米价的等级制长期得以维持,而且 JAS① 符号也重新加以制定。至于标准医疗制度,至今仍更加严格地适用着"差额床位的规定"和"禁止标准以外的医院"等。

到 20 世纪 70 年代为止,日本的官僚一直想着推进"国民车"的选定、"房屋 55"计划、向全体国民供给一律规格品的政策等。

与此同时(有时占先),企业的合并也强行推进。根据一县一行原则所进行的地方银行合并、电力公司向日本发电公司的合并、在钢铁业界出现的日本炼铁、地方私营铁路的合并等等就是强行推进的。由于减少了企业数量、限定了产品种类,从而提高了规格化大生产的实体。

这一政策在占领时期中断了,几个企业遭到分割,垄断资本集团企业团体也被迫解散了。但是,在恢复独立的同时,加快了企业合并。从 20 世纪 60 年代起,作为金融团体比战前得以强化。这是因为人们认为战后日本有助于锁定最适合工业社会的形成。

通过"国民学校令"谋求人格的统一化

以最适合工业社会为目标的"官僚主导体制"的第二个支柱就是人的统一化,即适合于规格化大量生产的、均一性的人才培养。可以说昭和 16 年的"国民学校令"是其最终到达点。

从它的名称也可明白,"国民学校令"是直译纳粹的"国民学校"②。当时,那些被称为"革新官僚"的日本年富力强朝气蓬勃的官员们对纳粹制定的"国民学校"的规定感到十分惊叹,且表示赞同。于是,他们制定了正确翻译纳粹法律的"国民学校令"。

根据这个"国民学校令"所制定的规定有两个要点。第一个要点是"初等教育公营制",即不承认私立学校,特别是在初等教育方面新设立的私立学校,现在一有什么私立学校就废止,最终全部都变为公立学校。战后仍严格遵守这一点,至今新开设私立小校、初中也相当难。

---

① JAS:是 Japanese Agricultural Standard 的缩写,即日本农林规格。——译者注

② 德语为"Volksschule",意为德国公立初等学校(国民学校)。修业年限为 8 年(或 9 年),初级 4 年是全体国民共同的基础教育课程。——译者注

第二个要点是"学区制强制入学方法",即设立一个学区一所学校的上学区域,根据居住地决定上学的学校。这一制度现在仍在严格地保持着。今天,人们甚至理所当然地认为公立的小学、初中是一学区一所学校。而严格地实施这种制度的,大致就是社会主义阵营和日本了。

把以上两个要点结合在一起,需要受教育的学生和家长一方就没有选择学校的自由了。不让设立私立学校是为了打消不进所指定的公立学校的后路。需要受教育的学生和家长如果想择校,在当今的日本就会被当作"越境入学"视为犯罪。

这一规定的目标就是在所有的学校里汇集"平均的学生群体"。像在大阪市东区净诞生一些擅长音乐的孩子、在东京都世田谷区净住着一些擅长算术的孩子这样的事情绝对不可能出现。总之,按学校偏重学生群体的个性发展不存在了。因此,学校也根本不可能进行个性化教育。

比如,有的学校如果把重点放在音乐上进行教育的话,喜欢音乐的几个学生就会感到高兴,而其他的孩子们则会感到为难。有的学校如果从小学起就重点教授英语的话,那么讨厌英语的孩子就会不高兴。因此,最终所有的学校只能接受官僚所规定的标准化教育。

纳粹的教育官僚想出的这种教育统管具有一种剥夺国民个性的恶魔天才性。如果所有的学校只能进行相同的教育,那么国家所规定的教育就会得以实施,完全标准、统一教育的就会得以进行。以集体主义体制为目标的战前日本官僚们也采纳了这个方法。而且,战后还在"缩小学校差别"的美名下推进这种方法,并使之彻底化。因为这才有利于规格化大量生产的贯彻执行。

要说教育问题,动辄就是从战后的"六·三制"开始争论,到涉及教科书的内容、教师资质等教育"核心"的议论。不过,重要的是"国民教育令"以来的教育"规定"。在这种纳粹式的规定下,战后所进行的教育指导是以个性化的学生看成恶,以把所有的学生平均化视为理想。

同时失去缺点和个性的教育

在日本的学校,老师热心地教授不擅长的科目。老师给那些擅长体育而不擅长数学的孩子补数学课,给那些擅长英文而理科不行的孩子布置理科作业。他们决不会给孩子们先进行所能学好的科目。总之,他们所进行的教育与其提高优点倒不如是没有缺点的。

结果,即使孩子们的能力有差异,大家也都成为没有优点和缺点的圆圆的相似形。高材生全部是5,普通的孩子全部是3,这就是好孩子。有5但也有2的孩子被视为是"坏孩子",也就是被视为还存有个性、不认真的学生。

这样一来,学校就增加了不擅长科目的课时,减少了擅长科目的课时。人是讨厌笨拙的。因此,现在的学校招数是增加讨厌的课时,减少喜欢的课时。这样,假使有喜欢去学校的孩子,可以看成是有人格缺陷的。日本的教育所重视的是培养学生忍耐讨厌的时间、并长时间地做不擅长事情的耐性,具备掌握和大家相同知识技术的协调性。因为只有这样的人才才有利于规格化大量生产的现场。

假如把教育统一化、把学生的能力搞成相似形,那么教育、训练新职员也就容易了。如果是大学毕业的高材生,能够推断出他们具有大致相应的能力;如果是普通高中毕业生,也会明白他们具有相应的知识。因此,依此为基准可以开始公司内部的训练。因为都是富有吃苦耐劳、具有协调性的人才,所以他们一定会勤奋而踏实地做那些所规定的工作。

另一方面,一旦将教育标准化、质量统一化,测量学生的尺度也千篇一律。如果学生的能力是相同的圆形,那么就根据面积的大小进行排序。因此,根据这一尺度(所谓的偏差值)所测定的优秀学生所集中的大学就是优秀大学。为此,战后在大学之间确立了以东京大学为顶点的金字塔形的等级。根据偏差值,决定升学对象。而且,这又激化了升学考试竞争,以便使孩子们适应唯一尺度的学习。吸收了纳粹教育思想、并于昭和16年所实施"国民学校令"的规定才是战后教育的出发点,才是使日本国民彻底统一化的升学考试难的源泉。

战后几次教育改革都成问题,实际上也进行了几项改革。但是,每次改革,升学考试大关越演越烈,根本没有得以缓和下来。这是因为"国民学校令"的规定一直被原封不动地保留着。而且,之所以这样无非是因为这种规定适合规格化大量生产的近代工业社会。

全部集中在东京的首脑机能

以最适合工业社会为目标的官导体制第三个支柱就是有机型地域构造的形成，也就是推进东京集中区。

所谓有机型地域构造是这样一个构想：把整个国土作为一个有机体，可以说就像人的身体一样。如果整个国土是一个人体，那么脑袋必须是一个。因此，全国的首脑机能必须只能集中在一个特定的城市，即政府所在地"首都"。

那么，所谓的首脑机能是什么呢？当时的官僚们把它规定为经济统一管理机能、情报发送机能和文化创造活动。而且也就产生了这样一种巧妙的方案：把这些都集中在东京这一个地区。

首先，为了把经济统一管理机能集中在东京，让各个同业界成立同业界团体，将全国的这一总部设置在东京，派老官僚担当专任理事或事务局长。从钢铁联盟、汽车工业会等不同产业团体到日本医师会、文艺家协会等不同职能团体，这涉及到所有的供给者团体。

其结果，企业经营者和医师、作家之类都成为全国团体的干部，一旦常常被团体总部传唤，就被迫居住在东京。政府为了促成经营者、各种职业的人居住在东京，成为团体干部，只给团体干部颁发勋章、歌功颂德。这样一来，成为全国团体干部的大企业首脑或知名人士就集中在东京，企业的总公司机能和文艺活动也都自然而然地集中在东京。

据说一般企业的总公司机能集中在东京是为了营业的便利。可是，详细地调查一下，从关西、名古屋迁移到东京的总公司机能，便可发现在大部分企业中先迁移的是总经理室、秘书室。这是因为已经成为（或想要成为）全国团体干部的总经理或会长多滞留在东京。其次迁移东京的是金融部门和宣传报道部门。前者是因为金融界受大藏省统一管理，后者是因为情报发送机能都被集中在东京。相反，直到最终留在地方的是相关营业和相关总务，也就是买卖和人事没有必要迁往东京。

正因为如此，政府官僚非常热心于把同业界团体本部集中在东京。尤其战后，自规格化大量生产开始确立的 20 世纪 60 年代起，这一点得以强化。

但是,并不是所有的同业界都顺从地服从这一点。譬如纤维业界的发展自明治以来就以关西为中心,纤维业界大部分的企业总公司都在大阪,各种团体也一直组建在大阪。从 60 年代初期开始,通产省推动欲把纤维业界移至到东京,但是到 60 年代末发生了日美纤维贸易摩擦,以此为契机,试图强行移动。当时,也有官僚肆无忌惮地声明:"敌人不是美国而是大阪,只要纤维业界团体在大阪,就没有责任同美国交涉。"

结果,这个时候纤维业界一方作为各种不同团体(纺织协会、化纤协会等)的上级机关新设立了一个"日本纤维工业联合会",他们妥协将其总部设在东京。可是,其后政府的强行"指导"不断,很多团体总部不得已迁入了东京。

情报发送机能和文化创造都集中在东京

关于第二个情报发送机能,采用了更简明的方法。

首先,在发送电波情报方面,决定更改昭和 16 年当时唯一的电波情报发送机关——日本广播协会的规则,全国广播的发送仅限于东京广播局。

此前,承担全国广播发送的 35% 左右的大阪 BK 也从此以后将播放范围限定在近畿二府四县和三重县的伊贺地区以及电波自动到达四国的一部分。

战后,在民间广播成立时,也严格地沿袭了这一思想,建立了世界上史无前例的"主局制度"。也就是在民间广播电视网中,只向允许最大发送力的局授予全国节目编制权,把它作为"主局"。而且,除东京都以外,这个主局当然不许设在其他地方。不过,来自全国最初开始民间广播的大阪等地的抵抗也很强烈,因此承认大阪四家、名古屋两家"准主局",可以进行全国广播,可是把全国节目编制权始终只放在东京。

为此,要想在大阪、名古屋的广播局制作电视剧,向全国播放,就必须向东京主局提出请愿——把它放入节目中。这时,就会接受东京一方的严格审查和指导。总之,在"地方特色"的名义下,只允许传统产业或特定事件。就连台词和角色都要受到严格审查，还硬要加上牵强附会的地方特色。这样一来，也就无法避免将地方视为净是行将就木的产业和事件事故的"文化死亡之地"。

关于另外一个情报发送——文字印刷物，根据文部省思想局的指导，书籍发售由四社合并，其总部集中在东京。

其结果，跨越县境的书籍销售必须全部暂且运进东京。如今，将大阪出版的书籍放在横跨一座桥梁的尼崎市书店里也必须先拿到东京再运回。这对地方出版社来说不仅成本高，而且光运输期间就要提早期限。因此，刊载时事问题的一类杂志除了在东京以外无法出版，结果就造成一切出版活动都集中在东京这一地区。

为什么发送情报的机能必须东京一元化呢？这是因为有这样一个想法，即统一全国的信息环境，欲把整个日本变成规格化的统一市场。全国网站的信息只从东京发出，所以整个日本国内的信息全都一样。对出售规格化大量生产品极为良好的信息共同性就完成了。如果由东京播放商业广告，那么北自北海道南至冲绳都播放相同的商业广告。因此，容易销售同一规格的商品。东京是能够完全管理信息的。

同时，因为头脑是一个，所以规划设计等机能也只集中在东京。其结果，其规划设计者也缺乏个性，容易服从共同的规格。结果自然就容易造就最适合工业发展的社会。

文化创造活动的场所只集中在东京

关于被视为第三个头脑机能的文化创造活动，所采取的对策是把创造文化必要的设施和团体集中在东京。拥有特定机能和目的的设施全部只建于东京。适于歌舞伎演出的国立剧院、歌剧专用的第二国立剧院和田径国立体育馆都只建在东京；另一方面，在地方上只配置多功能设施、综合性大厅和用于团体展览会的美术馆等。

按照这一政策，所说的多数建在地方城市的综合性大厅（战前依纳粹之流称为"全体剧场"）是什么呢？所谓综合性大厅就是表示可以演奏交响曲、表演歌舞伎、歌剧和芭蕾、进行讲演会、什么都能搞的大厅之意。然而，什么都能做也就是干什么都不是最合适的。也就是说，所谓综合性大厅,换句话说就是非综合性大厅。

要表演歌舞伎就必须在靠近舞台左边的直角处有演员上下场的通道。若是交响乐大厅,就不需要舞台布幕。歌剧舞台虽然高度要高,但最好不要旋转舞台。

每个节目有其特有的设施和演出。什么都能做的是不可能的。总之,综合性大厅即使可以做"相似的东西",也不能做"专业的东西"。因此,以这样的设施为据点不可能造就乐团或剧团。自然那些志向"专业"音乐、演剧等方面的艺术家除了在拥有特殊设施的东京以外无法生存。

在全国各地配置这样的综合性大厅就掩盖了将文化创作活动集中在东京的意图。

这一政策在战后也得以进一步强化,并根据向自治体交付补助金的规则得以严加实施。即使作为县单独事业(没有接受国家补助金的事业),如果建歌剧剧院或歌舞剧场,就会立刻受到中央机关的挖苦:"贵县好像很富裕嘛。那么其他补助金也不需要了,如何?"对此难以接受,县政府的官员就会说:"知事^①,还是把它建成综合性大厅吧。"因此,个性化的设施绝对不能建的。日本的官僚按照"令外官"以来的传统,超出法律的规定就进行判断和干涉。

被强加"手足机能"的地方

那么,除东京以外的地方怎么做好呢?那就是被规定"手足机能",即生产现场。因此,地方开发只能招揽工厂。积极支撑它的就是在经济高度增长时代所提出来的"工业先导性理论"。

就是说"大规模工厂是能够自主选择布局的唯一生产设施,而且对地域波及的效果也很大。对此,第三次产业或经济上层活动只不过是从属地域经济活动而开展的。因此,要开发地域就只能招揽工厂。"

即使从实际的例子来看,这在理论上也并非正确。不过,从规定

---

① 知事:在日本指都、道、府、县的第一把手。——译者注

"地方为生产现场"的有机型地域构造的思想来看,这是理所当然的归结,除此之外别无其他。因此,战后的地域开发就意味着"招揽工厂",第三次产业的设施只能看成是一个为那些在工厂工作的当地居民提供的服务设施。

为教育地域人的子女,成立了教育机关。为地域人设立了医疗机构。并为他们建立了综合性大厅,以便在一年当中举办几次与东京文化之风相接的音乐会和演剧等。

国家提出了从 1962 年全国综合开发计划到新全综①、三全综②的国土开发政策。由此看起来好像是在提倡各种地方分散政策,建设新产业都市、特别工业地域、科技社会等,而其实质则是全部旨在完成有机型地域构造,成为地方分散对象的仅仅是"制造业的生产设施等"。自三全综以后,添加了充实地方上的"城市机能",而其内容是建设前面所说的综合性大厅型的地域服务设施。它只不过是"用于为了把人聚集在工厂而充实他们的生活"。

如果仅仅在中央设立一个标准,那么这样的地域构造政策也是为了形成一种最适合大量产品普及全国的工业社会。

没有新思想的日本式的精英

昭和 16 年(1941)产生的"官僚主导体制"为最适合工业社会的形成,集中了产业政策、教育政策、地域政策。并且,在战后它得以进一步彻底化。其结果,日本成为一个非常适合规格化大量生产的国家,实现了工业单一化社会。以极其彻底的形式,能比较容易地进行这一切,其原因也许是由风土、历史所构筑的日本的风气和秉性吧。

由于建立了最适合工业的社会,今天的日本成了一个工业发达的国家,从统计上来看很富裕。但是,在此存在的问题是没有新思想,缺乏进步要素。实际上日本很早就具备容易建立一个最适合工业社会的

---

① 新全综:是"新全国综合开发计划"的简称。它是 1969 年由政府决定的一个大规模开发构想,后因石油危机而受挫。——译者注

② 三全综:是"第三次全国综合开发计划"的简称,1977 年由政府提出。——译者注

风气和秉性,却落后于产业革命的原因也在于此。

　　然而,战后的日本幸而能从外国引进新思路、新概念和新技术。而且在学习外国新东西这一方面,日本人有其非常出色的传统手法。正因为如此,战后的日本在成为规格化大量生产的社会的同时没有停滞不前,而是不断持续了 45 年的发展。

　　战后,日本出现了很多新的财物、服务、制度和机能。但是,这些概念全都是由外国传入日本的。不仅洗衣机、电视机和录音机如此,制作电视播放的节目也是这样。超市、以工薪阶层为对象的高利贷、职业摔跤和高速公路在国外都有样板。出口振兴政策和金融技术知识都是跟外国学的。

　　当然,外国没有样板,在日本先获得成功的事例也不是没有的。扒金库①、方便面、卡拉 OK、搬家中心等等就是日本首创的。它们的共同点是绝非由那些被称为大组织或“精英”的人们创造出来的。反过来说,新概念不会出自日本式的精英即受标准化统一教育的优等生。他们所做的仅仅是引进外国的概念、学习技术、并对此加以改善和改良,进行规格化大量生产。

　　这同以前这个国家的人们制造巨大的铜熔敷像、大量生产火绳枪是一样的方法。如果引进概念,日本人无论过去还是现在都擅长改良细节、进行标准化大量生产。这是因为日本人将文化当作“择优”,重视集团主义的细节而勤奋努力。

最适合工业社会的极限——迫在眉捷的日本体制改革

面对三个“障碍”

　　现在,日本正碰到一堵厚厚的“墙壁”。从现象上来看,它就是“外界压力”、“生活”和“丑闻事件”。

---

　　① 扒金库:是日语词汇,其本身是一种弹钢球游戏。游戏者常常通过钢球游戏来参与赌博赚钱。——译者注

首先最初表现的是来自外国的批判，也就是国际摩擦的各种问题。从指责不积极响应在海湾战争为国际做贡献的要求到捕杀鲸鱼、海龟，对日本进行的国际批判很多。其中最为重要的是贸易摩擦，尤其是国际收支的大幅盈余。

国际摩擦在任何一个国家、任何一个时代都有。国家民族的利害相对立是经常有的。日本自明治门户开放以来，也一直常常存在着国际问题。即使在战后，国际问题也没有断绝。但是，最近自从进入20世纪90年代之后，国际问题不像以前那样是个别问题，而成为对日本的政策、经济构造和社会体制的综合问题。这一点不容忽视。

第二个问题是在生活中切实体会不到富裕这种呼声，即消费者的不满。自20世纪80年代后半期，由于对外日元升值、国内土地和股票飞涨，日本人本应该相当富裕，成为世界绝对的有钱人。可是，在现实中很少有人感到生活因此而富裕了。倒是"拼命干了一辈子却买不起房子"这种抱怨在日益加剧，公共设施的改善很困难，对将来的不安更加严重。因此，现在在日本甚至开始出现了这种观点：无论怎样工作使经济得以发展，一般老百姓也不会切实感到富裕的。

第三个问题是自1989年的"利库鲁特事件"①以来，就不断地在各个领域发生"丑闻"。在1991年夏天，"系满事件"和虚构名义存款事件等重大不良事件从大银行不断败露。人们还得知证券公司同黑社会有关人员进行交易，将370多亿日元的资金用来担保无价值的证书。著名的辩护律师犯下了渎职罪遭到逮捕，还出现了警察根据黑社会的要求让现行犯逃脱的事件。

最让世人感到吃惊的是由证券公司引发的补偿损失事件。仅仅搞清楚的是1990年3月份的补偿金额就达1 700亿日元，到了1991年3月期也达到了数百亿日元。受到补偿的企业近700家。而且，这是从大藏省认可的高额手续费而获得的资金中，受到大藏省的默认而拿出来的资金，很可怕。

---

① 所谓"利库鲁特事件"是指有关情报企业利库鲁特公司向财政官员贿赂巨额钱款的事件。1988年该事件被披露，直接导致竹下登内阁的互解。——译者注

"丑闻事件"无论在哪个国家任何时代都会有。日本不仅战前有，战后也有。欧美各国也有。即便是社会主义阵营内部经济也是社会构造的一个部分。在发展中国家，政治家拿贿赂分配给亲属和有力支持者，甚至被视为是一种"好的风气"。

　　但是，现在在日本这个国家发生的一连串"丑闻事件"同"洛基德事件"①的金钱疑惑性质不同。不仅金额巨大，而且还包括同业界的犯罪，犯罪一方极其缺乏罪恶感。并且，很多场合，由于它牵涉到政府机关的保护政策，所以是一种正确渗入日本社会体制和性质的构造颓废。

　　这三个"障碍"似乎是各不相同的问题，但其实来自于共同的社会构造。这才是把这个国家变成"经济大国"的官僚主导型集团主义所构建的日本式最适合工业的社会。

保护供给者的官僚主导体制

　　这三个障碍共同的基础首先就是保护供给者的体制。即便是和外国发生摩擦最大的问题——贸易赤字也同如下的事情有很大的关系：一方面因长年得到政府援助而被强化的规格化大量生产型工业产品被大量出口，另一方面日本严格控制外国产品和外国企业在弱势的农业和流通业的打入。大米的进口受到全面禁止就是其象征。而在其他领域也设置了各种各样的屏障。

　　医药品因许可而受到限制，教育器材因毫无个性的均等教育而无法进入学校。按照大规模零售店规章法（大店法）打入流通业几乎是不可能的。金融业和医疗设施都因执照制度或许可制度受到控制。就连像汽车这样在日本具有很强竞争力的商品，因独特的道路交通法和严格的废气管制法，外国汽车如果不进行数十处的改造，就不可能在日本这个国家销售。

　　处于这种幕后势力的正是明治以来渗入到以扶植保护供给者为目

---

　　① 所谓"洛基德事件"是指美国的洛基德（Lockheed）公司就飞机的兜售问题，向日本的政界赠送大笔贿赂的贪污案件。1986 年该事件在美国上院外交委员会败露，前首相田中角荣他们被起诉逮捕。——译者注

的的行政机关的想法和为此而建立的组织原理。尤其是在昭和 16 年（1941）所确立的官僚主导体制以在各个领域确立规格化大量生产为目标，其结果为了消除必然出现的生产过剩，必须进一步保护供给者。也就是说，呈现了这样一种形式：一方面为规格化而实行官僚统一管理；另一方面为抑制生产过剩强行要求同行界合作。工业产品的出口扩大成了生产过剩的出路。大米和零售店的保护成了生产过剩构造的姑息。

这种保护供给者的风潮对捕鲸业者和只有 1 800 人的玳瑁业者都适用。日本人本身就强调"我们是一个热爱自然的温情民族。"可是一旦说到保护供给者，就不顾自然环境什么的了，这就是现实。

日本人无法真实感受生活的富裕也是同这一点密切相关。在完全彻底进行规格化大量生产的这个国家里，消费者的选择自由减少了，每个人不可能满足自己的喜好。在自"国民学校"以来进行的强制入学制度下，不能选择喜欢的学校；在标准医疗制度下，也不存在给自己进行选择治疗的医院。大米的进口受到严格禁止，人们没有选择外来大米的自由，由于大规模零售店规章法，挑选喜欢的商店也很难。

即使建立了公园和图书馆等，但是由于存在着便于供给者——管理人的规则，所以使用者也根本感觉不到快乐。就连道路也限定为管理者、警察容易操作的那样，因此堵塞日益显著。也许这个国家的警察甚至没有考虑到为了道路利用者的便利和愉快要自我抑制警备要人的做法吧。

产生"丑闻事件"的保护和协作

现在，日本面临着的第三个"障碍"：在所有领域中不断发生的"丑闻事件"也完全是同一根本的问题。在供给者的极端保护下，只要扩大事业，就能够获得巨额利益。另一方面，为了防止供给过剩，根据官僚主导的协作体制，采取了抑制扩大的政策。这样一来，各行业者寻找官僚统治的漏洞，想暗中扩大事业也不是不可思议的吧。由此产生的是花巨额费用和时间建立人脉关系，接近官僚政治家，以各种形式给予回扣和补偿。这次证券业界的补偿损失只不过是其中一个露骨的事例。

大银行勾结在一起的不正当贷款也源自同样的构造。在政府保护下的银行坚信：只要扩大存款贷款，就一定赚钱。特别是对限制供给土地的贷款方面，这种信念非常强。尤其是高尔夫球场，由于它限制建造，是一个依靠人脉关系而使用的设施，因此可见它有利可图。日本的金融业者除了依仗政府的保护和供给规定以外，根本无法进行担保估价和人物判断，完全无能为力。

这不仅限于经济界。遵照上级组织进行协调的风气已经远远地渗透到基层。农民在农业指导委员所指示的日期和时间内播洒农药。即便是不适宜气候变化或地区实况的指示也要遵从，因此农药的播撒量就会非常大。因为政府计划收购的大米价格会弥补货款，因此还是不要违抗为好。

零售业者只是遵照厂商和批发商的指示排列商品。在这里看不出名副其实地称作个体经营者的创造性和责任感。这是因为保护和竞争的限制而失去了这个必要。医师只用价钱昂贵的检查器械和药品，从而失去了问诊的技能。这是因为没有各种各样的医疗竞争所导致的。

其中最显著的恐怕是教育了。根据"国民学校"以来的强制入学制度，学生一定会来上学，因此教师想象不出要把学校生活搞得愉快一些。只是按照文部省所指示的那样，认真阅读教学书，叫学生服从高压式的校规就可以了。学生也只是努力习惯于这样的教育，全部记住教科书里的知识，掌握考试技巧。而且，这就是在日本这个国家最"聪明的生活方式"。

每一个人都没有个性，任何一个人都不会发挥创造力，大家可以遵照官僚依先例和外国的惯例所制定出来的规章和规格。这种串通一气的社会就是最适合工业的社会，就是日本的现实。

节约的精神和集团主义

今天的日本所面临的三个"障碍"——外界压力、生活的不满、丑闻事件——的背后共同原因就是保护供给者的官僚主导体制。而且，这也是把这个国家发展成被称为"经济大国"、形成最适合工业社会的主要原因。

正因为如此,从日本社会的现状和日本人的心情来看,废除保护供给者的官僚主导体制是很难的。由于这体制所建立起来的最适合工业社会的优点也很难舍弃,为此而建立的组织和权利也很多。在这个已经经历了半个世纪的体制下面,所有的专家得到了培养,所以改变它的想法首先不可能出自专家。在这个尊重考试合格的国家里,超越专家的框架本身也相当难。

　　但是,如果仅仅是这样,还算说得过去,也许将以改革体制的问题而告终。更加困难的是,日本长久以来的传统和习惯,即节约、勤勉的精神和集团主义的习惯同让这一体制成立并维持下去的根基密切相关。

　　目前,成为重大问题的贸易盈余从本质上源自日本人越赚钱越不花费。让始于过去享保时期石田梅岩开办石门心学让节约和勤奋并存的伦理至今还残留在这个国家里。在比起效率更重视安定的德川幕藩体制的闭关锁国时代,石田梅岩提出靠降低生产率保持宏观平衡。他的这个提案虽然没有得以采纳,但是现在的日本重视效率,而且新技术和大量资源都从外国涌入。规格化大量生产的制造工业岂止降低生产率,而且还比任何一个国家都高。

　　另外,在农业、流通业、企划调查、智价创造等方面,现在仍然存在着同意降低生产率的风潮。像那些不怎么能卖得出去东西却又开店到深夜的零售店、聚集很多人做很厚的报告书的调查公司、追求观众看不懂的影像制作者、仅依靠纳税人名单到处向陌生者进行劝诱的证券工作人员等等都是如此。因为这些领域都是受到日语、集团主义人脉关系和政府保护政策保护的闭关自守状态,所以石门心学至今仍行得通。只是最大的差异在于受效率主义的影响,从事这方面的人们追求高收入,政府进行维持高价格的统一管理和竞争限制。

　　在这越生产越不消耗的社会里,生产率如果提高了,就不得不造成供给过剩、出口超额。如果不使用由此获得的资金,就会导致资金过剩。最终要么向国外进行投资和融通资金,要么集中在日本有限的投资对象上。其结果是在欧美表现为对日本的批评,在日本国内是土地、股市、高尔夫会员权和书画古董的价格暴涨。

石门心学是日本一门独特的哲学。它产生于 250 年前经济不景气的时代。它虽然根深蒂固，但也并非有很长的历史。如果整个日本富裕了，就会有变化的可能性。目前控制着它的也许就是日本更长久的旧习——集团主义。追溯到开始种植水稻时期的日本集团主义，常常对经济集团的归属意识很强。这就是集团主义的特色。战后，由于集团主义变得单属于工作单位即企业、政府部门等，所以任何人也无法从中得以摆脱。假如受到工作单位集团的厌弃，比死都要恐怖，当然也只好从供给者的立场上加以考虑了。

日本人为了从勤勉中摆脱出来，就必须要有工作单位以外的归属意识的对象；为了从节约中脱离出来，就必须树立美化消费的意识。现在，它所实现的仅仅是伪装供给者的消费、也就是只限消费交际费的场合。

迫使"日本变革"的三要素

如果这样一想，未来的日本似乎没有希望了。但是，在另一方面，日本人也是实用主义者。很多场合，它竟会抑制变革，使不满郁结在心，但有时也会化成一股轻而易举地就完成重大变革的力量。这是因为日本人为了现实的利益而改变思想，如果归属意识的对象发生了变化，也会赞同不同的伦理。

看一下日本这个国家的历史，没有经历过残酷的杀戮和破坏就完成了重大变革，这在历史上也有多次。像明治维新和太平洋战争以后等就是这样的。如果再往前追溯的话，平安京开始时期古代体制的崩溃和贵族社会的产生、镰仓幕府诞生时期贵族统治的终结和武士社会的成立等等都可以包含在这事例当中。即使说平家一族的灭亡，真正被杀害的也仅仅是不足人口 1% 的统治家族。

另一方面，到此很长一段时间，尽管有很多矛盾，人们抱有不满，但是旧体制依然存在，这一点也不能忽视。平安时代 398 年，即使仅仅在贵族阶级的势力衰退之后，空虚的体制竟靠奇妙的筹划保持了 100 年以上。德川时代约 260 年，其后半叶是一个脱离现实的虚像，幕藩体制的形式继续统治着日本。无论哪一种场合，虽然经济停滞、人口受到控制、文化走向了衰退,但是都没有出现过暴力革命或武装暴动。

以后的日本将走哪条路,难以预测。不过,在这 20 世纪 90 年代里,肯定将会做出决定的吧。这是因为在今后的 10 年里,迫使日本改变的激烈要素将会来自国内外的逼迫。

首先,不用说国际环境。今天的日本,不是处于像平安时代、德川时代那样的半孤岛式闭关自守的状况。为了保持膨胀的人口、发达的产业和便利的生活,巨额贸易必不可少。在农林水产省的政府官员和农业保护派的政治家当中,为了粮食的安全保障,有人提出禁止进口大米,保护种植大米的农户。可是这样一来,这个国家的粮食不可能得以保障。刚刚战败不久,虽然从山上到学校运动场都种植了白薯,激励了粮食的增产,但是还养不活当时的 7 000 万人口。在当今时代依靠耕种机、肥料、农药和进口石油,如果断绝了贸易,粮食生产也许会是当时战败的几分之一吧。现在之所以只有大米能够自给,是因为进口食品中丰富的副食品和面包、面条类上市了,因此每个人对大米的需要很少。现在日本已经是一个既不能闭关自守也不能进行战争的国家了。

没有哪个国家比工业单一经营社会的日本更需要世界和平和贸易自由了。所以,如果日本人冷静而明智,即使改变了这个国家的社会性质,也理应会努力维持世界和平和自由贸易。这就是对日本有利的国际秩序,即按照国家利益进行的自主外交。

第二个要素是消费者追求富裕的动向。日本的文化是在整个大部分的历史期间物质不足、人口剩余的情况下形成的。而且,这种残余作为生产东西的立场,也就是作为供给者优先、工作第一的思维模式至今仍得以继承着。然而,现实的日本是一个富裕的社会,处于一种物质剩余、人口不足的状况。如果正确认识到这一点,那么比起生产物品来,理应可以将重视人们生活的消费者优先、生活第一的想法加以推广。随着没有经历过物质不足、人口剩余的一代人的增加,转变这种想法是完全有可能推广到整个社会的。这是因为日本人在奈良时代、战国时代也构筑过这样的文化:豪华的财物和不客气的自我显示。

当然,这里也存在着激烈的抵抗。在企业内部,由于有来自上层的严加管束,所以整个社会受到官僚机构的压制。来自比什么都尊崇深深扎根于这个国家的节约和勤勉这一伦理的反击一定很强烈。它会对那些想让消费优先、生活第一、实现个人喜好的人们进行蔑视和谩骂。但是,如果日本人拥有判明现实的英明才智和忠实于自己的勇气,那么适应物质剩余社会的伦理也会即将产生。因为它是一条建设能真切感受到富裕社会的道路。

产生库存量社会的高龄化

迫使日本变革的第三个要素是人口的急剧变化。此前在整个大多历史范围内,每4个不到15岁的孩子中就有一个65岁以上的老人,日本社会是按照这种年龄人员的比例建构的。也就是说,比起现在的富裕,对未来的成长感到获益的人要多得多。今天的日本也是由这种社会的长期传统和习惯形成的。

不过,孩子和老年人的数字现在在日本正明显接近,预计到1998年会发生逆转。这不仅仅会改变需要的构造和生活形态。依靠过去的积蓄而生活的消费者将会增加,期待未来成长的人口将会减少,即整个社会将由流通量经济变为库存量经济。

富有温暖湿润土地的日本是一个流通量经济的社会。正如伊势神宫的神殿每20年翻盖一次那样,住宅、道路、家具、装饰用品之类也都是流通型的。这样的日本如果迎来了一个比生产积蓄还要大的库存量社会,那么将会给社会环境和人们的心理产生重大的变化。作为那些不属于生产组织的纯粹消费者——老年人群的膨胀将使这个国家首次经历一场平静的革命。

当然,对此也会有反对。因为作为生产者组织的企业会无视纯粹消费者的意见,由供给者保护型构成的官僚机构将会用养老金和设施把老年人围进去。在老年人当中也有不少这样的人:他们想假装出于对子女的关爱,抑制现在的消费欲,并以此视为美德,保持这种传统的审美观。在日本传统当中,常常是小孩子处于一种受优待的境地。

但是,如果日本人拥有对老年人的关爱,拥有理解人口构造变化的智慧,那么与此相对应的审美观理应会发生变化。

今后的10年间,围绕着如何处理国际环境、社会的富足和人口构造的变化这三要素，日本肯定会大伤脑筋。这意味着它是一个不可能从外国那里得到答案的问题，它反映佛教文化的飞鸟时代①、处于零和社会的享保时代所遇到的烦恼相类似，这将是一个严重的问题。对今后的日本人来说重要的是要不要在此再创作出一个解决这种问题的日本哲学呢？

---

① 飞鸟时代在日本历史上又称"推古时代"，约 6 世纪末到 7 世纪前半这个时期。——译者注

后记——第五个"文化亚大陆"日本

一张"世界文化地图"给世界人们的脑海里,留下了深刻印象。根据这张地图,世界上有四个可以被称为"文化大陆"的地方。首先,在欧亚大陆的西侧有"欧洲、基督教文化圈",紧接着是"中东、伊斯兰教文化圈"。南面有"印度、印度教文化圈",东面有"东亚中华文化圈"。新大陆的南北美洲,不用说是"欧洲、基督教文化圈"的派生地。

按照这种观点,日本就是这样一个国家:它本来是紧附着"东亚中华文化圈"之端的一个小岛,但自明治维新以后接受了靠"欧洲、基督教文化圈"而完成的近代工业文明,成为一个飞速发展的国家。因此,无论是欧洲人还是亚洲人,当他们想要理解日本的时候,都从中华文化入手。他们把日本画理解为始于唐代的南画和文人画的派生,把相扑看作是始于蒙古的格斗技巧,把明治维新以前日本男子梳的发髻看作是编发的一种。

的确,日本从中国那里学到了很多东西。无论是农耕法、文字还是宗教、政治制度,有很多都来源于中国。据陈舜臣①先生说,松尾芭蕉②

---

① 陈舜臣(1924—):日本社会派推理小说家、史学家。生于日本神户市,原籍是中国台湾,祖籍是中国福建。长年生活在日本,对日本文化、中国古典、中国历史颇有研究。著有《日本人和中国人》、《愤怒的菩萨》、《中国的文艺复兴》、《耶律楚才》(上、下)、《中国历史之旅》(上、下)、《曼陀罗人》(上、下)、《五台山清凉寺》、《雨过天晴》等。——译者注

② 松尾芭蕉(1644—1694):江户时代日本著名俳句大师,"风雅"理论的创造者,"蕉风"的创始人。

创作的俳句①题材、感受性等等好像几乎在中国有过先例。另外,日本在明治以后的近代工业化的过程中,向欧美学习了很多东西这也是事实。无论是技术、制度还是军事、教育,都是从欧美国家学来的。在这120年间日本人自己创作的东西少得令人吃惊。

但是,"学习了"并不是说自己就变成了同类。日本人一方面具有从发达国家那里能"学习到"很多东西的素质;但另一方面也具有难以被同化的个性。也就是说,日本这个国家,具有不归属任何一个"文化大陆"的个性化。

只是它迄今还没有拥有影响外国的高度和强度。从这个意义上来看,不能把日本说成是一个独自的"文化大陆",它太小了,太弱了。但是,它也远远不会被其他大陆吞并,它有很多不一样。而且那些不同总是能够保存下去的。可以说日本是第五个"文化亚大陆"。

有不少人说"日本是特殊的"。以前日本人为了维护独特的制度和政策而使用的这个说明,如今被主张把日本和欧美区分开来的欧美的争论者(倡导重新认识日本的人)所利用。但是,再有人说日本特殊,也不会说像阿拉伯和中国那样与欧美相差悬殊。尽管如此,却没有人高声叫嚷"阿拉伯特殊论"和"中国特殊论"。因为阿拉伯和中国,被认同为独立的"文化大陆",所以人们认为与欧美不同是理所当然的。所以不必硬要指出它们是"特殊的"吧。仅关于日本才出现"特殊论",大概是因为以此为前提而判断的吧,即把日本当作近代工业国家,也就是把日本视为发源于欧洲基督教文化圈的近代文明的国家。

如果我们想让人正确地理解日本的话,应该明确指出日本是一个特殊的国家,是一个既不同于欧洲、基督教文化圈也不同于东亚中华文化圈的"第五个文化亚大陆"。这样也可能会因此蒙受一些摩擦和不利。也许一方面还会受到欧美各国和亚洲国家的批判吧。但是,如果我们日本人具有这样的社会风气和秉性的话,这也是无可奈何的。至少远比伪装自己的性格和素质以加入到欧美或亚洲等国家当中要受欢

---

① 俳句:是世界上最短的诗歌体裁。它继承了连歌的发句的形式,以5、7、5十七个音节为定型的诗句。——译者注

迎、受尊敬的多吧。

迄今为止，有关日本文化和生活等方面的介绍已经进行了很多。日本政府就不用说了，各种公益法人和企业为此花费的资金和劳力也绝对不是一个小数字了。尽管如此，日本仍是一个"没有颜面的经济大国"、是一个"制造工业产品的黑匣子"，其原因就在于对日本文化生活的介绍意图最终是为了缓解和消除贸易经济摩擦吧。

如果以消除经济贸易摩擦为目标的话，无论如何都只会强调日本好的一面，很快就会列举出能、歌舞伎、佛像、日本画之类优秀的传统。这仅仅把"美丽日本"的风景和"富裕的日本人"的生活当成了一种映像。只是给人展示了日本技术先进的工场和勤劳善良的日本工作人员。这些虽然都不是谎言，但也不是真正的"日本的全部"。连真正的一半都没有。就连不了解日本的外国人也会本能地觉察到这一点。

对与现实的日本政府的政策、日本企业的活动以及日本观光客的言行相差甚远的"太美丽的日本"的介绍，外国人投以了一种怀疑和不相信的目光。这就如同与过去的社会主义国家越是说"人民幸福"越让人感到一种被掩盖的统制一样。

日本是"特殊"的。这本身既不是一种耻辱也不是一种罪恶。我们没有必要对主张日本的特殊性而感到犹豫。只是，在此很重要的一点是：不能把日本文化的特殊性利用成对为拥护一部分官府机关的权限、保护特定产业的利益而实施的政策表示肯定。

而且，我们需要有勇气大胆地重新审视在至多不超过50年的时间内所形成的日本的社会"秉性"、官僚主导型同业界协调体制。为了和他人和睦地生活，也有必要根据立场和状况的变化改变后天形成的"秉性"。

目前，在日本依据战后特殊的标准，出于这个国家的经济成功而吹嘘日本式经营和日本型官民协调体制的呼声很高。但是，经济只不过是实现国家和国民所制定的理想的一个手段而已。

而且，今天的日本，即使在经济方面从整体来看也并没有达到可以在世界逞威的效率和富裕。以长远的历史眼光来看，就连现在的日本的繁荣也只不过是不断积累的日本文化的一瞬间淡淡光辉吧。

我们有必要边看清招致这一切的日本的由来，边考虑这个国家的未来。因为没有比对于小小的成功就狂喜不已而变得傲慢更加危险的了。

　　本书的撰写，花了很长时间。修改并添加内容很多次。我想对一直耐心等待我的稿件、并经常给我鼓励的讲谈社的丰田利男先生、立胁宏先生表示特别的感谢。如果本书能够对国内外的人们在考虑"日本和日本人"方面能提供几分帮助的话，也算是对大家的努力所给予的回报吧。

看东方 日本社会与文化